# 건강한 국가 만들기

# 건강한 국가 만들기: 정신, 신체, 그리고 여성

**초판 1쇄 인쇄**  2024년 6월 5일
**초판 1쇄 발행**  2024년 6월 15일
—

**지은이**  이남희 이방현 신지혜 황혜진 정혜중 박지영 홍수경 이꽃메 이영아 김선혜
**펴낸이**  이방원

**책임편집**  안효희        **책임디자인**  박혜옥
**마케팅**  최성수 · 김 준        **경영지원**  이병은
—

**펴낸곳**  세창출판사

신고번호 제1990-000013호  주소 03736 서울특별시 서대문구 경기대로 58 경기빌딩 602호
전화 02-723-8660  팩스 02-720-4579  이메일 edit@sechangpub.co.kr  홈페이지 http://www.sechangpub.co.kr
블로그 blog.naver.com/scpc1992  페이스북 fb.me/Sechangofficial  인스타그램 @sechang_official
—

**ISBN**  979-11-6684-336-5  93900

이 저서는 2020년 대한민국 교육부와 한국연구재단의 지원을 받아 수행된 연구임(NRF-2020S1A5C2A02092567).

이 화
의료사
총서 4

# 건강한 국가 만들기

## : 정신, 신체, 그리고 여성

이남희 이방현 신지혜 황혜진 정혜중
박지영 홍수경 이꽃메 이영아 김선혜
지음

세창출판사

# 머리말

 인류의 삶에서 질병은 다양한 모습으로 등장하여 영향을 주었다. 그중에서도 우리 삶에 깊숙이 다가왔던 COVID-19의 유행은 질병에 대한 우리 사회의 인식에 큰 변화를 가져왔다. 높은 사망률을 보였던 새로운 감염병의 창궐은 개개인에게 공포와 불안의 경험을 선사했을 뿐 아니라 국가의 질병 통제력을 가시적으로 확인하는 계기가 되기도 하였다. 급성 감염병의 전파를 차단하기 위한 강력한 사회적 거리 두기와 해외 입국자 검역 강화 등을 포함한 초기 대응, 그리고 의료진을 포함한 국민적 협조와 노력은 인류의 존망을 위협하는 질병에 맞서 국가 시스템과 그 구성원의 역할이 얼마나 중요한 것인지를 더욱 드러내 주었으며, 실로 건강한 공동체로 귀환하기 위한 노력이 어떻게 이루어져야 하는지에 대한 실제적 경험을 쌓는 계기를 제공해 주었다.

 이러한 급성 감염병의 유행은 직접적인 감염으로 인한 인명 피해를 포함하여 정치, 경제, 사회적 측면과 더불어 심리 및 정신적 측면에도 큰 변화를 가져왔다. 2023년 5월 5일을 기점으로 세계보건기구 WHO는 2020년 1월 30일 선포했던 '국제공중보건위기상황Public Health Emergency of International Concern, PHEIC'을 해제하였다. 이에 따라 우리나라도 2023년 6월 1일 감염병 위기 대응 단계를 '심각'에서 '경계'로 하향 조정하였으며 COVID-19는 4급 전염병으로 분류되었다. 3년이 넘는 기간 동안 지속된 팬데믹pandemic은 엔데믹Endemic으로 전환되며 급성 질병의 창궐은 멈추었으나 여전히 우리의 삶 속에는 그 영향이 그대로 남아 있다. 특히 팬데믹 초기의 높은 치사율은 21세기의 그 누구도 경험해 보지 못한 것으로, 그 어느 때보다 죽음이 가까이 있다는 사실을 느끼기에 충분하였다. 지금 도 주변을 둘러보면 실제 감염을 피해 갔다고 해도 주변인의 사망으로, 혹은 감염 후 후유증으로 고통을 호소하는 사례를 만나기란 그리 어렵지 않다. 이러한 예상치 못한, 그리고 예측할 수 없는 상황은 심리적 상흔을 남기기 마련이다. 실제로 2023년 엔데믹 이후 우울증, 불안 장애 등 심리 적 장애를 호소하는 이가 늘었다는 연구와 기사 또한 종종 눈에 띈다. 뿐 만 아니라 영유아기를 마스크를 쓰고 보낸 아이들이 언어습득에 어려움 을 겪고 있다는 이야기도 심심치 않게 들린다. 또한 이전보다 신속하게 공급된 백신이 향후 어떠한 영향을 미칠지도 꾸준히 관심을 지켜봐야 할 과제로 남았다. 감염병과 대치하는 상황은 종료되었으나 그 영향력은 끝 나지 않았고, 어쩌면 역사상 인류의 역사를 흔들어 놓았던 과거의 거대 한 사건들만큼 우리에게 깊숙하게 침투했을지도 모를 일이다.

2020년 여름 이화여자대학교의 이화사학연구소는 한국연구재단의 인문사회연구소 지원사업에 선정되어 9월부터 '질병과 국가'라는 주제로 연구를 지속해 오고 있다. "질병과 국가" 연구사업팀은 고대부터 현대까 지, 그리고 동서양을 포괄하는 다각도의 접근으로 국가 혹은 그에 상응 하는 공동체의 질병 대응과 관리를 그 연구 주제로 삼고 세미나, 초청 강 연과 학술대회 등 다양한 학술 프로그램을 운용하고 있다. 그리고 '이화 의료사총서' 시리즈를 통해 각 연구의 결실을 다른 연구자와 학문 후속 세대, 그리고 대중들과 공유하려는 노력을 기울여 왔다. 의약 지식, 질병 통제의 경험과 실제 그리고 넓게는 치료와 건강의 문제를 일상생활에서 국가의 보건정책을 아우르는 주제를 중심으로 다룬 첫 번째 총서인 『질병 관리의 사회문화사: 일상생활에서 국가정책까지』(2021. 04.)를 시작으로 학술적 언어의 결과를 확산하려는 노력이 시작되었다. 1차년도 연구 성과의 결실인『국가의 질병 관리 역사: 질병 통제에서 보건 의료까지』(2022. 04.)는 동서양 국가가 공동체 내의 질병을 어떻게 관리하였는지 예방, 치료, 관리, 통제의 목적과 방법에 대한 논의를 통해 다각도에서 다루었다.『국가와 감염병: 역병에서 질병 X까지』(2023. 05.)는 2차년도 연구 성과를 기반으로 페스트, 콜레라, 말라리아, 두창, 한센병, 중증급성호흡기증후군[SARS], 중동호흡기증후군[MERS], 코로나바이러스감염증[COVID-19]에 이르기까지 역사상의 감염병에 맞선 국가의 질병 통제를 자세히 다룬 연구팀의 세 번째 결실이었다.

『건강한 국가 만들기: 정신, 신체, 그리고 여성』(이하『건강한 국가 만들기』)은 "질병과 국가" 연구사업팀의 1단계 마지막 연구 주제인 "비감염병의 관리와 국가"의 연구 성과를 종합하는 네 번째 저작이다. COVID-19라는 거대한 제약을 직접 경험하며 감염병에 관한 연구나 관심은 증폭되었지만, 상대적으로 급격한 현상으로 보이지 않는 '비감염병', 즉 'non-communicable disease'에 관한 연구는 좀 더 다각도의 접근이 필요하다는 취지로 연구를 진행하였다. 질병 분류에 있어서 비감염성 혹은 비전염 질환으로 분류되는 질병의 범위는 상당히 넓어 1년 동안의 연구로 세세하게 모든 질병 및 질환을 다루는 데 한계가 있지만 최대한 연구팀의 큰 주제인 국가의 질병 관리라는 측면에서 이를 보여 주기에 적합하다고 판단한 주제를 중심으로 연구가 진행되었다. 2022년 11월〈'근대적' 질병관리의 탄생과 정치〉라는 제목으로 국제학술대회를 개최하였으며, 이외의 다양한 학술 프로그램을 포함한 3차년도 연구 결과를 정리하여 동서양과 역사 시대를 아우르는 저작으로 기획되었다.

이번 총서의 연구 대상은 비감염성 질환이며 그중에서도 국가의 관리나 통제 기제 등의 변화로 사회적 시각이 변화하면서 그 정의나 범주가 달라진 질환이 주를 이루고 있다. 비감염성 질환의 특성상 즉각적인 치료나 관리가 필요하지는 않으나 오히려 그러한 이유로 국가나 사회의 구조적 변화에 따라 질환 자체에 대한 규정이 종종 달라져 왔음을 알 수 있었다. 특히 이번 총서에서는 정신질환, 여성 질환, 그리고 근대 국가의 발전에 따른 신체와 정신을 바라보는 공동체 및 국가의 시각 및 정책과의 연관성을 추적하는 데 주력하였다. 이를 통해 건강한 국가를 향한 과정에서 형성된 질병과 공동체 간의 관계 및 기제를 살펴본다. 총 10개의 장으로 구성된 『건강한 국가 만들기』는 '문명국가와 정신질환', '권위주의 국가와 신체', '가부장 국가와 여성의 몸'이라는 세 개의 부로 구성되었다.

우선 1부인 '문명국가와 정신질환'에서는 근대 국민국가에서의 통제와 건강에 대한 개념을 가장 잘 보여 줄 수 있는 정신질환과 관련된 역사적 사례를 통해 문명화를 표방하던 국가가 정신질환과 정신질환자를 어떻게 다루었는지를 살펴본다. 1장은 2차 세계 대전과 그 이후 군 정신의학military psychiatry이 적절한 전쟁 수행을 위해 어떻게 적합한 공동체의 구성원을 규정했는지 그 과정을 추적한다. 2장은 조선시대 무속의 영역에 맡겨져 있던 정신질환자에 대한 관리가 근대적 변화를 표방하던 일제의 정책으로 위생경찰과 정신과 의사의 관리로 전환된 과정을 추적한다. 단순히 '배회하는 특성을 지닌 자' 정도의 인식에서 근대적 국가를 건설하는 데에 있어 반드시 어떤 방식으로든 관리를 해야 하는 대상으로의 전환을 살펴보면서 근대적 시선이 정신질환자들을 향해 보내는 모순적 시선을 조망한다. 3장은 미국 이민자에 대한 검증 체제 속에서 이주장치migration apparatus의 복합적인 면을 살펴본 연구이다. 실제 정신이상 외국인alien insane의 사례를 살펴보며 이미 자신의 터전에서 특정한 이유로 이민을 결정한 이들이 미국 사회의 관문을 통과하는 과정에서 다시 걸러지고 배제되어 추방당하는 과정의 기제를 다루었다. 이는 국가가 정신질환자, 특히 이주를 목적으로 자신들의 영토로 진입하려는 이들의 정상성을 통제하는 방식으로서의 장치를 보여 주는 연구라 할 수 있다. 1부 마지막인 4장은 1938년 영국의 의사인 스티븐 테일러Steven Taylor에 의해 탄생한 용어인 교외 신경증suburban neurosis의 의학적 규정 방식과 영국 사회의 반응 양상을 살펴본다.

2부 '권위주의적 국가와 신체'에서는 국가가 마약 문제 및 신체를 둘러싼 문제를 다루는 방식에 대한 이해를 높이고자 하였다. 이를 위해 5장에서는 아편전쟁 전후 시기의 청나라 지식인의 중독에 대한 이해와 치료 및 관리에 기울인 노력을 치료서 보급 및 아편중독의 치료 양상을 통해 조망하였다. 6장은 해방 이후부터 이승만 정부 시기까지 반공이데올로기와 보건의료가 만나는 지점에서 마약 문제에 대한 인식과 대책의 형성 및 변화 과정을 추적하면서 어떻게 반공주의적 정치 인식이 마약 정책에 영향을 미쳤는가를 살펴본다. 7장은 노동과학이라는 새로운 학문 분야를 개척한 일본의 데루오카 기토의 연구를 중심으로 1937년에서 1945년 사이 전시 노동의 합리화와 개척과학의 상관관계를 추적하여 국가가 인간의 신체를 어떻게 인식하고 통제하기를 원했는지를 조망한다.

3부 '가부장 국가와 여성의 몸'에 실린 세 편의 글은 여성 관련 질환과 건강 문제에 초점을 맞추어 국가가 어떻게 여성의 건강과 질환을 관리하고 규정하였는지를 살펴본다. 우선 8장은 조선 후기 의관과 의녀 등 전문인 양성과 활용, 그리고 관찬 의서의 발행과 보급을 통한 여성 건강(질환)에 대한 대처 노력, 당시의 의료 체계 내의 인적 자원과 정보 관리를 통한 느슨한 통제의 사례들을 다루어 여성 건강에 대한 국가의 대응을 살펴보았다. 이어 9장에서는 인구 증식이 요구되던 시기 범죄로 취급되었던 낙태가 산아제한 정책으로서 애국 행위가 되는 모순적인 전환을 살펴보며 식민지 조선에서 낙태에 대한 국가와 사회의 시선이 어떠했는지에 대해 1920-1930년대 근대 국가의 낙태에 대한 이중적 태도와 정책에 대해 고찰하였다. 10장은 불임시술<sup>sterilization</sup>이 1980년대 가족계획 사업 시기 한국에서 피임 시술로서의 불임시술을 의미하는 것으로 통용되었다는 점에 주목하면서 보조생식기술이 어떻게 사회문화적으로 정당성을 획득하게 되었는지, 그리고 불임에서 난임으로의 용어의 변화가 어떤 의미를 갖는지를 다루었다.

『건강한 국가 만들기』에 실린 10편의 글을 통해 정신, 신체, 그리고 여성과 연관된 비감염성 질환에 대한 국가의 다양한 대응을 살펴보고자 하였다. 감염성 질환과는 달리 비감염성 질환의 특징은 사람과 사람 간의 접촉으로 병이 발병되지 않아 병의 전파와 이에 따른 국가나 사회의 대응 속도가 감염병만큼 신속하게 이루어지지 않는 경우가 많다. 그래서 비감염성 질환은 '질병'으로서의 사회문화적 정의가 중요한 척도가 되는 경우가 많다. 즉, 국가나 사회를 포함하여 공동체에 심각한 위협이 될 정도 혹은 통제가 필요하다고 판단되거나 혹은 그럴 만할 필요성을 갖게 되어야 질환 또는 질병으로 편입되는 경우가 많다. 또한 비교적 장기간의 관찰을 거쳐 병리적 원인과 특성을 확립하는 경우가 많아 증상과 질환을 구별하는 경계가 모호한 것이 특징이며 그래서 오히려 민족국가<sup>nation-state</sup> 성립기 이후에 더욱 동서양 사회에서 관심을 받고 있기도 하다.

그래서 앞서 출판된 총서에 비하여 이 책에서는 근대 국가의 형성기 혹은 그 이후에 규정된 질환과 관련된 연구가 큰 비중을 차지하고 있다. 이는 1부의 정신질환, 2부의 신체와 정신의 통제에 대한 근대적 해석, 그리고 3부에서 다룬 여성의 출산과 건강에 관련된 문제가 감염성 질환처럼 원인과 질환에 관한 규정 및 그에 대한 진단이 명확하지 않다는 특징을 드러내 준다. 이렇듯 비감염성 질환은 통제의 범주에 속하지 않았던 질환이 시대적 요구나 국가 및 사회적 필요나 중요성에 따라 질병으로 편입되거나 통제의 대상이 되기도 하였음을 알 수 있다. 그래서 이러한 질환에 관한 연구는 앞선 감염병 연구에 비해 국가의 역할과 정체성의 시대적 변화나 그에 따른 대응을 좀 더 분명하게 보여 준다는 특징이 있다. 예를 들어 정신질환의 경우 환자가 고통을 호소하거나 특정 증상이 나타나 의료진을 찾아오지 않는 한 특별한 테스트나 약물을 통해 진단하는 것 자체가 불가능한 질환이 많다. 이러한 특성은 의료 영역에서는 의료종사자의 권위를 확보하기 위해 감염병 진단과는 다른 노력을 기울여야 함을 의미하기도 하지만 동시에 질병의 사회학적 의미가 어떻게 국가나 그 이외의 집단에 의해서 규정되고 변화하는지를 보여 주는 좋은 예이기도 하다.

특히 감염원인 병원균이나 바이러스 등으로 병리학적 원인분석과 치료 방법이 분류되는 감염병과는 달리 비감염성 질환은 우선 추정할 수 있는 병인의 폭이 비교적 넓다. 즉 생물학적 원인을 포함하여 환경적 요인이 작용하며 이에 따라 외부 조건의 변화로 병의 명칭, 병에 대한 시각 등이 변화하는 특성을 보인다. 『건강한 국가 만들기』는 이러한 비감염성 질환의 중층적인 특성에 주목하여 건강한 공동체를 구축하려는 국가의 통제와 대응 양상을 다채롭게 드러내는 데 주목하였다. 범주의 경계나 정의, 병의 원인부터 진단까지 명확한 선을 긋기가 어려우므로 이 책에서 다루는 사례들은 특정 시대에는 병으로 분류되지 않았던 질환의 등장이나 의미의 변화를 포착하게 해 준다는 점에서 그 유용성을 찾을 수 있을 것으로 기대한다.

국가가 어떻게 비감염성 질환에 대응하고 그것을 관리했는지를 살펴보는 것은 가시적인 질병의 원인을 찾고 진단을 거쳐 그에 알맞은 치료법을 쓰는 전형적인 질병 관리 방식에서 벗어나 있는 경우가 많다. 특히 어떤 특정한 질병으로 분류되기 시작하는 순간부터 단순히 의학적 분석을 기반으로 하고 있지 않다는 점은 국가의 질병 통제라는 범주에 좀 더 다층적인 시각과 접근을 요구할 수밖에 없다. 이 책에 등장하는 여러 정신질환, 약물과 관련된 질환, 신체의 기능과 의미에 관한 규정, 여성의 출산과 출산하지 않음(혹은 못함) 등은 시대적 요구를 기반으로 한 국가의 질병 통제나 관리 그 자체가 진단의 기준으로 작동했음을 알려 준다. 그리고 이것은 이보다는 체계화된 감염병 관리와는 다른 접근과 다양한 시도가 가능함을 시사한다. 이는 향후 비감염성 질환 연구가 더욱 다채롭고 풍성해지는 계기를 제공하게 되기를 바란다.

『건강한 국가 만들기』는 그 제목이 시사하는 바대로 국가가 규정하는 '건강함'과 그에 따른 질환의 통제와 관리 양상을 다양한 시각으로 다루고 있다. 다양한 주제를 다채로운 시각으로 조망한 각 장이 비감염성 질환의 향후 연구에 미력하나마 도움이 되기를 진심으로 바란다. 그리고 힘겨웠던 COVID-19가 지나간 자리에 우리에게 여전히 남아 있는 여러 과제에 관한 관심과 학술적 논의를 넘어서는 진지한 고민을 불러일으키기를 기원해 본다. 마지막으로 이 책의 출판이 현실이 되기까지 열정적으로 함께해 주신 저자들과 전폭적으로 지원해 주신 이화사학연구소 "질병과 국가"팀, 이화여자대학교 사학과 선생님들께 깊은 감사를 전한다.

2024년 5월, 10명의 저자를 대표하여, 이남희

# 차 례

-----

# 1부
## 문명 국가와
## 정신질환

# 1장

# 온전한 정신, 정상적 신체: 2차 세계대전과 인적 자원의 조건

이남희

 

1946년 전국정신보건법The National Mental Health Act[1]은 "정신의학적 장애와 관련된 연구를 증진하고 그러한 장애의 예방, 진단, 치료에 있어서 효과적인 방법을 발전"시키기 위해 제정되었다. 기존의 공중보건서비스법 Public Health Service Act을 개정한 이 법은 2차 세계대전 중의 전례 없는 국가적 경험에서 기인한 결과였다. 병역판정검사에서 심리적·정신적 혹은 신경학적 측면이 진지하게 고려되었으며,[2] 이에 따라 백만 명이 넘는 인원이

---

1  *The National Mental Health Act*, 42 U.S.C. 201, 1946.

2  이는 1차 세계대전에서 관찰된 셸 쇼크(shell-shock)의 연구 결과의 영향이었다. 하지만 1차 세계대전 이후 20년이 넘도록 이상 증상으로서의 셸 쇼크의 병인(etiology)에 관한 관점은 하나로 모이지 못했다. 병인의 분석은 이후 치료와 직접적인 연관성이 있어 병리 자체를 이해하는 데 중요한 요소이다. 셸 쇼크는 초기에 뇌 손상으로 인한 것으로 여겨졌으므로 신경학적(신체적) 병인 분석과 치료를 적용하였다. 하지만 신체적 손상이 없는 병사들에게서 보이는 이상 증상 ─불면, 집중력 저하, 신경과민, 떨림, 현기증 등 ─ 이 치료를 통해 제거되지 않자, 심리학적 병인이라는 주장이 설득력을 얻게 되었다.

복무 부적격 판정을 받았다. 그리고 이러한 선제적 조치에도 전쟁 수행 중 의학적 이유로 임무를 완수하지 못하고 조기 제대한 병사 중 40퍼센트가 정신의학적 장애를 겪은 것으로 드러났다.[3]

참전 중인 병사의 정신적 혹은 심적 이상증세는 1차 세계대전 중 관찰되었으며 이후 영국과 프랑스 등 유럽에서 연구가 진행되었지만, 미국에서는 셸 쇼크shell-shock라 불렸던 증상에 관한 관심이 지속되지 못했다. 단지 미국에는 토마스 새먼 소령Maj. Thomas Salmon이 1917년 참전 이후 영국과 프랑스에 파견되어 작성한 군 보고서가 있을 따름이었다. 하지만 이에 관한 후속 조치는 미비했다. 이후로도 20년 동안 점차 관심이 줄어들어 1927년에 출간된『의무병을 위한 안내서The Handbook for the Medical Soldier』에서는 다양한 증상에 대해 간단하게 소개하지만, 정신의학적 상해를 입은 병사를 위한 시설이나 병동에 대한 언급은 없다. 10년 후 출간된『군의학지침Military Medical Manual』에서조차 전체 685쪽 중 정신건강에 할애된 분량은 단 한 장뿐이었다.[4]

이는 당시 정신보건 분야의 발달이 거의 이루어지지 못했던 것과 맥을 같이 한다. 미국에서도 1910년대부터 시작된 정신위생운동Mental Hygiene Movement의 영향으로 보건이 강조되기 시작하였다. 이전까지 정신의학 종사자의 주 업무는 정신수용소나 주립 정신병원에서 환자를 돌보는 일이

Edgar Jones, et al, "Shell Shock and Mild Traumatic Brain Injury: A Historical Review," *American Journal of Psychiatry*, 2007, pp. 1540-1541.

3  Jeanne L. Brand, "National Mental Health Act of 1946: A Retrospective," *Bulletin of the History of Medicine* 39(3), 1965, pp. 236-238.

4  Jones, Fear and Wessely, "Shell Shock and Mild Traumatic Brain Injury," p. 1642; Paul Wanke, "American Military Psychiatry and Its Role among Ground Forces in World War II," *Journal of Military History* 63(1), 1999, p. 130.

었다. 이는 치료였다기보다 환자의 비정상적 상태를 완화하는 방식으로 이루어졌다.[5] 그래서 1930년대까지도 종종 정신의학은 여전히 과학적 연구나 정통 의학의 치료 방식과는 거리가 먼 학문으로 취급되었다. 하지만 2차 세계대전을 계기로 정신의학은 더는 개인 클리닉이나 주립 정신병원에서 비과학적이며 이해받지 못할 방법을 사용하여 환자를 치료하는 학문으로 취급받지 않게 되었다.[6]

이는 2차 세계대전에서 정신의학 분과가 보여 준 가능성과 정신보건에 대한 필요성 때문이었다. 우선 개인 치료나 보호감호에서의 보조적 역할을 해 오던 정신의학이 집단의 정신을 상대로 어느 정도 대처할 수 있음이 드러났다. 전장에서 이상 증세를 보이는 병사의 증세를 호전시켜 다시 전투에 투입하는 데 큰 역할을 한 것처럼 보였기 때문이다.[7] 이와 동시에 전쟁이라는 극한 상황은 인적 자원의 활용에 있어 국가 차원에서 정신건강의 중요성을 더욱 부각시켰다. 특히나 전쟁 직후 냉전이라는 국제적 긴장과 핵의 위협이라는 위험 요소, 그리고 경제적 풍요가 공존하던 전후 미국 사회 속에서 정신건강과 보건의 중요성은 더욱 강조되었다. 그전까지 전통적 의학과 결을 달리한다고 ―비과학적이라고― 여겨졌던 정신의학은 1940년대 이후 정부 정책의 향방을 결정하는 데 영향

---

5   20세기 초 시작된 정신위생운동은 아돌프 마이어(Adolf Meyer) 등의 정신의학자들이 참여한 정신위생위원회(The National Committee of Mental Hygiene, NCMH)에 의해 주도되었으며, 정신의학의 방향 전환에 적지 않은 영향을 준 것으로 평가된다. 하지만 보건 측면에서의 근본적인 변화는 1940년대 중반 이후로 보는 것이 중론이다. Johannes C. Pols, "Managing the Mind: The Culture of American Mental Hygiene, 1910-1950," Ph.D. diss., University of Pennsylvania, 1997.

6   Wanke, "American Military Psychiatry," p. 128.

7   Hans Pols, "War Neurosis, Adjustment Problems in Veterans, and an Ill Nation: The Disciplinary Project of American Psychiatry during and after World War II," *Osiris* 22(1), 2007, p. 73.

을 미치는 중요한 학문으로 부상하였다.[8]

2차 세계대전과 미국 정신보건 발전의 상관관계에 관한 기존의 연구는 대부분 정신의학이 취한 전략과 그 이후의 영향력과 의미, 그리고 참전 병사의 사회적응 문제에만 초점을 맞추고 있다.[9] 그리고 이 글에서는 이러한 선행연구를 토대로 정신의학이 그 대상을 개인에서 불특정 다수로 넓힘으로써 건강한 사회 구축이라는 목표를 설정하는 과정에서 규정된 인적 자원의 조건을 주목하고자 한다. 2차 세계대전은 전쟁이 국가 공동체의 구성원에게 어떤 영향을 미치는지를 보여 줌과 동시에 미국 사회가 전쟁의 상흔을 치유하는 과정에서 사회를 구성하는 데에 적합한 인적 자원을 어떻게 규정하고 변화시켰는지를 보여 주는 예가 될 수 있다. 정신보건이라는 관점에서 규정된 적합한 정신을 지닌 인적 자원은 전쟁의 경험과 상황에 의해 아주 짧은 시간에 변화하였다.

## 1. 건강한 시민, 건강한 병사

1차 세계대전과 대공황의 여파가 완전히 사라지기 전에 유럽을 시작으로 전 세계로 퍼진 2차 세계대전은 다시 한번 미국과 개인의 일상을 크게 바꾸어 놓았다. 수많은 젊은이가 전장으로 나가야 했고, 전시경제 체제와 함께 형성된 국내 전선에도 많은 사람이 참여하였다. 전시 체제가 가동되자 이전까지 유지되던 체계는 변화해야 했다. 예측이 가능하다

---

8  Eva Moskowitz, *In Therapy We Trust: America's Obsession with Self-Fulfillment*, Johns Hopkins University Press, 2008, p. 344.
9  선행연구에 관해서는 『서양사론』 제145호에 실린 저자의 논문의 서론 참조.

믿어지던 평화로운 일상은 불확실성으로 뒤덮었다. 전쟁이 초래한 확실성의 부재는 준비 과정 중 확실성을 담보하려는 의지로 더 극명하게 표출되었다.[10]

총력전이면서 소모전이 될 전쟁에서 특히 참전할 병사들을 소집하고 관리하는 일은 가장 중요한 일이었다. 하지만 전쟁을 위한 준비가 되어 있지 않다는 것을 파악한 당시 참모총장 조지 마셜[George C. Marshall]은 독일의 군대에 대한 전문가였던 앨버트 웨드마이어[Albert C. Wedemeyer]를 통해 독일을 상대하기 위한 미국 병력의 규모를 파악하며 전쟁 준비에 돌입하였다. 너무 많은 인구를 한꺼번에 징집하는 것은 경제에 위해를 가하게 될 것이 자명했으므로 승리를 위해 계산된 숫자의 반도 안 되는 인원을 동원할 수밖에 없었다. 그리고 이런 전쟁 준비에 군사 전문가들만 참여했던 것은 아니었다.[11]

안정적인 병력 공급에 요구되는 핵심적인 요소는 건강이었다. 특히 병력이 우세하지 않은 상황에서 이는 더 중요한 문제가 되었다. 하지만 이전처럼 건강의 척도가 신체적 측면만을 의미하지 않았다. 1차 세계대전을 겪으면서 이전까지 알려지지 않았던 새로운 문제가 등장했기 때문이었다. 당시 기준으로 최첨단 무기의 등장과 그에 따른 대량 살상으

---

10  이러한 의지는 미국의 1차 세계대전 참전 경험에서 그 연원을 찾을 수 있다. 2차 세계대전보다 규모와 영향이 작았던 1차 세계대전 이후에도 정신 상해로 인한 연방 정부의 보상은 1940년대까지 이어졌다. 이 글에서 주목하고 있는 병사의 전투 수행능력의 유지라는 이유 이외에도 징집 과정에서 예방의학적(preventive) 접근이 필요했던 이유는 경제적인 부분도 포함되어 있었다. 즉, 예상하지 못한 ─엄밀히 말하면 통제되지 못한─ 비용의 발생이라는 측면에서 상흔이 오래도록 남는 정신 상해는 국가의 입장에서 최대한 통제해야 할 영역으로 판단하였다. Lawrence Kolb, "Post-War Psychiatric Perspective," *Psychiatry and the War: A Survey,* Springfield, C. Thomas, 1942, p. 300.

11  Mosjowitz, *In Therapy We Trust,* pp. 100-101.

로 인해 참호전이 등장했고, 이는 소모전으로 이어지면서 전쟁의 장기화를 초래하였다. 국지전과 결정적인 전투를 통해 성패가 결정되던 이전의 전쟁 양상과는 달리 병사들은 오랜 기간 극한의 상황에 노출되었다. 예상치 못한 극한의 상황에 오랫동안 노출된 경험은 전후 병사들의 생활에 영향을 미쳤다. 전쟁 중의 일시적인 현상인 줄 알았던 전쟁 수행능력 저하는 전후에도 영향을 미쳤다.

당시 셸 쇼크, 그리고 이후에는 전쟁신경증War neuroses12이라는 이름으로 불린 이 증상은 2차 세계대전 중 정신보건의 필요성이 대두되는 계기가 되었다. 1차 세계대전의 경험으로 인해 1941년 미국의 참전 이전부터 '심리학적 전선psychological front'의 구축은 이미 시작되었다. 1953년 출간된 일라이 긴즈버그Eli Ginzberg 박사 외 2인이 작성한 『정신의학과 병무 정책: 2차 세계대전 경험의 재평가Psychiatry and Military Manpower Policy: A Reappraisal of the Experience in World War II』에 따르면 당시 국방성의 징집 정책을 결정하는 데 있어서 정신과 의사의 의학적 조언이 상당한 영향력을 미쳤음을 알 수 있다.13 1차 세

---

12 영국의 심리학자 찰스 새뮤얼 마이어스(Charles Samuel Myers)가 처음 사용한 용어로 현대적 개념의 외상후스트레스장애(Post-traumatic stress disorder, PTSD)를 의미한다. C. S. Myers, "A Contribution to the Study of Shell Shock," *Lancet* 186, 1916, pp. 316-320; 셸 쇼크라는 용어는 신경학적 측면에서 정신의학적 상해(psychiatric casualties)를 표현하기 위해 사용된 단어였다. 주로 폭발로 인한 뇌진탕이나 뇌 손상을 입은 병사에게서 나타나는 치료 후 이상 증상을 의미하였다. 하지만 이후 물리적·신체적 원인 없이 이상 증상이 나타나는 경우가 많아지면서 '전쟁신경증'이라는 용어로 대체되었다. 이 용어의 사용은 극도의 공포나 불안 등의 이상 증상이 전투라는 환경적 요인보다 전투 중 이상 증상을 유발하는 개인의 신경증적 성향에서 기인한다는 점을 전제로 한다. 즉, 전투 중 극한의 경험이라는 일회성 이벤트에 의해 생긴 증상이 아니라 병사 개인이 그런 성향(predisposition)을 지니고 있었을 가능성을 상정한 용어 변화였다. Wanke, "American Military Psychiatry," p. 128.

13 이 자료는 당시 징병검사에서 예상치 못하게 많은 숫자의 미달자들이 생긴 후 이에 대한 인력 자원(Human Resources) 관리 분석 차원에서 작성되었다. 왜 이런 현상이 생겼으며 앞으로 이 상황을 개선하여 어떻게 인력을 관리해야 할지에 초점이 맞춰져 있다. Eli Ginzberg, et al., *Psychiatry and Military Manpower Policy: A Reappraisal of the*

계대전과 비교하면 전례가 없는 수준이었지만, 여전히 모자란 병력 규모만큼이나 전쟁 수행에 관련된 정신의학 분과의 준비도 미흡하기는 마찬가지였다. 당시 전군에 전문적 정신의학 수련을 받은 정신과 의사의 숫자는 25명에 불과했다. 이에 1940년 여름을 시작으로 미국 심리학회와 정신의학회를 포함한 정신보건 학회들은 신속하게 학술대회를 개최하며 전쟁에서의 정신의학 전문가의 역할을 확대하고자 하였다.[14]

이후 전쟁이 시작됨과 동시에 수많은 정신과 의사와 정신의학 지식을 신속하게 습득한 인력이 징병검사에 투입되었다. 이 검사는 1940년 12월 정신의학자인 해리 스택 설리번Harry Stack Sullivan이 토대를 마련하였다. 이 검사에서 징집에 탈락한 비율은 12%에 육박했다. 약 15,000,000명의 징집 대상자 중 1,846,000명이 참전하지 못하였다. 이는 2%대였던 1차 세계대전과 비교했을 때 월등히 높은 비율이었다.[15] 이렇게 탈락률이 높았던 이유 중 하나는 징병검사를 담당했던 정신과 의사와 심리학자들이 징병의 기준을 "심리학적으로 건강한psychologically healthy" 사람으로 설정했기 때문이었다. 즉, 정신증psychosis과 같은 심각한 정신적 문제부터 일상생활에서 특정한 상황에서 주로 불안과 강박으로 나타나는 "정신신경증psychoneurosis"도 이들에게는 건강하지 않은 범주에 속했다.[16] 징병검사에서 탈락한 병사 중 많은 수는 과거 정신병력이나 불안한 감정 상태를 겪은 것으로 진단되어 징집에 거부되었다. 이들은 주로 감정적 결함emotional

—— Experience in World War II, King's Crown Press, 1953, p. vi.
14 Moskowitz, In Therapy We Trust, pp. 102-103.
15 Harry Stack Sullivan, "Psychiatry and the National Defense," Psychiatry 4(2), 1941, pp. 201-217; William C. Menninger, Psychiatry in a Troubled World: Yesterday's War and Today's Challenge, MacMillan, 1948, pp. 340-341.
16 Moskowitz, In Therapy We Trust, p. 104.

defects을 가지고 있다고 묘사되는데, 특정하게는 "불안정한 감정, 기량 부족ineptitude, 혹은 성격적 결함"이 결격 사유가 되었다.[17]

이런 특성이 전쟁을 수행하는 데 있어서 부적합한 것으로 규정된 데에는 앞서 언급한 1차 세계대전의 경험이 근거가 되었다. 전쟁신경증 증상을 보였던 병사는 극도의 불안을 느끼며 이로 인한 불면, 신경과민, 집중력 저하, 두통 등의 증상을 보여 정상적인 전투 수행이 불가능하다고 알려졌다.[18] 1915년부터 1916년에 걸쳐 이런 증상을 보이는 병사는 작전에서 배제되거나 중간에 집으로 돌려보내졌는데, 그 이유는 이들의 행동을 예측하는 것이 어려웠기 때문이었다. 전쟁신경증의 증상은 일시적인 경우가 많았으며 평상시라면 일상생활에 큰 지장을 줄 정도는 아니었다. 문제는 증상의 정도가 불확실하다는 것과 언제 증상이 나타나 다른 병사들을 위험에 처하게 할지 모른다는 점이었다.[19] 징집을 거부당한 이들이 실제 전쟁신경증에 걸렸을지는 알 수 없는 일이었지만 적어도 이를 판단하는 역할을 했던 정신 의료 종사자들은 평상시의 정신건강 상태를 근거로 만에 하나 있을지 모를 상황에 대비해야 한다고 판단하였다.

이는 전시라는 특수한 상황에 적합한 −동시에 부적합한− 공동체의 일원을 규정짓는 데 영향을 미쳤음을 의미하였다. 참전이 결정된 순간 징집의 대상이 된 시민은 자유를 누리는 개인이 아니라 집단의 목적을 위해 임무를 수행하는 단체의 일원이 된다. 임무 수행에 적합한 일원

---

**17** Ginzberg, et al., *Psychiatry and Military Manpower Policy*, p. 1.

**18** Jones, et al., "Shell Shock and Mild Traumatic Brain Injury," p. 1641; Wanke, "American Military Psychiatry," p. 135.

**19** William C. Porter, "What Has Psychiatry Learned during Present War?," *American Journal of Psychiatry* 99(6), May, 1943, p. 853.

을 골라내는 징병제도하에 인적 자원 관리를 위해 투입된 의사들은 대상자들의 정신병력과 감정 상태를 검증하였다. 이들 대부분은 정신과 의사이거나 정신분석을 기반으로 짧은 수련을 받은 내과 의사들이었으므로 이들이 감정적 통제 능력을 잃어버렸다고 판단 내린 사람은 집단생활에 적합하지 못하다고 여겨질 수밖에 없었다.[20] 그리고 이런 특수한 상황에서 집단을 위험에 빠뜨릴 수 있는 구성원은 건강하지 않은 범주에 들어갈 수밖에 없었다.

탈락자 선발 이외에 군 정신의학이 맡은 또 다른 역할은 탈락 유형을 분류, 원인이 된 병증의 원인을 파악하고 평상시와는 다른 전시에 만들어지는 특수한 상황에 관해 연구하는 것이었다. 이는 개인 클리닉에서 소수의 환자를 만나던 정신과 의사들에게도 새로운 경험이었다. 개인의 병증을 파악하고 치료법을 제시해 주던 기존의 방식이 아닌 탈락의 원인과 병증의 원인, 그리고 전시의 어떤 상황에 병사들을 신경증 상태로 몰고 갈지를 예측할 수 있는 환경을 파악하는 일은 그 목적 자체가 달랐다.[21] 궁극적으로 징병검사 과정에서 이들에게 주어진 임무는 병을 직접 치료하는 것이 아니라 인적 자원의 결원을 최대한 줄이기 위해 그 가능성을 최대한 줄이는 데에 있었다. 전시의 인적 자원은 무엇보다도 중요한 요소였고, 이들을 잘 관리하는 것은 전쟁의 승패를 가를 수 있다는 생

---

20  Ginzberg, et al., *Psychiatry and Military Manpower Policy*, pp. 2-3; William C. Porter, "Military Psychiatry and the Selective Service," *War Medicine* 1(3), 1941, p. 364.

21  Ginzberg, et al., Psychiatry and Military Manpower Policy, pp. 4-7. 이러한 정신의학계의 특수한 경험은 2차 세계대전을 기점으로 정신의학의 활동 영역이 개개인의 정신(psyche)과 병리적 증상에서 사회적·집단적인 증상의 관리, 감독, 치료까지 확장되는 데에 큰 영향을 미쳤다. 이러한 움직임은 미국에서 정신분석학이 정신의학과 어느 정도의 접목이 일어나는 과정에서 더욱 강조되었다.

각에서 기인한 것이었다. 그래서 이들에게 정신적으로 건강한 병력을 유지하는 것은 전시 공동체의 안전을 유지하는 첫 번째 과업이었으며 이러한 그들의 시각은 징집 과정에 고스란히 영향을 미칠 수밖에 없었다.

하지만 건강한 군인들이 징집되었음에도 다시 한번 정신과 의사들을 당황하게 만든 사실은 여전히 여러 가지 상황에서 정신적으로 취약한 병사가 존재했다는 것이다. 이에 탈락 원인으로 나열된 정신병력이나 감정적 불균형이 실제로 유효한 척도였는지 의문을 제기하게 된다. 전쟁이 지속된 후 전시 상황을 경험한 의사들은 징집 이전의 삶에서 드러난 병사의 정신건강 상태 이외에 다른 척도가 필요했다는 것을 언급하였다. "개인의 사기morale 수준, 성격, 협력 가능성, 자아의 강도, 책임감, 건강한 수준의 강박compulsiveness"을 평가할 수 있었다면 더욱 효율적인 징병검사가 가능했을 것이라는 의견이었다.[22] 이는 이전에 그들이 신경증 발병 소지의 척도로 제시했던 것에 비해 더 통합적인 평가가 필요함을 의미하였다.

그리고 이러한 통합적 평가의 필요성은 두 가지를 시사한다. 첫 번째는 극한의 상황에 놓여도 이를 이겨낼 수 있는 병사는 이미 평상시 안정된 심리와 정신건강 상태를 유지하고 있었다는 것이다. 개인의 학창시절, 직장생활 기록과 사회적응 등이 통합적 평가에 적합한 항목으로 제시되었다. 즉 통합적 평가가 가능해지려면 개인이 드러내는 부정적 증상뿐만 아니라 긍정적 특성을 고려해야 한다는 결론에 도달한다. 즉 징병검사에서 건강하다고 판정되어 전장에 참여하고 있는 병사라 할지라도 경험의 정도, 개인의 특성과 성향, 과거 병력, 양육방식 등에 따라 이후 신경증 발병의 정도가 다를 수 있다고 판단한 것이다.[23]

---

**22** Ginzberg, et al., Psychiatry and Military Manpower Policy, p. 18.

그리고 두 번째로 시사하는 점은 여기서 강조된 통합적 평가는 정신
의학적 검사에 과학적 연구가 요구하는 보편성을 강화해 줄 것이라는 점
이다. 전쟁이라는 특수하고 제한적인 상황은 공교롭게도 군 정신의학에
는 실험실을 제공해 준 것과 같았다. 짧은 시간 안에 수많은 사람이 참여
한 임상 시험에서 그들은 정보를 수집하고 분석하는 역할을 담당하게 된
것이다. 그리고 그들의 행동 양상을 분석하는 역할을 담당하게 된 것이
다. 그리고 그들의 행동 양상을 분석하여 이후 인적 자원의 활용에 응용
될 정보를 축적한 셈이 되었다. 그리고 이를 통해 평상시 정신 균형과 건
강의 중요성은 더 강조될 것이었다. 정신과 의사인 놀런 루이스 박사Nolan
D. C. Lewis, M.D.는 이같은 인식을 자신의 글에서 드러낸다. 뉴욕 의학협회The
New York Academy of Medicine의 주도 아래 민간인을 상대로 한 강연에서 그는 "정
신의학은 인간의 정신적 안녕을 다루는 의과학 분과다. 다시 말해 정신
의학은 인간 적응에 관련된 학문이다"라고 언급하였다.[24]


## 2. 공동체 수호에 적합한 시민 병사

징병검사를 통해 기존 병증이 있는 시민을 걸러 냄으로써 효과적인
전쟁 수행이 가능하리라는 믿음은 1942년 후반부터 흔들리기 시작했다.
태평양과 아프리카 전선에서 많은 수의 병사가 신경쇠약이나 정신적 문

23  Ginzberg, et al., Psychiatry and Military Manpower Policy, pp. 19-21.
24  Nolan D. C. Lewis, "What the Wars' Experiences Have Taught Us In Psychiatry,"
    *Medicine in the Postwar World*, Columbia University Press, 1948, p. 54.

제로 고통받았다.[25] 이는 선발징병제<sup>Selective Service System, SSS</sup>의 책임자이자 정신과 의사였던 설리번이 분석했듯이 단순히 개인의 성향으로 신경의학적 병증을 예측하여 전시 인력을 통제하려 했던 계획은 실패로 돌아갔다.[26] 징병검사를 통과한 이들은 전쟁 수행에 있어서 정신의학적 적합성을 한 번 검증받은 이들이었지만, 전투에 투입된 후 그들을 기다리고 있었던 것은 이제까지 그들이 사회에서 경험했던 것과는 전혀 다른 차원의 것이었다. 각자의 개성을 지녔던 개인은 이제 위험에 처한 자신들의 공동체를 위해 전장에 나서야 했다. 일사불란하게 작전을 수행하고 집단으로 움직이는 전시 생활에 이제까지 존재하던 개인은 지워야 했다. 미국의 사회학자인 윌러드 월러<sup>Willard Waller</sup>는 그의 저작에서 징집 병사들이 처했던 상황에 대해 심층적인 분석을 내놓았다. 군대는 "폭력적 행동을 위해 고안된 기계"라고 지적하며 그것의 본질 자체가 "수많은 이들이 단 하나의 의지로 움직이도록" 만들어졌다고 말했다.[27]

이런 체제에서 개인의 의지는 거의 작동할 수 없었으며 상명하복의 구조 속에서 의지의 부재는 개인의 의존성을 의미하기도 하였다. 자신이 무엇을 원하는지, 어떤 존재인지는 군대라는 집단을 통해 발현되며 그 이외의 개인 의지는 존재할 수 없었다.[28] 이러한 환경은 기존의 시민으로서 강조되던 독립적인 개인으로서의 특성과는 배치되는 것이었다. 대신 신속한 작전 수행과 결정을 위한 집단 효율성 강화는 전시 공동체에 적합한 특성이었다. 그리고 이런 특수한 상황에서 형성된 공동체에서는

---

**25** Pols, "War Neurosis, Adjustment Problems in Veterans, and an Ill Nation," p. 77.

**26** Sullivan, "Mental Hygiene and National Defense," pp. 7-14.

**27** Willard Waller, *The Veteran Comes Back*, The Dryden Press, 1944, pp. 18-19.

**28** Ginzberg, et al., *Psychiatry and Military Manpower Policy*, p. 39.

개인의 의지가 아닌 집단적 의지를 수행하는 과정에서 적합하다고 여겨지는 자질이 함양될 수밖에 없었다.

이렇게 전시 공동체에서 필수적으로 요구된 중요한 요소는 전우애였다. 이는 평화로운 시기에 민주적 시민의 자질로 언급되는 형제애와는 전혀 다른 상황에서 형성되었다. 극한의 전투 상황에서 전우의 존재는 나의 안위를 지켜 주고, 서로 죽음의 공포와 적에 대한 적개심을 공유하며, 불확실성이 지배하는 극한의 상황에서 위로를 줄 수 있었다. 독립적이고 건강한 개인으로서 징집되었다고는 하지만 개인이 가지고 있는 극한의 공포 상황을 견뎌 내기 위해서 전우애는 필수적이었다고 할 수 있다. 특히 오랫동안 가족의 부재를 견뎌야 했던 병사들은 전우애를 통해 적어도 일시적인 심리적 안정을 얻을 수 있었다.[29]

특히 1차 세계대전의 교훈으로 인해 전쟁과 폭력보다는 평화에 더 무게가 실리던 시대에 교육받은 젊은 병사들은 전쟁 상황에 전혀 준비되어 있지 않았다. 민주시민으로서 길들이고 억압해 왔던 폭력성이 필수 요소가 되는 상황은 아무렇지 않게 하루아침에 일어나는 일이 아니었다. 이제까지 인류 문명의 승리로 여겨지던 여러 가지 기계와 무기는 그 문명을 부수는 데 사용되고, 삶의 중요한 가치로 배웠던 인류애는 끔찍한 전쟁을 정당화하기 위한 도구로 전락했을 뿐이었다. 동시에 병사들 간의 기본적인 신뢰가 이 전우애를 통해 형성되었다는 점은 정신의학적으로도 시사하는 바가 있다. 물론 전시에 생기는 동료 간의 신뢰나 애정은 기존의 정신의학이나 대상관계 이론object relation theory에서 다루는 근본적 안정감을 주는 기본신뢰basic trust의 개념과는 달랐다. 하지만 죽음에 대한 공포

---

**29** Waller, *The Veteran Comes Back*, pp. 36-39.

와 불안에 항시 노출되어 있던 상황에서 심리적 안정감을 어느 정도 채워줄 유대감의 형성은 정상적으로 전쟁을 수행하는 데 있어서 상당히 중요한 조건이었다.[30]

동시에 전우애는 병사들 간의 유대감뿐만 아니라 병사들의 사기와도 무관하지 않았다. 실제로 유대감을 강조하면서 병사들의 떨어진 사기를 고취한 사례도 있었다. 한 대령은 1차 세계대전 때의 재능 있는 소령의 예를 들며 공동체 의식과 동료에 대한 존중을 강조하였다. 내부 경쟁과 흔히 볼 수 있는 시신에 대한 경멸적 표현을 자제시키고 부대의 결속력을 강조한 결과 그의 죽음 이후에도 병사들의 사기와 자신감이 사라지지 않았다는 사례를 전하였다.[31] 전시 공동체 상황에서 만들어진 결속력은 구성원의 안전을 보장해 주고 그들이 낙오하지 않고 전장에서 살아남을 수 있는 원동력으로 여겨졌다.[32] 때로 전우애는 낭만적인 혹은 영웅적인 이야기 속에서 칭송받는 미덕으로 등장하곤 하지만 동시에 근본적으로 전쟁의 산물일 수밖에 없었다. 죽음에 대한 공포 —나의 죽음도 두렵지만, 동료의 죽음이 더 두렵다는 생각— 를 근간으로 한 만큼 철저하게 극한의 상황에서 만들어진 공동체에서만 요구된 자질이었다.

---

**30** 로이 그링커(Roy Grinker)와 존 스피겔(John Spiegel)의 저서에는 전우애가 '자신이 속한 그룹과 동일시(the identification with the group) 범주에 속하는' 개념으로 표현하고 있으며 이는 전쟁신경증의 가장 흔한 증상인 불안증(anxiety)으로부터 개인을 보호할 방법으로 설명한다. 만약 이런 동일시가 성공적으로 이루어지면 집단 자아(group ego)가 형성되며 이는 어린 시절의 전지전능감(omnipotence)이나 불멸(immortality)의 느낌을 주어 전쟁 수행에 있어서 효과적일 뿐만 아니라 극한의 상황에서 정신적으로 무너지지 않을 수 있다고 설명한다. Roy Grinker and John Spiegel, *War Neuroses*, Blakiston Co., 1944, pp. 67-68, 116-118.

**31** Waller, *The Veteran Comes Back*, p. 40.

**32** National Research Council, *Psychology for the Returning Serviceman*, Irving L. Child and Majorie van de Water (eds.), Infantry Journal, 1945, p. 17.

비슷한 이유로 전장에 적합한 병사는 죽음을 두려워하지 않는 특성을 가진 사람이었다. 전시에 적합한 병사로 거듭나기 위해서는 매번 누군가의 죽음을 무릅쓰고 임무를 수행하는 상황에 익숙해져야 했다. 앞에서 살펴본 징병검사에서 부적합판정을 받았던 이들은 이런 상황에서 돌출적인 행동을 할 확률이 높았기 때문에 배제된 측면이 있었다. 작전에 있어서 예외가 존재하지 않아야 하는 실전에서 감당할 수 없는 공포감이나 극도의 긴장으로 공황발작panic attack을 일으키거나 예상치 못한 행동을 하게 되면 이는 전시 공동체 전체에 부정적인 영향을 미칠 수 있었다.[33] 이런 특성의 공동체 속에서 이런 이들은 겁쟁이인 낙오자로 보이기 쉬웠다. 자신을 통제하지 못하고 약한 정신을 가진 병사는 바람직한 공동체의 일원이 아니었다.

그래서 이런 극한의 상황에서 정신의학자들은 사소하고 지속성은 없지만 감당할 수 없는 불안감이나 공포와의 거리두기detachment에도 주목하였다. 전방에 갓 투입된 병사는 종종 포탄이 터지고 폭격이 시작되어도 그저 자기 일에 집중하며 동요하지 않는 모습을 보인다. 이는 그의 타고난 용맹함 때문이 아니라 극한의 상황을 자신의 상황으로 연결하지 못하기 때문에 보이는 현상이다. 하지만 정신의학자들은 이런 일시적인 현상조차 병사 개인이 불안으로부터 잠시 영향을 받지 않게 하는 데 유용한 것으로 간주하였다. 이는 전장에서 일어나는 끔찍한 상황이 자신에게는 일어나지 않을 것이라는 믿음에서 오는 것이었다. 생명의 위협이 일상이 되는 예측 불가한 전장에서 흔히 용맹함으로 포장되지만 전시 공동체의 일원으로서 자신을 지키는 방법은 폭력성을 드러내는 것이었다. 시

---

**33** Ginzberg, et al., *Psychiatry and Military Manpower Policy*, pp. 27-28.

민사회에서 이유 없이 누군가를 공격하거나 잔인성을 드러내는 것은 바람직한 시민의 특성이 될 수 없었지만, 극한의 상황에서 드러내는 즉흥적인 용기는 자연스럽게 폭력성과 연결될 수밖에 없었다. 특히 전투가 진행되는 상황에서 극도의 스트레스와 전우의 죽음에 노출되면 많은 경우 자연스럽게 적에 대한 복수심과 잔인성이 극대화되었다. 적대감의 표출은 때로 전쟁에서 받는 스트레스를 표면화하여 불안이나 공포를 제어하는 역할을 하기도 하지만 이는 안정적인 자아가 구축된 상태는 아니므로 언제든 신경증적 증상으로 나타날 수 있었다.[34]

하지만 이러한 양면성에도 불구하고 전투 중에 발휘한 즉흥성도 용맹함으로 대체되곤 했다. 일촉즉발의 상황에서 적과 마주치는 경우 자신이나 다른 병사의 생존을 위해 결정을 내릴 수밖에 없었다. 월러에 따르면 병사들은 자연스럽게 증오와 잔인성을 당연하게 여기게 되며 이것이 전시에 경험하게 되는 체계에서는 필수적이라는 것이다. 이런 상황속에서 적대적 반응을 표면화하는 것 —흔히 용감한 것처럼 보이는 특성—이 새로운 도덕률이 된다. 용감한 자는 전시 공동체의 안위를 지킬 수 있고 그 반대는 위협하는 자가 되기 때문이다. 병사들에게 있어 강력하고도 결속력 있는 공동체를 지키는 데 필요한 것은 "의무에 대한 복종, 충성, 일관성, 용감함"이었다.[35]

하지만 전시 병사들에게 필요했던 이러한 자질은 근본적으로 평시 시민사회를 건설하는 데 있어서 필요하지 않았다. 오히려 그 존위를 위협할 수 있는 특성이었다. 그래서 전후 이들에게 보내진 시선은 상당히

—— **34** Grinker and Spiegel, *War Neuroses*, pp. 119-120.
   **35** Waller, *The Veteran Comes Back*, pp. 44-48.

이중적이었다. 공동체의 안위를 지킨 위대한 국민 영웅임과 동시에 전쟁의 상흔을 고스란히 담은 채 돌아온 이방인들이었다. 이 이방인들은 다시 안전하고 건강한 사회를 만들기 위해 이제까지 자신들이 전쟁 중 무의식적으로 혹은 의식적으로 함양한 자질을 없애고 새로운 시민상으로 거듭나야 했다. 하지만 월러의 지적대로 군인을 다시 민간인으로 살게 하는 것은 쉽지 않았던 것으로 보인다.[36]

## 3. 안전한 사회의 건강한 시민

2차 세계대전이 그 끝을 보이던 1944년은 유독 전쟁에서 돌아오는 참전 병사들이 어떻게 일상에 잘 적응할지에 관한 내용을 담은 사설이나 방송을 많이 접할 수 있는 해였다. 정신의학이나 심리학 전문가부터 종교지도자나 정치인에 이르기까지 폭력과 숱한 죽음을 경험한 참전 병사들의 건강한 귀환을 위해 여러 의견을 보탰다. 특히 미국 정신의학계는 전후 미국 사회가 감당해야 할 여러 문제에 대한 해결책을 제시하는 데에 가장 적극적이었다. 이는 그들이 전장에서 경험한 무수한 치료 경험 때문이었다. 전쟁터에서 신경쇠약 증세를 보이는 병사들에게 정신 요법을 시행한 유례없는 경험은 정신의학이 예방의학적 관점을 지니고 민간인으로 돌아온 병사들의 삶에 관여하게 됨을 예고하는 신호탄과 같은 것이었다.[37]

---

36  Waller, *The Veteran Comes Back*, p. 15.

37  Pols, "War Neurosis, Adjustment Problems in Veterans, and an Ill Nation," p. 73. 이 장에서는 정신의학적 관점에서 어떻게 안전하게 민간인으로 돌아가느냐에 초점을 맞추기 위

일상의 삶으로 돌아와야 했던 2차 세계대전 참전 병사 중 일부는 전투 경험을 지닌 채 민간인으로 사는 삶에 어려움을 느끼게 된다. 단순히 전쟁의 경험에서 벗어나지 못해서도 있지만 앞서 살펴보았듯 그들은 전장에서 전혀 다른 역할을 요구받았다. 이는 단순히 폭력적인 상황을 경험한 데에 대한 내상을 입고 민간인으로 살아가는 데에 겪을 수 있는 불편함 정도라는 단순한 추정을 뛰어넘는다. 그들 중 적지 않은 숫자가 평생 장애 ―실명, 보행장애와 실체 일부의 기능장애, 마비 등― 를 갖고 살게 되었으며 이는 단순히 신체적 불편함에서 그치지 않았다. 상당히 많은 인원이 신체적 장애와 함께 정신과적 증상을 호소하였다.[38]

이런 사실은 분명 참전 병사에 대한 부정적인 이미지에 일조했을 것이다. 전쟁 중 "비정상적인 전쟁 스트레스로 인해 전쟁신경증에 노출된 굳건한 군인"의 이미지는 점차 장기간의 군사적 경험으로 인해 일상에 "적합하지 않은unfit" 주의할 인물로 변하였다.[39] 폭력적인 경험에 노출되었을 뿐만 아니라 눈에 띄는 장애 때문에 대인관계에 어려움을 느낄 가능성이 컸기 때문이다. 그러나 사실 이들은 처음부터 사회에 부적응했던 사람들이 아니라 시민으로서 그 누구보다도 적합한 사람들이었으며 오히려 그런 그들이었기에 애초부터 징병검사를 통과하고 징집될 수 있었다.

<hr />

해 정신과 의사의 저작과 당시 군에서 출간한 안내서를 중심으로 살펴본다. 특히 정신과 의사 중 가장 높은 계급으로 복무하며 전후 정신의학의 예방의학적 측면을 일상으로 돌아가는 참전 병사들에게 확대하는 데 일조한 윌리엄 매닌저(William C. Menninger)의 저서와 군에서 펴낸 『귀환 병사를 위한 심리학(Psychology for the Returning Serviceman)』을 중심으로 분석하였다. 당시 심리학자, 역사학자, 인류학자 등이 비슷한 서적을 출간하였으나 이 연구에서는 의도적으로 배제하였다.

38  1947년 4,205,726명의 참전 병사가 장애 연금을 신청했으며 이 중 1,996,327명이 받아들여졌다. 1949년까지 참전한 병사 중 10-15%가 장애 연금을 받는 것으로 집계되었다. Menninger, Psychiatry in a Troubled World, pp. 376-382.

39  Pols, "Managing the Mind," p. 402.

전쟁 후 돌아온 군인에 대한 불편한 시선 —폭력성을 제어하지 못한다거나 민간의 생활에 적응하지 못해 사회에 부정적인 영향을 미친다는— 은 사회적 편견이 만들어 낸 신화에 가까웠다.[40]

하지만 만들어진 이미지가 사실이 아니라 할지라도 전쟁 중 작전을 성공적으로 수행하기 위해 배운 여러 가지 규율과 규칙은 일상생활에서 거의 필요하지 않았다. 이제 그들은 항상 채워지지 않는 욕구에 힘들어하며 죽음을 두려워하던 삶에서 벗어나 그토록 그리워하던 집으로 돌아왔다. 하지만 현실은 단순히 돌아오는 것returning만으로 해결되지 않았다. 참전 병사들의 진정한 귀환은 생각보다 긴 여정이었으며 때로 고통스럽게 여겨질 수밖에 없었다. 그들은 다시 한번 사회의 건강한 일원이 되기 위해 자신들이 전쟁 중 체제를 수호하기 위해 함양한 자질과 기술을 없애라는 요구를 받게 된 것이다. 병사로서 적합한 자질을 갖춰야 했던 것과 마찬가지로 평시의 민주주의 사회에서 시민으로 살아가기 위해 다시 자신을 바꿔야 했다.[41] 특히 이 과정에서 정신의학의 역할은 중요하였다. 전쟁 속 극도의 스트레스로 인해 전쟁신경증을 얻게 된 용맹한 병사가 민간인으로 돌아오기 위해서는 정신의학적 도움이 필요할 터였다.[42]

평상시의 삶에 적응하는 것은 주로 달라진 관계 속에서 조화롭게 살아가는 방식을 배우는 것이었다. 자랑스러운 시민으로서 참전이라는 과정을 통해 용맹과 전우애를 자랑하던 그들에게 요구된 것은 스스로가 처

**40** Pols, "War Neurosis, Adjustment Problems in Veterans, and an Ill Nation," p. 82.

**41** George K. Pratt, *Soldier to Civilian: Problems of Adjustment*, McGraw-Hill Book Company, Inc., 1944, p. 1. 조지 프랫(George K. Pratt)의 저서는 귀환 병사보다는 병사의 가족이나 지인들을 위한 조언을 담고 있다.

**42** Pols, "Managing the Mind," pp. 401-402.

한 상황을 제대로 인지하고, 자신의 상태와 감정에 대해 알아 가야 하며, 시민 공동체의 일원으로 살기 위한 민주주의적 태도를 함양하라는 것이었다. 병사들이 키운 자질들은 시민사회의 구성원으로 살아가기에는 다소 감정적이고, 즉흥적이며 예측불가한 측면이 있었기 때문에 이런 특성들을 길들여야만 했다. 안전하고 정신적으로 건강한 민주주의 사회의 일원으로서 공동체에 일조하기 위해 그들은 다시 새로운 기준에 맞춰 자신을 돌아봐야 했다.

이들에게 주어진 첫 번째 임무는 자신의 달라진 환경과 현실 인식하기였다. 공통으로 정신과 의사들의 저작에서는 오랜 전쟁으로 인해 많은 것이 변화했다는 점을 이야기한다. 병사 자신은 전쟁 중 특정한 자질과 능력을 요구받았기 때문에 사고방식이나 행동 기준, 혹은 관점이 변했을 수 있었다. 동시에 그들이 떠나 있는 동안 그들의 환경과 그들을 기다리던 가족과 친구, 이웃 등 모두 변화를 겪었을 수 있다는 점을 고려해야 한다는 것이다. 전쟁 중 많은 가정이 깨졌으며 남성 가족의 부재는 경제적 어려움을 의미하기도 하였다. 자녀들을 부양하기 위해 일자리를 찾아 나선 여성이 6백만 명에 달하였다. 아버지의 부재 속에서 태어나거나 유년기를 보내는 자녀들도 많았다.[43] 이처럼 전장에 나갔던 이들만 전쟁의 영향을 받은 게 아니었으며 전쟁으로 인해 여러 가지 상황이 변했다

---

**43** Menninger, *Psychiatry in a Troubled World*, pp. 393-396; 이와는 다소 다른 방향으로 이 문제를 분석하는 설명은 정신과 의사인 프랫의 저서를 참조할 것. 프랫은 전장에서의 전혀 다른 경험으로 인해 신체적·정신적으로 전혀 달라진 아들을 여전히 어리고 의존적이며 게다가 전쟁에서 입은 상처로 보살핌을 받아야 하는 불쌍한 존재로 여기는 부모는 오히려 아들이 평시 사회에 안전하게 적응할 수 있도록 하는 데 방해가 되었다고 보고 있다. 그래서 집이 언제나 그들의 회복과 불안감 해소에 이상적인 장소는 아니었으며 오히려 치료에 방해가 된다고 보았다. Pratt, *Soldier to Civilian*, pp. 2-6.

는 것을 인지하기를 요구받았다.

특히 이들이 경계해야 했던 지점은 자신들의 힘든 경험으로 인해 집에 대한 이미지가 더욱 이상적으로 보이게 되었다는 것이다. 언제 죽을지 모르는 불확실성에서 벗어나 안락한 자신의 침대에서 잠을 청할 수 있다는 꿈은 종종 현실의 단편적인 조각일 뿐일지도 모를 일이었다. 이미 집으로 돌아간 이들의 경험담에 등장하는 귀환은 전혀 새로운 삶의 시작을 의미하는 경우가 많았다. 가족이나 이웃들은 병사들이 어떤 경험을 했는지 알지 못하며 병사 자신도 평상시의 삶에 대한 감을 잊어버렸을 가능성이 컸다.[44] 그래서 그들이 해야 할 일은 자신의 주변 상황을 있는 그대로 받아들이는 것이었다. 너무 긍정적으로 혹은 지나치게 부정적으로 인식할 필요 없이 그리고 높은 기대치를 배제하고 있는 그대로의 상황을 인식하는 것은 건강한 사회의 일원으로 살아가기 위한 선결 조건이었다.

한편으로 자발적인 현실 인식에 대한 조언은 집으로 돌아온 병사의 독립성을 증진하기 위해서도 필수적이었다. 전쟁 경험은 어떤 면에서 병사들을 성장시켰지만, 조직적인 생활에 오랫동안 익숙해진 귀환 병사는 어떤 면에서는 아이처럼 굴거나 독립성이 전혀 없어진 것처럼 행동할 수 있었다. 이전의 개인적 관계 속으로 자발적인 참여를 유도하기 위해서는 가족들조차 병사의 변화를 인정하고 있는 그대로 봐 줄 필요가 있었다. 특히 그가 시민사회에 적응하기 위한 시행착오를 겪더라도 미리 장애물을 제거하려고 해서는 안 된다고 조언하기도 하였다.[45]

---

**44** National Research Council, *Psychology for the Returning Serviceman*, p. 1.

**45** Pratt, *Soldier to Civilian*, p. 7.

귀환 병사의 다음 임무는 자신의 정확한 상태와 감정을 파악하는 것이었다. 이것은 전쟁 중 훈련을 통해 가장 취약해진 부분이었다. 앞 장에서 살펴본 시민 병사의 의무는 대부분 군대 규율에 맞게 자신을 맞추는 것이 대부분이었다. 상부의 명령에 따라 움직이며 집단의 즉각적인 안위가 훨씬 더 중요한 상황에서 개인의 상태나 감정을 파악하고 돌보는 일은 그들의 몫이 아니었다. 하지만 귀환 후 다시 개인으로 사는 일은 무엇보다도 중요해졌다. 이제 그들은 어느 소속의 어떤 임무를 맡은 시민 병사가 아닌 공동체의 선량하고 건강한 시민으로 거듭나야 했다. 그러기 위해서 우선 온전하게 독립적인 개인으로 자립할 수 있어야 했다. 이를 위해 정신과 의사들은 전쟁 경험이 자립에 방해가 되지 않을 몇 가지 방법을 제시하였다.

가장 중요한 것은 자신의 상태를 이해하는 것이었다. 전쟁 경험이 자신에게 어떤 영향을 미쳤는지, 자신은 외부의 자극에 어떤 반응을 보이는지, 왜 그런 반응으로 상대를 대했는지 등 자기 자신에 대한 깊은 이해가 필수적이었다. 정신과 의사들은 자신이 평소에 잘 알고 있던 것이 이질적으로 느껴지고 뭔가 잘못되었다는 것을 감지한다면 더 깊게 자신의 욕구나 욕망에 대해 생각해 봐야 한다고 조언하였다. "집에 돌아온 후 많은 것이 다르게 보인다면 그건 다른 눈으로 그것을 보게 되었기 때문"[46]일 확률이 높았다. 사람의 기억은 경험 때문에 다르게 기억될 수도 있었다.

자신의 상태를 가감 없이 잘 파악해야 한다는 조언은 억압<sup>repression</sup>과 자기 통제 개념과 관련이 있었다. 자신의 상황과 내면의 욕구를 지속해

---

**46** Child and Water, *Psychology for the Returning Serviceman*, p. 5, 11.

서 돌보지 않으면 결국 행동의 일부를 통제할 수 없게 된다는 심리적 측면에 고려된 조언이었다. 심리학적 경고의 엄중함은 결국 무의식적으로 억압된 욕망은 언젠가 그 모습을 드러낸다는 데에 있다. 끊임없는 내면의 욕구나 욕망을 돌보지 않은 채 무의식적으로 억압하게 되면 당장은 눈에 보이지 않아 정상적으로 행동하고 아무런 증상이 없는 것으로 보인다. 하지만 이는 언젠가 병리적 형태로 다시 등장해 의식적 통제가 불가능한 증상으로 나타날 수 있다는 것이다.

전쟁의 상흔은 겉보기보다 훨씬 깊었다. 참전 병사의 신체와 정신에 깊은 영향을 미쳤을 뿐만 아니라 그들을 둘러싼 관계도 변해 버렸거나 변화해야 했다. 더 나아가 사회를 구성하는 개인과 그 관계의 변화는 사회의 근본적인 변화로 이어지게 되었다. 그래서 1946년 전국정신보건법의 통과는 단순히 의학의 한 분야로서 정신의학의 보편적 영향력이 확대되었던 사례로만 해석할 수 없다. 이는 2차 세계대전이라는 일회성 사건을 중심으로 정신의학이 이루어 낸 성공담과 같아 보이지만, 정신의학과 관련된 정보와 관점은 국가 정책을 결정하는 데 가볍지 않은 영향을 미치기 시작했으며 이와 동시에 공동체의 바람직한 구성원이 어떤 특성을 보여야 하는지에 대한 논의에 정신의학적 고려는 필수적인 한 부분이 되었다.

2차 세계대전의 징병검사 과정, 전투 수행 중 이상 증상을 보이는 장병 치료, 그리고 귀환 병사의 사회적응에 이르며 정신의학은 바람직한 시민을 규정하는 기준을 제시하는 역할을 하게 되었다. 즉, 신경학적·정신의학적인 문제가 없는 시민으로서, 극한의 상황에 최적화된 시민 병사로서, 그리고 안전한 사회를 만드는 데 방해가 되지 않는 건강한 시민으로서 2차 세계대전을 전후하여 규정된 바람직한 시민의 자질은 궁극적으로 공동체를 수호하고 안전한 사회를 만드는 데에 정신의학적 시각이 결정적인 영향을 미쳤음을 보여 준다. 하지만 전혀 다른 상황에서 규정된 '건강한' 시민적 자질은 군 정신의학과 민간 정신의학 사이의 좁힐 수 없는 관점의 차이로 인해 자기모순적인 자질을 개인이 동시에 가져야 한다거나 상황이 바뀌었으니 다시 정반대의 자질을 키워야 한다는 조언과 규율로 이어졌다. 이러한 과정에서 정신의학은 안전하고 평화로운 사회를 만드는 데 역할을 할 수 있는 학문으로 주목을 받았으나, 그것이 보여준 시행착오와 그로 인해 영향을 받은 이들의 모습은 공동체의 목적을 위해 바람직한 시민의 자질을 규정하는 것이 어떤 의미를 지녔는지에 대해 시사하는 바가 크다.

# 2장

# 근대의 시선으로 보호감치의 대상이 되어 버린 정신병자[1]

이방현

최근 다양한 매체 속에서 우울증, 공황장애 등을 겪고 있는 연예인들이 본인들의 정신과 치료경험의 효과를 언급하는 모습을 쉽게 접할 수 있고, 정신과 전문의가 출연하는 방송 프로그램이 인기를 끌고 있다. 그리고 실제 한국인들이 자신의 정신건강을 위해 정신건강 증진사업을 이용하는 비율이 증가하고 있는 현상을 보면 한국 사람들이의 정신과에 대해 갖는 이미지가 긍정적으로 개선되고 있는 듯하다. 그러나 한편으로는 정신병자[2]들을 일반인들의 상식으로 이해할 수 없고 예측할 수 없는 폭

---

1　본고는 이방현, 『일제시대 신문에 나타난 정신질환자 사회 표상』, 이화여자대학교 사회복지전문대학원 박사학위논문, 2010; 이방현, 「일제의 정신질환자에 대한 인식과 태도」, 『이화사학연구』 45, 2012; 이방현, 「식민지 조선에서의 정신병자에 대한 근대적 접근」, 『의사학』 22(2), 2013을 수정·보완한 글이다.

2　조현병, 우울증, 공황장애 등의 정신질환을 겪는 자들을 지칭하는 현대 용어는 '정신질환자'이나, 본고에서는 일제강점기의 공식 용어인 '정신병자'를 사용한다.

력적이고 공격적인 행동을 충동적으로 하는 위험한 존재로 생각하여 그들을 미래의 범죄자로 단정 짓는 경향이 높은 것도 사실이다.

뉴스는 많은 경우 이해할 수 없는 범죄 행각을 정신병과 연관지어 설명하고 이들에 대한 감시와 감독의 필요성을 언급할 뿐 아니라 그에 대한 대책을 정신과 전문의에게 의견을 구한다. 이러한 모습을 통해 여전히 한국 사회에 정신병자에 대한 부정적인 인식과 태도가 만연하며, 이들에 대한 치료와 관리의 주요 책임을 정신건강 증진사업을 수행하는 전문가들에게 부과하고 있음을 알 수 있다. 그러나 한국 사회의 이러한 인식과 태도가 형성된 것은 불과 100년이 안 되었다.

조선은 정신병을 다른 질병과 동일하게 전통 한의학과 무속의 방식으로 다뤘고,[3] 정신병자가 범죄를 저지르면 국가는 『대명률大明律』 명례율 名例律 「노소폐질수속老小癈疾收贖」과 형률刑律 「노유불고신조老幼不拷訊條」[4]에 의거

---

**3**  「심전(心顚)」, 『국역 향약제생집성방』 권4; 이승기, 「정신질환에 대한 한의학과 중의학의 비교연구」, 『동의신경정신과학회지』 16(1), 2005, 194쪽; 이부영, 「전통의학의 정신질환 개념에 관한 연구」, 『신경정신의학』 40(6), 2001, 1001-1917쪽; 이무석, 「한국인의 정신질환에 대한 개념-전남지방 주민을 중심으로」, 『전남의대잡지』 19(4), 1982, 441-450쪽; 이방원, 「일제하 미신에 대한 통제와 일상생활의 변화」, 『일제시기 근대적 일상과 식민지 문화』, 이화여자대학교 출판부, 2005, 61-66쪽.

**4**  조선은 건국 초 중국 명나라 형법전인 『대명률』을 활용하기 위해 이두로 풀이한 『대명률 직해』(30권)를 간행하였고, 『경국대전』을 편찬한 이후에도 보조적으로 사용하였다. 당시 폐질(癈疾)은 현대의 정신질환을 포함하는 용어였는데, 『대명률직해』의 명례율의 「노소 폐질수속」과 형률(刑律)의 「노유불고신조」를 통해 살펴본 조선의 정신병자 처우는 다음 과 같다. 「노소폐질수속」은 '70세 이상이나 15세 이하 및 폐질인 사람이 죄를 범하면 유 죄 이하는 모두 속전을 받는다. 80세 이상이거나 10세 이하 및 독질인 사람이 모반·모대 역·살인죄를 범하여 사죄에 해당하면 임금에게 아뢰어 임금의 재가를 기다리고, 도적질 을 하거나 남을 상해하면 죄를 속전을 받는다. 90세 이상이거나 7세 이하이면 비록 사죄 를 지어도 형벌을 가하지 않는다'(명례율 21조, 『대명률직해』 제1권). 그리고 「노유불고 신조」는 '팔의에 해당하는 사람과 나이 70세 이상이거나 15세 이하인 사람과 폐질인 사 람은, 이치상 때려서 상해하여 추문하는 것이 합당하지 않으므로 모두 여러 가지 증거가 명백해야만 죄를 정한다'는 것이다(형률 428조, 『대명률직해』 제28권).

하여 이들에게 '윤형閏刑'[5]을 부과하고 방면하였다.[6] 이와 같은 정신병 치료와 관리에 새로운 시각과 접근이 소개된 것은 개화기부터였다.

고종은 「경찰청관제警察廳官制」(칙령 제85호, 1895년 4월 29일)를 반포하여 정신병자를 실종자, 부랑자, 기아, 미아와 함께 경찰의 관리대상으로 포함시켰고,[7] 이후 갑오개혁이라는 근대화 추진 과정에서 국가의 이러한 입장은 변함없이 유지되었다.[8] 개화사상가 유길준은 유학 생활의 경험과 지식을 담은 『서유견문록』(1895)에서 정신병자 격리병사(病舍)인 정신병원을 소개하였고, 『제국신문』은 미친 사람의 경우 다른 환자들과 분리하여 치료하는 것이 바람직하다는 기사를 게재하였다.[9] 그리고 서구식 근대 병원에서 정신병자를 치료했다는 기록들이 발견된다.[10] 그러나 선교사들의 기록에 따르면 당시 조선의 일반인들은 정신병자 수용시설을 설치하는 것에 동의하지 않았으며, 정신병 관리와 치료를 지역 사회 내에서 가족의 보호 아래, 전통 한의학과 무속을 통해 행하고자 했음을 알

---

5  윤형(閏刑)이란, 옛날, 선비 또는 작위가 있는 사람이나, 승려, 부녀자, 노유(老幼) 폐질(廢疾)의 사람에게 본형(刑)에 대치하여 과(科)하던 형벌이다(황충기, 『한국학사전』, 국학자료원, 2006, 635쪽).

6  「康津 張永浩의 옥사」, 『심리록(審理錄)』제8권 전라도, 1782; 「泰川 백동(白同)의 옥사」, 『심리록』제9권 평안도, 1782; 「兩西의 암행어사 이곤수(李崑秀)가 복명하였다」, 『일성록(日省錄)』, 1782. 4. 16; 「성주 생원 송원기가 정구를 두둔하고 박이립을 죄주기를 청하는 상소문」, 『조선왕조실록(朝鮮王朝實錄)』, 1610. 9. 18.

7  「경무청관제를 재가하여 반포하였다(裁可頒布)」, 『고종실록』, 고종 32년(1895년) 4. 29. 해당 칙령에 정신병자를 지칭하는 용어는 '풍라자(瘋癩者)'로 미치광이를 의미하는 것이다.

8  「地方警務章程(내부령 제15호)」, 『대한제국관보』제1016호, 1898. 8. 1; 「警部官制(勅令第二十號)」, 『대한제국관보』 1900. 6. 13.호 외 1; 「警察官制改正件(勅令第三十五號)」, 『대한제국관보』 1688호, 1900. 9. 25; 「警務廳官制(칙령제3호)」, 『대한제국관보』 2126호, 1902. 2. 18; 「警務廳官制(칙령제16호)」, 『대한제국관보』 1763호, 1905. 3. 1.호 외 2; 「警務廳分課規程」, 『대한제국관보』 3710호, 1907. 3. 11.

9  「걸인을 구휼할 방책」, 『제국신문』, 1903. 1. 21.

10  「병인 보죠한 일」, 『독립신문』, 1899. 4. 25; 「광인월옥」, 『제국신문』, 1905. 12. 28; 「狂人醫治」, 『대한매일신보』, 1905. 12. 28; 「광제원 의사 모씨가」, 『제국신문』, 1911. 3. 1.

수 있다.[11] 즉, 개화기의 정부와 지식인들은 정신병자를 일반인들로부터 분리하고 격리하여 관리할 존재로 인식하였고 실제 서구식 근대 의술이 행해지기도 했지만, 일반인들은 정신병자들을 격리수용하여 치료하는 서구식 접근에 동의하지 않았다.

한일합방 이후 조선총독부는 조선인의 정서와는 무관하게 정신병자의 관리책임을 위생경찰과 서구 근대 정신과의精神科醫에게 부과하는 이원체제를 구상하였고, 이를 실현하기 위해서 「조선총독부경무총감부사무분장규정」, 「경찰범처벌규칙」, 「제생원규정」 등을 마련하였다. 그리고 신문은 정신병자의 방화, 친족살인 등의 범죄 행위를 반복적으로 기사화함으로써 이들에게 '위험성'이라는 표상을 부과하였고, 대중들에게 이들이 관리의 대상임을 끊임없이 설득하였다. 더불어 기존의 전통 한의학과 민간 의학, 무속인에 의한 치료행위를 매우 전근대적인 행위로 규정하면서 새로운 접근이 필요함을 역설하였고, 신문이 제시한 새로운 접근법은 경찰의 취체와 정신과 전문의에 의한 관리와 보호였다.


## 1. 위생경찰의 감시 관찰과 취체의 대상이 된 정신병자

조선총독부는 「조선총독부경무총감부사무분장규정朝鮮總督府警務摠監部事務分掌規程」(조선총독부훈령 제4호, 1910년 10월 1일)과 「경찰범처벌규칙警察犯處罰規則」(조선총독부령 제40호, 1912년 3월 25일)을 제정하고, 위생경찰의 관리 대상에 정신병자를 포함시켰다. 당시 경찰당국이 정신병자 관리의 입장을 확인

---

11  "Reports and Letters from Korea Mission", 1906. 11. 26.(한국기독교역사연구소 미간행물).

하기 위해서는 일제상점기 동안 대중에게 가장 철저했던 치안법률이라고 알려진 「경찰범처벌규칙」을 살펴볼 필요가 있다.

「경찰범처벌규칙」은 경찰 단속의 대상을 총 87종류로 분류하였고, 제55항에 '위험의 우려가 있는 정신병자의 감호에 소홀하여 옥외에서 배회하게 한 자'는 구류 또는 과료에 처한다고 명시하였다. 일명 '정신병자 태호범怠護犯'으로도 일컬어졌던 제55항은 정신병자 '관리법'이 따로 제정되지 않았던 식민지 시기 동안 정신병자 관리에 있어서 가장 주요한 기준이 되었다. 다구치 순지로田口春二郞는 『조선경찰범요론朝鮮警察犯要論』에서 「경찰범처벌규칙」의 입법취지와 정신병자 태호범을 다음과 같이 소개하고 있다.[12]

" … 「경찰범처벌령警察犯處罰令」[13]을 폐지하고 「경찰범처벌규칙」을 새로이 시행 … 위험한 행동을 할 우려가 있는 발광자發狂者는 동물[獸類]과 다름없어 이들을 방치하여 자유행동을 하게 하는 것은 사람의 생명·신체·재산에 대하여 위해를 끼칠 우려가 있다. 그러므로 그 감호 의무가 있는 자에게 강제하여 위해를 미연에 방지하도록 하는 것이 본 호를 규정하는 이유이다.

---

12  田口春二郞, 『朝鮮警察犯要論』, 文星社, 1912, 123頁; 198-199頁.

13  일제는 「위경례(違警例)」[대만총독부령(臺灣總督府令) 제59호, 1908. 10. 1.], 「경찰범처벌령(警察犯處罰令)」[관동도성부령(關東都省府令) 제58호, 1908. 10. 1.] 등 식민지국별로 각 지역의 편의에 맞춰 정신병자를 관리하기 위한 법을 제정하였다. 통감부시절 조선에도 「경찰범처벌규칙」의 모태가 되는 「통감부경찰범처벌령」(통감부령 제44호, 1908. 10. 1.)을 마련하였는데, 해당 령의 제3조 제17항 '감치(監置)'와 관련하여 정신병자 감호(監護)에 소홀히 하여 옥외(屋外)에 배회하게 한 자'를 과료에 처한다고 규정하고 있다(大森八十一郞, 『警察犯處罰令適用義解』, 淸水書店, 1910). 그리고 해당 조항은 「경찰범처벌규칙」 제55항에 그대로 적용되었다.

정신병자 감호법이 없는 조선에서도 정신병자의 후견인, 배우자, 친권자, 호주<sup>戶主</sup> 등을 감호의 의무를 지닌 자로 정한다. 정신병자란 신경에 고장이 생겨 통상인<sup>通常人</sup>으로서의 능력을 갖추고 있지 못한 소위 발광자를 뜻하며, 감호를 소홀히 했다는 것은 과실인지 고의인지를 논하지 않고 위험이 없도록 해야 할 상당한 수단을 다하지 않았음을 말한다. 옥외를 배회하게 했다는 것은 정신병자의 외출을 방임하는 것을 말한다. … (정신병의 위험성에 대한 판단은) 발광자의 평상시 행동에 비추어 해당관<sup>當該官</sup>의 인정에 따라야 하며, 옥외를 배회하게 했을 때에는 예컨대 강포<sup>强暴</sup>한 행위 없이도 본 범행[犯]을 구성한다. … ”

위 내용을 보면 경찰은 정신병자를 위험한 동물로 상정하여 통상적인 사고능력을 갖추지 못한 책임무능력자로 간주하고, 이들이 야외에서 배회하는 것은 사회적으로 매우 위험한 상황을 유발할 수 있다고 확신해야 했다. 그리고 이러한 인식하에 가족에게 정신병자를 철저히 감호하도록 강제하는 법을 따랐다고 할 수 있다. 이렇듯 이유 불문하고 정신병자의 옥외 활동을 범죄행위로 간주하여 그들의 보호의무자에게 벌금을 부과하는 법적 근거가 마련된 것은 국가가 정신병자를 적극적으로 관리하겠다는 의지를 표현한 것으로 볼 수 있으며, 이는 매우 사회방위적이며 치안적 차원의 접근이라고 하겠다. 1919년 8월 「조선총독부관제개정」(조선총독부칙령, 제386호)에 의해 그간 내무부 소관이었던 조선총독부의원, 도자혜의원에 관한 업무가 경무국으로 이관되면서 식민지 조선의 모든 의료 행위는 경무국 주도하에 진행되었다. 이는 곧 「경찰범처벌규칙」의 정신병자에 대한 인식과 태도가 일상생활뿐 아니라 의료 분야에도 적용될 수 있는 기반이 마련되었다고 볼 수 있다.

경찰의 정신병자 관리에 대한 입장은 호구조사에서도 발견된다. 호구조사는 「호구조사규정戶口調査規程」(조선총독부경무총감부훈령 甲 제5호, 1916년 1월 24일)을 기본으로 하여 각도의 실정에 맞게 세부 시행세칙이 마련되어 실시되었다. 그리고 강원도, 경기도, 충청북도, 경상북도의 「호구조사규정시행세칙」들은 모두 정신병자를 "경찰상 특히 주의를 요하는 자"로 취급하고 있다(조선총독부강원도훈령 제31호, 1922년 9월 16일; 조선총독부경기도훈령 제41호. 1922년 12월 5일; 조선총독부충청북도훈령 제27호, 1931년 12월 27일; 조선총독부 경상북도훈령 제1호, 1932년 1월 23일).

경찰은 본 규정에 따라 관할 지역 정신병자의 소재를 항상 파악하여야 했고, 소재지 정신병자가 타 지역으로 이동하였을 때에는 그 사실을 즉시 경찰서장에게 보고해야 했으며, 보고받은 경찰서장은 필요 시 관계 경찰서장에게 통보하거나 해당 수지순사受持巡査에게 하달하여야 했다. 이를 위해 경찰은 정신병자 명부 작성 및 감시 그리고 도주 시 수색 등의 활동을 하였고, 그 외에도 배회하는 정신병자의 경찰서 내 일시 보호 및 본적지 혹은 수용시설로의 연계, 정신병자의 사건사고 처리 등의 업무도 하였다.[14] 이러한 활동들은 경찰의 업무를 가중시키는 결과를 가져왔고, 신문은 배회하는 정신병자 수가 점차 늘어나면서 이들을 관리하는 경찰서의 고충이 크다는 기사를 지속적으로 작성하였다.[15] 동시에 조선총독

---

14  「假頭에나슨 殺人狂 동팔호실탈출」, 『매일신보』, 1927. 5. 23; 「精神病者들의 跋扈─陽春 압두고 監視督勵」, 『매일신보』, 1941. 2. 27; 「시내각서에서 정신병자를 조사. 일시는 금속을 시킬듯 하다고」, 『조선일보』, 1929. 9. 28; 「殺妻한 精神病者, 흉긔를 가지고 도주 경찰은 간 곳을 수색」, 『동아일보』, 1923. 2. 2; 「精神病者가 老人慘殺, 大同郡 隱松里」, 『동아일보』, 1924. 12. 9; 「精神病者가 全市로 橫行, 全州市民 困難」, 『동아일보』, 1931. 1. 31.

15  「行旅病者增加 수용흐기가곤난」, 『매일신보』 1917. 8. 5; 「精神病者 激增으로 精神病院

부가 각 도부군에 격리시설 설치를 권장하고 있다는 사실을 알리면서 일본 내지의 '정신병자감호법'[16]과 같은 정신병자 격리를 위한 법이 마련되어야 한다고 주장하였다.[17]


## 2. 서구식 근대 의료의 치료감호 대상이 된 정신병자

조선총독부는 「제생원규정濟生院規程」(조선총독부령 제77호, 1911년 6월 21일)을[18] 발포하고 제생원에서 정신병자를 집단으로 수용할 것을 결정하였

---

新設, 작년 중의 정신병자 二천여 명, 總豫算 卄三萬圓, 『동아일보』, 1934. 6. 2.

16  일본 내지에서 정신병자에 관한 전국적 규제는 메이지 정부가 여러 외국과 맺은 통상항해조약의 개정을 앞두고 정신병자에 의해 발생할 수 있는 치안 문제를 해결하기 위한 차원에서 마련되었다. 그 첫 번째 제도적 규제는 1899년(명치 32)「행려병인(行旅病人) 및 행려사망인 취급법」이 공포되고 구호자(救護者) 없이 길거리에서 배회하는 정신병자를 처리한 것이었고, 곧이어 1900년 3월 정신병자 보호에 관한 최초의 일반 법률인 「정신병자감호법(精神病者監護法)」이 공포되었다. 일본 정신보건의 아버지인 구레 슈조(吳秀三)는 본 법이 정신병자에 대한 치료를 고려하지 않은 채 단순히 '정신병자의 신체 보호를 위한 규정을 마련한 것'으로, 정신병자의 이상행동으로부터 사회를 방위(防衛)하고 환자의 불법 감금을 금지하는 목적에만 치우쳐 환자의 의료나 보호를 거의 고려하지 못하고 있다고 강하게 비판을 하였다(風祭元, 『精神保健福祉行政のあゆみ』, 中央法規出版, 2000, 41-46頁). 「정신병자감호법」의 상세내용은 다음과 같다. (1) 후견인, 배우자, 친권을 행하는 부친 또는 모친, 호주(戶主), 친족회(親族會)에서 선임한 사촌 이내의 친족을 정신병자의 감호의무자로서 그 순위를 정한다. 또한 감호의무자가 없거나, 있어도 그 의무를 이행할 수 없을 때에는 주소지, 소재지의 시구정촌장(市區町村長)에게 감호의 의무를 부담시킨다. (2) 정신병자를 감치할 수 있는 것은 감호의무자 뿐으로, 병자를 사택, 병원 등에 감치하기 위해서 감호의무자는 의사의 진단서를 첨부하여 경찰서를 거쳐 지방장관에게 출원하여 허가를 얻어야 한다. (3) 행정관청에 감치를 감독하는 권한을 부여한다. (4) 감호에 요하는 비용은 피감호자의 부담으로, 피감호자에게 그 능력이 없을 때에는 부양의무자의 부담으로 한다(吉川武彥, 「精神病者監護法から精神病院法での變遷」, 『精神保健福祉行政のあゆみ』, 中央法規出版, 2000, 4頁; 611頁).

17  「窮境에 陷한 失業者(2). 오늘날 경성부는 사회수업에 급급히 연구 착슈해」, 『매일신보』, 1921. 3. 12.

18  총 8안으로 구성된 「제생원규정」에 따라 제생원은 조선 총독의 감독하에 고아 양육, 맹아자 교육, 풍라자 치료를 담당하였다(『朝鮮總督府官報』, 242, 1911. 6. 21.).

다. 이후 의원[醫員] 미즈츠 신지[水津信治]를 제생원 의료부 담당자로 임명하고 정신병자 구료를 시작하도록 하였다. 그러나 곧 정신병자의 특수성을 고려한 관리가 필요하다고 생각하게 되었다. 이에 1912년 2월 제생원이 아닌 조선총독부의원 내과에서 이들을 치료할 것을 결정한 뒤, 제생원 의원이었던 미즈츠 신지를 책임자로 임명하였다.[19] 이어 1913년 4월, 총독부의원[醫院]은 정신병과를 신설하고 구내에서 가장 구석진 곳에 격리실을 마련하였다. 격리실은 170평의 목조 단층집으로 환자 35명을 수용할 수 있었고,[20] 이는 1913년 당시 환자 333명을 수용할 수 있었던 조선총독부의원 전체 입원환자의 10%를 웃도는 수준의 시설이었다.[21] 이후 1919년과 1927년 두 차례에 걸쳐 정신병실이 증축되었고 그에 따라 의료 인력이 증가하는 등 조선총독부의원의 정신병자 사업은 확장되어 갔다.[22]

조선총독부의원은 일제가 식민지 조선에 실시하고자 한 서구식 근대 의료체제의 주요 추진기관으로, 조선총독 데라우치 마사타케[寺内正毅]는 자신이 총애하던 육군 군의총감 후지타 쓰구아키라[藤田嗣章]를 초대 원장으로 임명하였고, 현역 군의들을 조선총독부 의원의 주요 직책들을 담당하도록 하였다.[23] 따라서 조선총독부의원의 정신병자에 대한 인

19  近現代資料刊行會企劃編輯,「社會事業政策(救貧事業と方面事業): 朝鮮總督府 濟生院(1)」,『植民地社會事業關係資料集』朝鮮編6, 近現代資料刊行會, 1999, 1頁; 近現代資料刊行會企劃編輯,「社會事業政策(救貧事業と方面事業): 救療事業(2)」,『植民地社會事業關係資料集』朝鮮編13, 近現代資料刊行會, 1999, 39頁.
20  近現代資料刊行會企劃編輯,「社會事業政策(救貧事業と方面事業): 救療事業(1)」『植民地社會事業關係資料集』朝鮮編12, 近現代資料刊行會, 1999, 181頁;『朝鮮總督府醫院年報』第2回, 1912-1913, 4頁;『朝鮮總督府醫院年報』, 1912-1913, 177頁.
21  이부영,「일제하 정신과 진료와 그 변천－조선총독부의원의 정신과 진료(1913-1928)를 중심으로」,『의사학』3(2), 1994, 6쪽.
22  「醫院擴張 內容」,『매일신보』, 1920. 1. 14; 朝鮮総督府,『朝鮮総督府医院二十年史』, 1928, 22-23頁; 38-41頁.
23  박윤재,『한말, 일제 초 근대적 의료체계의 형성과 식민 지배』, 연세대학교 대학원 박사

식과 태도는 곧 일제가 추구했던 식민지 조선의 정신병자에 대한 처우의 방향성을 가늠하는 데 주요한 단서를 제공한다.

결론적으로 말하면 조선총독부의원 종사자들은 정신병자를 잠정적인 범죄자로 상정하고 그에 상응하는 접근이 필요하다고 생각했던 것으로 보인다. 조선총독부의원 정신과 의사들은 정신병과에 입원한 정신병자들의 2/3가 경찰관서를 경유해서 들어온 반사회적 행위자이며, 이와 같은 반사회적 행위를 일삼는 정신병자를 수용하기 위해 '경찰범처벌령' 외에도 「정신병자감치법精神病者監置法」과 같은 사회정책을 강구하여야 함을 주장하였다.[24] 이때 정신과 의사가 말하는 반사회적 행위에는 도벽, 사기, 살인, 폭력, 도주의 위험 등 정신병자의 총 13개 유형이 포함되어 있는데,[25] 정신병자의 문제행위에 도주의 위험도 반사회적 행위로 규정한 것이 눈길을 끈다. 미즈츠 신지의 후임으로 조선총독부 정신과 과장에 임명된 구보 기요지[久保喜代二]는 『경무휘보警務彙報』에 정신병자와 범죄 간의 연관성을 1927년부터 반복적으로 기재하였다.[26] 이러한 행보는 병합

---

24 『朝鮮總督府醫院年報』 2, 1912-1913, 178頁; 『朝鮮總督府醫院年報』 3, 1914-1915, 470-475頁.

25 조선총독부 정신과 의원들이 밝힌 반사회적 행위를 하는 자는 '1. 도벽(盜癖)이 있는 자, 2. 강약(强掠) 또는 협갈(脅喝) 있는 자(힘으로 약자를 위협하거나 공갈하는 사람), 3. 사위 교(詐僞 巧)가 있는 자(거짓으로 꾸며 속이는 사람), 4. 살인 의도가 있는 자, 5. 훤화구타(喧嘩毆打) 행위를 하는 자(시끄럽게 하거나 사람을 구타하는 사람), 6. 도주의 의도가 있는 자, 7. 타실(他室)에 입입(入込)을 하는 자(다른 사람의 집에 허락없이 드나드는 사람), 8. 외설(猥褻)행위를 하는 자, 9. 강간(强姦)행위를 하는 자, 10. 농화벽(弄火癖)이 있는 자(불을 지르는 사람), 11. 파기(破器)를 하는 자, 12. 의구(衣具)를 파훼(破毀)하는 자, 13. 상해(傷害)를 가하는 자'들이었다(『朝鮮總督府醫院年報』 2, 1912-1913, 178頁; 『朝鮮總督府醫院年報』 3, 1914-1915, 470-475頁).

26 구보 기요지는 경무휘보에 제출한 총 18개의 원고 중 14개가 정신병과 범죄 간의 연관성을 다루고 있다. 「범죄와 정신병리(犯罪と精神病理)」, 『경무휘보』 253, 1927. 5; 254, 1927. 6; 257, 1927. 9; 260, 1927. 12; 262, 1928. 2; 「범죄 정신병시설(犯罪精神病示說)」, 『경무휘보』, 285, 1930. 1; 286, 1930. 2; 287, 1930. 3; 290, 1930. 6; 291, 1930. 7; 292,

이후부터 조선총독부의원이 정신병자에 대해 취하고 있는 사회방위적 입장이 지속적으로 유지되고 있음을 보여 주는 것이다.

경성의전 출신의 정신과의 양봉근楊奉根이 『동아일보』에 제시한 정신병 예방법에서도 사회방위적인 정신과 의사들의 태도가 발견된다. 그가 소개한 예방법에는 정신병자와의 결혼 방지, 특이소질의 아동에 대한 전문의사의 진찰과 지도, 정신병자의 격리치료 등이 포함되었는데, 그중 '격리치료'가 필요한 이유는 이들의 행위가 타인에게 욕설, 폭행, 살인, 자살 등의 "불결하고 몰염치하며 반사회적인 동시에 비사회적이므로 정신병자를 보통 사람들과 함께 두는 것은 큰 해독"을 발생시키기 때문에 사회 위생적 관점에서 제거되어야 한다는 것이었다.[27]

이러한 조선총독부의원의 입장은 일본 내지의 분위기와 동일한 시대상이었다. 일본인 학자인 스기에 다다스[杉江董]도 『범죄정신병개론犯罪精神病槪論』에서 정신병자의 범죄성을 증명하고 이들에게 보호감치가 필요함을 주장하였다.[28] 그는 정신병자의 살인, 방화 등과 같은 범행율이 보통 범죄자보다 높은 것도 문제이지만, 정신병자들이 그러한 위험행위를 충동적으로 하는 것 또한 큰 문제로 보았다. 즉, 외견상 위험이 없는 것처럼 보이는 정신병자들일지라도 그들의 충동성을 감안할 때 잠재적인 사회적 위험성을 가졌다고 간주하고 그에 합당한 처우를 실행해야 한다는 것이다. 따라서 비감치 정신병자, 특히 사회적 위험성이 분명한 정신

---

　　　 1930. 8; 293, 1930. 9; 294, 1930. 10; 295, 1930. 11; 「정신병 이야기(精神病のお話)」, 『경무휘보』, 301, 1931. 5; 302, 1931. 6; 303, 1931.; 「外遊雜感」, 『경무휘보』, 282, 1929. 10.

**27**　「정신병이 늘어감은 문명의 영향 (아), 이병에 대한 부인의 특이질」, 『동아일보』, 1930. 12. 19.

**28**　杉江董, 『犯罪精神病槪論』, 嚴松堂書店, 1926, 3-12頁.

병자는 평소 엄밀한 시찰 감독을 해야 하며, 나아가 위험성으로부터 사회를 방위하기 위해서는 최대한 빨리 정신병자를 적당한 병원으로 수용하거나 어쩔 수 없는 경우 사택에라도 감치해야 한다고 주장하였다. 이러한 주장을 보면 결국 식민지 조선의 정신과 의사나 일본 내지의 정신의학자 모두 정신병자를 잠재적 범죄자로 간주했고, 이들의 우선적인 처치는 보호감치였음을 알 수 있다.

정신병자에 대한 정신과 의사들의 태도는 중일전쟁 이후 좀 더 강렬해졌다. 경성제국대학 의사 김사일金思馹과 세브란스 신경과의사 이중철李重澈은 신문매체를 통해서 단종법의 취지, 서구의 단종 사례, 그리고 일본에서 제정하고자 하는 단종법을 소개하면서 보다 나은 국가형성을 위해 정신병의 유전을 최소화해야 하고, 이를 위해서는 단종법을 실시해야 한다고 주장하였다.[29] 해당 시기 신문에 나타난 근대 보건의료 전문가들의 종합적인 의견은 '정신병자가 살인, 방화 등의 광폭한 행동을 하기 때문에 사회보안상 미치는 영향이 지대하여 격리하여야만 하며, 남녀를 불문하고 모두에게 단종을 시술해야 한다'는 것이었고, 때로는 '이들의 수적 증가가 인류에 가장 큰 위험이 될 것이므로 이들을 죽여야 한다'는 의견까지도 기재되었다.[30] 한일합방 이후부터 지속적으로 정신과 의사들에

---

29  「假醫師施藥으로 精神病者卽死, 北釜山署犯人嚴調」, 『동아일보』, 1938. 2. 24; 「桃枝와 針治療받고 精神病患者 絶命!, 귀신 붙엇다고 따리다가 결국 사망 平壤에 생긴 迷信劇」, 『동아일보』, 1938. 2. 27; 「우생학상으로 본 단종법, 단종법이란 어던 것 (上)」, 『동아일보』, 1938. 6. 27; 「단종법에 관하야(1)」, 『동아일보』, 1938. 11. 1; 「단종법에 관하야(2)」, 『동아일보』, 1938. 11. 6; 「단종법에 관하야(3)」, 『동아일보』, 1938. 11. 8; 「단종법에 관하야(4)」, 『동아일보』, 1938. 11. 9.

30  「狂人과 白癡는 죽이라」, 『동아일보』, 1934. 3. 2; 「精神病者 激增으로 精神病院 新設, 작년 중의 정신병자 二천여 명, 總豫算 卄三萬圓」, 『동아일보』, 1934. 6. 2; 「세계인의 2할은 정신병자」, 『조선일보』, 1934. 12. 21.

의해 주장된 정신병자의 병원으로의 감치는 치료의 차원보다는 사회 위
생상 위해를 가하는 존재들을 격리하는 측면도 있음을 무시할 수 없다.

## 3. 신문에 의해 근대의 정신병 지식을 주입받는 대중

일제는 당시 조선에서의 주요한 정신병 치료법이었던 민간 의학과
한의학을 미신 혹은 전근대적인 방식으로 봤고, 국가의 근대적 성숙을
위해 처결해야 할 당면 과제로 여기고 있었다. 이는 시대정신이었고 신
문은 1910년대 초부터 일제의 생각과 입장에 동조하는 관련 기사들을 쏟
아 냈다.[31] 그리고 근대 지식을 전달하는 차원에서 정신병자 관리법을 제

---

31 「求生永死의 미신, 기도한다고 사람을 죽여」,『매일신보』, 1912. 4. 7;「殺神하다가 살인,
허황한 미신으로 생사람 살해한 일」,『매일신보』, 1915. 3. 11;「狂人을 治療한다고 東桃
枝로 亂打, 병을 고친다고 사람을 죽이어」,『매일신보』, 1919. 2. 4;「정신병 고친다고 사
람을 죽였다」,『조선일보』, 1925. 5. 7;「정신병 고친다고 결박 난타로 치사. 피고 징역 2년
언도를 불복 무지가 낳은 죄악의 하나」,『조선일보』, 1925. 7. 28;「精神病者를발바닥으로
治療, 성신바덧다녀인의긔괴망측한미신행위, 南浦基督敎內에與論沸勝」,『조선일보』,
1926. 5. 18;「기도로 병 고친다. 정신병자 사망, 미신이나 혼 무서운 범죄. 교인 6명경찰
취조」,『조선일보』, 1931. 10. 12;「정신병자 치료한다고 식도로 난타치사. 징역 1년반을
구형」,『조선일보』, 1934. 3. 19;「미지와 미신의 교차. 정신병 치료하고자 인육을 팽식. 공
동묘지에서 시체를 발굴. 각부를 절취 매매」,『조선일보』, 1934. 4. 18;「미신이 나은 참
극 정신병자를 목탄화로 폭행」,『조선일보』, 1934. 9. 9;「治病한다고 假醫殺人, 정신병
곳친다고 환약세개 먹은지 한 시간만에 참사해」,『동아일보』, 1925. 5. 6;「붓퇴鬼神 뗀다
고 精神病者를 打殺, 장님과 신장부리는 사람들이 검사까지 출동하야 크게 활동」,『동아
일보』, 1925. 9. 13;「病治療한다고 棍棒으로 打殺, 정신병 고친다고 따려 죽여, 普天敎徒
의 迷信」,『동아일보』, 1928. 8. 30;「八日間 斷食시키고 治療튼 患者絶命, 정신병자 고친
다고 팔일 단식시키고 담배대로 배를 때려 환자는 필경 절명, 治療師 普天敎徒의 判決」,
『동아일보』, 1929. 2. 19;「精神病者를 監禁毆打致死, 미신으로 병을 고치려다가 長湍巫
女輩의 輕擧」,『동아일보』, 1934. 11. 27;「迷信의 産物 ; 精神異狀 고친다고 桃棒으로 毆
打致死, 독경을 하며 여러 날을 따려서 裁判長은 罰金刑 言渡」,『동아일보』, 1934. 12. 26;
「兩巫女協力 桃棒으로 殺人, 미친 사람 고친다고 구타, 仁川署에서 送局」,『동아일보』,
1935. 7. 19;「精神病者가 침쟁이 刺殺, 巨濟島無梁里의 일」,『동아일보』, 1936. 6. 24;「精

---

시하였다.

일제강점기 정신병자를 강제하기 위한 법 제정이 필요하다는 주장은 1910년대 초 조선총독부의원에 의해서 시작되었지만, 신문이 그 주장을 활발히 여론화시킨 것은 1920년대 중반 이후이다. 신문은 1925년 조선에 정신병자 구제법이 없다는 내용, 1926년 보안당국이 법 제정을 위한 연구를 시작하였다는 내용, 1928년에는 조선총독부 경무국이 일본 본국에 정신병원 설치를 위한 예산 신청을 하였다는 내용을 기사로 작성하면서 식민지 조선이 정신병자를 관리하기 위한 제반 여건이 부족함을 공론화하기 시작하였다.[32]

법과 사회시스템이 마련되기 위해서는 사회적 합의와 적용 기준이 마련되어야 하듯이 정신병자를 사회로부터 분리하고 특정 시설로 격리하기 위한 법을 제정하고자 한다면 그에 대한 대의명분과 사회적 합의가 성립되어야 하는 것이 인지상정이다. 1920년대 신문이 정신병자의 배제논리를 확보하기 위해 우선적으로 제시한 것은 정신병자의 '위험성'이라는 증상과 이들을 감시·감독할 체제의 불안정성이었다. 조광성을 지닌 정신병자는 성질이 강폭하여 매우 위험한 행동을 함으로써 다른 이에게 위해를 가하고 사회적 불안을 야기하는데, 이런 이들이 가족과 경무국

---

神病을 治療한다고 桃枝로 患者를 打殺, 신장의 명령이라고 막 뚜들겨, 迷信이 나흔 殺人術」, 『동아일보』, 1937. 7. 4; 「桃枝와 針治療받고 精神病患者 絶命!, 귀신 붙엇다고 따리다가 결국 사망 平壤에 생긴 迷信劇」, 『동아일보』, 1938. 2. 27; 「鬼神 쫓는다는 점쟁이 精神病者 結縛毆打, ㅏ 師北 釜山署에 被逮」, 『동아일보』, 1939. 5. 18; 「父親의 精神病 고친다고 棍棒으로 毆打致死, 碧潼署管下의 無知가 나흔 慘事」, 『동아일보』, 1939. 9. 8.

32 「精神病者救濟法 制定의 必要」, 『조선일보』, 1925. 4. 29; 「전국 정신병자 2천5백명. 매우기를 앞에 둔 이때를 당하여 나대는 정신병환자가 많아 고통. 보호법안 강구중」, 『조선일보』, 1926. 6. 26; 「정신병원 설립 계획 작성하고 노력중 西龜 위생과장 담」, 『조선일보』, 1931. 5. 9.

1부 문명 국가와 정신질환

보안과의 감시를 벗어나 출가 도주하여 배회하는 것은 매우 위험한 일로 조선에는 이를 방지할 법규가 없는 것이 매우 문제라는 것이다. 이러한 논리는 「경찰범처벌규칙」에서 발견되는 정신병자에 대한 인식과 매우 유사한 것임을 알 수 있다. 나아가 신문은 정신병자의 발병율이 해마다 증가하여 가족의 감치와 경찰의 취체활동으로는 감당할 수 없을 지경에 이르렀는데 이들을 수용할 병원이 부족한 것이 문제라고 지적하였다. 결국 위험한 정신병자가 배회하면서 공중에게 위해를 가하기 이전에 이들을 보다 철저히 감시하고 수용할 수 있는 체제를 마련하기 위한 법을 제정해야 한다는 논리를 세운 것이다.[33]

신문이 1930년대 접어들면서 새롭게 제시한 정신병자 감치의 필요성에 대한 근거는 이들이 보여 주는 위험한 행동의 '돌발성'이었다. 즉, 환자의 위험한 행동이 대중보건에 큰 폐단을 일으키는데, 그 행동이 예측 불가능하여 이를 막기 위해서는 사전에 이들을 격리하는 것 외에 방법이 없다는 것이다. 그리고 당시 신문이 작성한 법명들을 보면 시간의 흐름에 따라 점차 강력한 사회방위적 성격의 것으로 변화되고 있음이 발견된다.

신문에 나타난 정신병자 관련 법명은 '정신병자 보호법'(1926년)에서 '감호법'(1927), '감치법'(1930)을 거쳐 '정신병환자강제수용령'(1937)으로까지 강력한 용어로 변화되었다. 그리고 법명의 변화에 따라 그 법의 대상

---

33 「精神病者救濟法 制定의 必要」, 『조선일보』, 1925. 4. 29; 「精神病者保護. 조선에도 실시」, 『매일신보』, 1926. 6. 8; 「전국 정신병자 2천 5백명, 매우기를 앞에 둔 이때를 당하여 나대는 정신병 환자가 많아 고통, 보호법안 강구 중」, 『조선일보』, 1926. 6. 26; 「동팔호실 광인 우 1명 탈주!, 안심하고 입원시킬 수 없다. 비난 높은 총독부 의원」, 『조선일보』, 1927. 5. 23; 「躁狂性精神病者患者. 昨年에 四十名 失踪, 조선에는 정신병원법이 업기 때문에 위험한 정신병자도 그대로 방치한다. 專門病院 設置計劃」, 『동아일보』, 1929. 1. 25.

인 정신병자들 또한 점차 위험스러운 존재로 변모하였다. 초기 정신병자의 존재가 '집에서 가출하여 배회하는 사람'이었던 것에서 '광폭스러운 행동을 하는 사람', '다른 이에게 위해를 가하는 사람'이 되었고, 국가가 이들을 관리하지 않고 방치하는 것은 위험하기 짝이 없는 일로 분류함에 따라 이들은 '사회보안을 위해서 검속보호 및 취체하여 관리받아야만 하는 자'라는 낙인을 얻게 되었다.[34] 동시에 신문은 경찰이 정신병자를 단속하는 행위와 관련하여 '검속보호', '퇴치책', '처치 대책', '취체 규속' 등의 용어를 사용함으로써 정신병자가 폭력성과 위험성을 지닌 범죄자임을 대중에게 인식시키는 동시에 이들을 취체할 법규와 정신병원 설립이 필요함을 강조하는 기사를 함께 작성하였다.[35] 정신병자의 위험성과 돌

---

**34** 「精神病者保護의 施設費 卄萬圓豫算, 명년도 예산에 계상키로 되어 이 病患者는 二千八百」, 『동아일보』, 1935. 5. 9; 「"산송장"을 구하자 정신병동을 신설, 조선 전도 환자 3천 13명 보호법령까지 고려」, 『조선일보』, 1937. 2. 20; 「躁狂性精神病者, 昨年에 四十名 失踪, 조선에는 정신병원이 업기 때문에 위험한 정신병자도 그대로 방치한다, 專門病院 設置計劃」, 『동아일보』, 1929. 1. 25; 「精神病者 激增으로 精神病院 新設, 작년 중의 정신병자 二천여 명, 總豫算 卄三萬圓」, 『동아일보』, 1934. 6. 2; 「가엾은 精神病患者 二千八百名의 多數, 保護監察이 必要하다 하야 衛生課 法規 制定考究」, 『동아일보』, 1935. 6 19; 「조광, 반조광은 위험 정신병자의 발동기. 특수 취급의 수용감호법 필요. 경기도서 시설 강구」, 『매일신보』, 1937. 3. 17; 「정신병자 해마다 늘어 사회불안 점차 증대. 광폭성 환자로 피해가 속출. 불원 설치될 수용소」, 『매일신보』, 1937. 5. 20; 「"산송장" 정신병자 남녀 3013명 다수, 약 삼십만원으로 병원을 신설, 새로 강제수용법령도 제정 실시 준비」, 『조선일보』, 1937. 5. 20; 「精神病者 每年增加. 保護施設이 急務. 精神病者 三千二百五十餘名, 狂躁性者도 四百餘名」, 『동아일보』, 1937. 6. 5; 「세상을 등진 "산송장" 全朝鮮에 三千餘名, 精神異常의 뒤에 숨은 것은 "인생의 暗黑面". 目前의 緊急事 '救護施設擴充'」, 『조선일보』, 1938. 12. 9; 「정신병자 격증, 30만원 계상 병원 건설 감호규칙을 제정취체」, 『매일신보』, 1937. 11. 7.

**35** 「精神病者 激增으로 精神病院 新設, 작년 중의 정신병자 二천여 명, 總豫算 卄三萬圓」, 『동아일보』, 1934. 6. 2; 「精神病患者監護結核患者 療養院等, 明年度에 新設 增設實現」, 『동아일보』, 1935. 6. 19; 「조광, 반조광은 위험 정신병자의 발동기, 특수 취급의 수용감호법 필요 경기도서 시설 강구」, 『매일신보』, 1937. 3. 17; 「精神病者 每年增加, 保護施設이 急務, 精神病者 三千二百五十餘名, 狂躁性者도 四百餘名」, 『동아일보』, 1937. 6. 5; 「세상을 등진 "산송장" 全朝鮮에 삼천 餘命, 情神異常의 뒤에 숨은 것은 "인생의 暗黑面", 目前의 緊急事 '救護施設擴充'」, 『조선일보』, 1938. 12. 9; 「정신병자 격증, 30만원 계상 병

발성이 보호감치의 필요성을 납득시키는 것이었다면 이 과정에서 경찰은 이들을 검속하고 취체하는 책임을, 근대적 의학을 전수받은 정신과의는 보호감치 후 이들을 관리하는 책임을 부여받았다. 신문이 정신과 의사들을 정신병자 책임자로 지목한 이유는 그들이 정신병의 근대 문명적 원인론과 치료법에 대한 전문성을 지니고 있다는 이유 때문이었다.

신문은 정신병자의 위험성과 돌발성의 문제점을 기사화하면서 동시에 식민지 조선인이 근대인으로써 갖춰야 할 정신병에 대한 '참지식'과 '행동방침'을 사회 위생적 견지에서 교육하였다. 첫 번째는 우생학적 지식과 그에 따른 정신병 예방행위, 즉 정신 위생과 관련한 것이며, 두 번째는 근대 의학적 지식과 관리지침이었다. 다시 말해 모든 이는 우생학적 지식에 기반하여 정신병을 예방하기 위한 노력을 기울여야 하며, 불행히도 정신병자가 발생하였을 경우에 그 가족이 갖추어야 할 근대 의학적 지식과 행동지침을 사회 위생의 견지에서 지속적으로 전달하였는데 그 상세 내용은 다음과 같았다.[36] 첫째, 정신병자는 병에 대한 인식이

---

원 건설 감호규칙을 제정취재」, 『매일신보』, 1937. 11. 7.

36 「성적범죄와 정신병은 열!!도가 노파지는 봄과녀름에퍽만타」, 『매일신보』, 1930. 3. 26; 「가튼체질의결혼은 건강에퍽해로워. 결혼으로유발되는병도잇다. 결혼과건강의관게(三)」, 『매일신보』, 1930. 10. 11; 「어듸를보든지 홍분색의세게, 첫녀름에필요한 정신위생」, 『매일신보』, 1931. 6. 12; 「吳東振의 病名은『刑務所精神病』, 발작적순간이외는무병상태, 삼월이일에 公判」, 『매일신보』, 1932. 2. 21; 「정신이상증에 걸니기쉬운아해(上), 신경쇠약이라고등한이 넉이지마시오」, 『매일신보』, 1932. 3. 16; 「봄의 나무님틀때와 정신병의 종류, 가족은 초긔에 주의하여 속히치료를 밧도록 할 것」, 『매일신보』, 1932. 5. 1; 「치아의 毒素로 정신병이 생긴다. 이를 빼면 병도 낫는다고, 헌터 박사의 보고」, 『조선일보』, 1927. 7. 23; 「미친 사람을 학질로 고친다. 성적이 매우 좋아. 미국서는 학질 모기까지양해」, 『조선일보』, 1931. 6. 5; 「정신병자들 댄스로 치료」, 『조선일보』, 1934. 7. 4; 「라듸오가욕으로들리는정신병자의착각, 오래재우면낫는수가잇다」, 『조선일보』, 1937. 9. 19; 「미친병이낫든 고흔음악소리, 간질병의발작도미리막게되고 수술바들때도혼연하다」, 『조선일보』, 1937. 10. 16; 「천재에게 흔한 정신이상증세, 남자는 사십전후에 흔하고 여자는 노년에 만허」, 『동아일보』, 1932. 3. 7; 「결혼할 때는 우선 켯속보다 유전병, 정신병이 가장 무서워」, 『동아일보』, 1930. 12. 3; 「정신병이 늘어감은 문명의 영향 (가), 이병

없어 진찰을 거부하고 복약을 거부하는 등의 행동을 한다. 둘째, 초기에 진단받고 치료를 받을 경우 호전될 수도 있다. 셋째, 제때 치료받지 않으면 망상과 흥분 등으로 인해 매우 광폭한 성향을 나타낸다. 따라서 정신병자 주변 사람들은 정신병자들을 대신하여 병의 유무를 파악하고 최대한 빠른 시일 내에 이들이 진단받고 치료받을 수 있도록 정신과 의사에게 연계할 수 있는 지식을 갖추어야 한다. 이와 같은 지식체계를 갖춘 주변인들로부터 정신병자는 감별되고 치료를 위해 정신병원으로 흡수되어야 했다.[37] 결국 신문이 내리고 있는 결론은 정신병자의 광폭한 발작성 흥분, 피해망상과 질투망상 등으로 인한 위험행위 등은 가족의 보호범위를 넘는 것이며 이와 같은 행위를 하는 정신병자는 가족이 아닌 정신과 전문의에 의한 관리와 보호를 받아야 한다는 것이었다.

일제강점기 전반에 걸쳐 정신병자는 단순히 '배회하는 자'에서 살인, 방화 등 '타인에게 위해를 가하는 공격적인 행동을 충동적으로 하는 위험한 자'로 변화되어 갔으며, 그 결과 그들의 생활공간은 가정과 지역사회에서 수용감호소로 변환되어 갔다. 그리고 그 배경에는 위생경찰,

---

에 대한 부인의 특이질」, 『동아일보』, 1930. 12. 6; 「정신병이 늘어감은 문명의 영향 (라), 이병에 대한 부인의 특이질」, 『동아일보』, 1930. 12. 13; 「봄철이 되면 갑자기 만하지는 어린아이 정신병자, 어른의 병세와는 특이한 점이 잇다 동경제대병원 송촌씨 연구」, 『동아일보』, 1933. 3. 25; 「젊은이들의 정신이상원인과 치료방법 (上)」, 『동아일보』, 1936. 8. 1; 「젊은이들의 정신이상원인과 치료방법 (下)」, 『동아일보』, 1936. 8. 4.

37 「제일무서운 정신병유전, 겨테사람의주의가필요」, 『매일신보』, 1930. 9. 26; 「정신병에 여러 가지 증세. 남자는 사십전후가 많고 여자는 방년에 많습니다」, 『조선일보』, 1932. 3. 13; 「봄의 나무닙틀때와 정신병의 종류, 가족은 초기에 주의하여 속히치료를 밧도록 할 것」, 『매일신보』, 1932. 5. 1; 「정신병환자 간호할때주의 (一)」, 『매일신보』, 1932. 9. 1; 「정신병환자 간호할때주의 (二)」, 『매일신보』, 1932. 9. 2; 「정신병환자 간호할때주의 (三)」, 『매일신보』, 1932. 9. 3; 「미친이에게는 밤이 안 무서, 망각과 망상이 지배」, 『동아일보』, 1935. 10. 15; 「오백명에한사람쪽인정신병운어터케생기나, 초기증상만알면완치됩니다」, 『조선일보』, 1938. 7. 2; 「신경쇠약과 히스테리 정신병에 주요증상, 우선 정확한 구별이 필요」, 『매일신보』, 1942. 2. 9.

근대 정신과 의사, 신문이 조선총독부의 근대적 정신병자 관리체제에 대한 구상에 발맞춰 유기적인 협조 관계를 맺으며 각자의 역할을 수행한 것이 존재하였다.

위생경찰은 지역 사회에서의 정신병자를 관리하고 배회로 사회적 물의를 일으키는 경우 취체하는 역할을 수행하였고, 근대 정신과 의사들은 경찰 등 다양한 경로를 통해 입원한 정신병자를 치료하고 감호하는 책임을 맡았다. 그리고 신문은 대중을 상대로 정신병자에 대한 근대적 원인론과 치료법을 교육하고, 정신과 의사의 도움을 받아 정신병자를 수용하고 격리하기 위한 법을 제정하는 것의 정당성을 설득하고 있었다.

이러한 과정에서 식민지 조선인들은 신문을 통해 정신병자의 위험성을 지속적으로 내면화하고, 전 생애에 걸친 정신 위생 활동을 펼쳐야 함을 알았고, 민족 번영을 위해 악질의 유전적 소인을 지닌 정신병자를 제거하는 것이 곧 시대적 요청임을 인식하게 되었다. 그리고 양봉근, 김사일, 이중철 등 다양한 의료 전문가의 기사는 상기 내용에 대한 정당성과 합법성을 부여하였을 것으로 보인다.

# "삶의 복잡다단한 면": 미국의 정신이상 외국인<sup>alien insane</sup>과 이주장치[1]

신지혜

미국 이민의 역사에서 '이주장치<sup>migration apparatus</sup>'는 개인은 물론 정부의 이주·이민 정책에서 중요한 역할을 하는 기관이나 조직을 포괄한다. 여기서 장치는 미셸 푸코의 '장치<sup>apparatuses, dispositifs</sup>' 개념을 따른 것으로, 개인적인 문제를 해결하는 과정에서 그 문제를 야기한 더 큰 규모의 위기를 관리하는 데 참여하게 되는 개인이나 집단의 산물을 지칭한다.[2] 이 장은

---

1   이 글은 『이화사학연구』 66권(2023)에 실린 저자의 논문 「20세기 초 미국의 정신이상 외국인(alien insane)과 이주장치—증기선 회사와 사회복지단체를 통해 "삶의 복잡다단한 면" 살펴보기」를 수정한 것이다. 이 글에서는 원 사료의 용어를 그대로 번역하여 역사성을 부각하고자 했다. '정신이상'은 물론 뒤에 나올 '백치,' '저능,' '정신박약' 등도 정치적으로 올바른 용어가 아니지만, 20세기 초에는 법적·사회적으로 널리 통용되었다. 제목의 '정신이상 외국인<sup>alien insane</sup>'(정신질환을 앓는 이민자를 의미)도 마찬가지이다. 따라서 처음 언급하거나 의미를 강조할 때는 홑따옴표를 사용하고, 그 외에는 별도 표시 없이 적도록 한다.

2   Peter Anthony Mancina, "Crisis-Management: Tzeltal-Maya Transnational Migration and the Foucauldian Apparatus," *Dialect Anthropol* 35, 2011, p. 208.

20세기 초 미국 이민이 담론과 실천, 그리고 감시의 네트워크에 기반했음을 보여 주는 동시에, 당시 이민자의 이동과 추방을 담당하고 그 과정에 깊숙이 개입해 있던 증기선 회사와 사회복지단체를 이주장치라고 정의한다. 이 둘은 의도했든 그렇지 않았든 소위 문명 국가의 통치 장치로 작동하여 '바람직하지 않은undesirable' 이민자들을 제재하고 통제했다. 특히 '정신이상insanity'으로 미국에서 추방된 이민자를 중심으로 하면, 미국의 이민 정책을 수행하는 데 있어서 증기선 회사와 사회복지단체가 어떻게 연방 정부, 외국 정부, 그리고 이민자와 상호작용했는지가 잘 드러난다.

기존의 미국 이민사는 이민 과정에 긴밀하게 개입했던 민간기관의 역할을 다루는 데 다소 소홀했다. 이민의 역사와 실재에서 '이동'은 지극히 필수적이고 당연한 개념이었기 때문에 증기선이나 열차 등 이동을 견인한 주체가 간과되었고, 사회복지단체 역시 주로 이민법·정책의 보조와 연계되어 독자적인 위치를 찾지 못했다. 그러나 이들 이주장치는 이민자의 추방 과정에서 빼놓을 수 없는 기관이었다. 특히 정신적인 이상이 의심되는 이민자를 일찌감치 포착하여 입국을 막고자 했던 20세기 초 미국 이민국의 경우, 수송을 담당했던 증기선 회사와 추방 과정을 도왔던 사회복지단체의 역할이 두드러졌다.

미국 이민법은 문명 국가의 이상에 따라 정신적·신체적 결함, 그리고 도덕성을 기준으로 하여 이민자의 입국을 통제했다. 당대 최고의 기술이 도입되었지만, 정신적인 문제는 눈으로 확인하기가 쉽지 않아 훗날 정신병원에서 치료비를 지불할 수 없는 '보호대상자public charge'가 된 이후에야 이민 당국에 포착되기 마련이었다. 예를 들어 1903년의 이민법은 지난 5년간 정신이상인 적이 있던 사람, 과거에 2번 이상 정신병이 발병했던 사람, 생업에 지장을 줄 만한 정신적 결함에 시달리는 사람 등의 입국을 금지했다.[3] 입국 후에는 추방이 일종의 보완책이 되어, 이민한 지 3년 혹은 5년(1917년부터)이 채 되기 전에 이민 전부터 있었던 원인으로 주립 기관의 보호대상자가 된 이들에게 추방 영장이 발부되었다. 이민자의 수송을 맡은 증기선 회사와 입국 및 정착 과정을 도왔던 사회복지단체의 역할도 이민국에서 끝나지 않았다. 이들은 이민자가 추방될 때 재소환되어, 출국하는 과정 그리고 그 이후의 여정까지 책임져야 했다. 비록 정신 이상으로 추방당한 이민자들의 절대적인 수는 매우 적었지만, 이들의 이주 과정과 여기에 개입한 여러 이주장치, 특히 증기선 회사와 사회복지단체는 20세기 초 미국 사회가 '정신이상 외국인'이 직면한 '삶의 복잡다단한 면'에 어떻게 개입했는지 보여 주는 흥미로운 주제이다.

## 1. 증기선 회사

정신이상 이민자의 추방에서 또 다른 현실이자 오랜 문제는 이들을 어떻게 수송하는가였다. 이 시기에는 무엇보다 증기선 회사의 역할이 중요했다. 19세기부터 미국 연방 정부는 증기선 회사에 그들이 미국으로 데려온 '바람직하지 않은' 이민자들을 책임지라고 촉구했다. 신체적·정신적 결함을 승선 전에 걸러 내지 못한 대가로 증기선 회사는 벌금(1917년 이민법에서는 200달러), 추방에 드는 해상 수송비용, 그리고 추방이 이루어질 항구까지의 육상 수송비용도 절반을 상환해야 했다. 1907년 이민법

---

**3** *Book of Instructions for the Medical Inspection of Immigrants*, Government Printing Office, 1903, pp. 9-10. 이때의 정신이상은 오늘날과 달리 매우 폭넓게 정의되었다. 이 밖에도 여러 종류의 정신적 결함이 명시되었으나 이들을 분명히 구분하기란 쉽지 않았다.

에서 증기선 회사의 벌금 문제가 확정되었고, 1910년대에도 증기선 회사의 책임을 규정하는 여러 규율이 통과되었다. 1924년 이민법은 증기선 벌금란에 "백치, 정신이상, 저능, 정신박약, 간질, 기질적 정신병질 열등성constitutional psychopathic inferiority, 만성 알코올중독, 결핵, 혐오스럽거나 위험한 전염성 질병을 앓는 외국인"을 실어 오는 것이 법에 저촉되며, 출발 당시 이미 이러한 질병이나 장애가 있었다고 판명되면 이들을 미국으로 데려온 증기선 회사가 벌금 1천 달러 외에 해당 이민자의 뱃삯과 동일 금액을 지불해야 한다고 못 박았다.[4]

그러나 정신이상은 승선 전과 선상에서 의무관의 검진이 있었음에도 놓치기 쉬웠고, 증기선 회사의 수송 및 치료 부담도 그만큼 컸다. 증기선 회사가 이민자 승객의 정신적인 결함을 인지했음에도 불구하고 뱃삯을 착복하기 위해, 혹은 이민자들로부터 뇌물을 수수해서 결함 있는 이들을 미국으로 실어 왔다는 비판도 흔했다. 진단의 어려움 때문이었는지 '정신이상' 이민자를 데려온 것에 대한 벌금도 더 늦게야 규정되었다. 정신의 결함으로 추방된 이민자의 경우, 자립이 불가능하여 정부의 짐이 된다는 전제가 있었으므로, 추방 결정이 내려지기 전에 이들이 어느 국가 출신인지, 고향에 돌보아 줄 가족은 있는지 분명히 파악해야 했다. 미국 연방 정부가 정신이상 이민자들을 '추방'한 것에는 비용 절감 외에도 아픈 이들이 가족의 곁에서 더 나은 보호와 돌봄을 받아야 한다는 인도주의적 믿음이 담겨 있었다. 그러나 직접적인 책임을 떠맡은 증기선 회사는 이러한 주장을 액면 그대로 받아들이는 게 아니라 이민법의 운용과 관련된 조항에 집중했다.

---

**4**  The Immigration Act of 1924.

증기선 회사는 이민 당국과의 투쟁을 통해 법적·의료적 규범을 형성하는 데도 참여했다. 1901년 11월 29일 필라델피아에 주둔해 있던 아메리칸 라인 증기선 회사의 승객 매니저 A. S. 앤더슨<sup>Anderson</sup>은 핀란드 출신의 정신이상자인 안나의 병원비를 증기선 회사가 지불해야 한다는 요구를 받자 항의했다. 안나는 필라델피아 항구로 미국에 입국한 지 얼마 되지 않아 뉴욕시의 맨해튼 주립 정신병원에 입원했고 치료비를 낼 수 없는 보호대상자가 되었다. 당시 이민법에 따라 안나의 추방 명령이 내려지자, 안나를 필라델피아까지 실어 온 아메리칸 라인 증기선 회사가 추방 비용을 부담해야 했다. 그러나 앤더슨은 연방 정부의 방침을 순순히 받아들이는 대신 이민법과 전문 의료 지식에 도전했다.[5] 그는 연방 정부가 미국에 입국하기 전에 이민자에게 있었을 수도 그렇지 않을 수도 있었던 질병의 증거를 파헤쳐 증기선 회사에 재정 부담을 지우려 했다고 주장했다. 안나의 사례를 설명하면서, 앤더슨은 다음과 같이 덧붙였다.

> 라니드[Larned, 당시 엘리스섬 이민국장] 씨는 "그 여자가 정신이상이고, 그가 보기에 <u>그녀의 정신이상을 유발한 원인</u>이 이 나라에 도착하기 전부터 존재했다"는 덴트[Dent, 맨해튼 주립 정신병원장] 박사의 증명서가 그저 의사의 느슨한 표현일 수 있다고 말씀합니다. 그러나 의료인의 표현이 보통 그렇듯 만약 이 표현이 정확하다면, 증기선 회사가 추방 비용을 내야한다는 법이 이 경우에 꼭 해당되는 것은 아닙니다. 예를 들어, 정신이상을 유발한 <u>원인</u>이 수년간 존재했던 걱정과 어려움이라 해도, 이러한 원인은 그녀가 미국에 도착한 지

—— 5 "Letters and Telegrams," Box 7, RG 85, NARA, Philadelphia.

얼마가 지난 후에야 정신이상이라는 문제로 이어졌을 수 있습니다. 여기 도착했을 때 실제로 미쳤던 게 아니라면, 혹은 도착 전부터 정신이상을 야기한 어떤 <u>질병</u>이 존재했던 것이 아니라면, 우리가 돈을 받지 않고 추방할 사례는 아니라고 생각합니다.[6]

앤더슨은 안나가 정신이상이라고 진단하기 위해서는 애초에 정신병 유무를 증명할 확실한 징후가 있어야 한다고 주장했다. 즉, 해당 여성의 질병이 정신병원에 입원하여 보호대상자가 된 후가 아니라 미국에 입국한 즉시 발견되었어야 했다는 것인데, 이러한 주장을 통해 앤더슨은 연방 정부와 이민국 의료검사의 무능함을 드러내고자 했다. 그러나 그는 자신 같은 비전문가의 의견이 이민국과 연방 정책에 큰 영향을 미치지 못하리라는 점도 잘 알고 있었다. 결국 아메리칸 라인 증기선 회사는 안나를 고국으로 수송하는 역할을 떠맡았고, 영국 리버풀에 도착한 다음에도 안나를 그냥 버려두는 게 아니라 회사 관계자를 동원하여 핀란드에 있는 친지와 친구들에게 안전하게 돌아갈 수 있도록 감독했다.

1901년에 있었던 아메리칸 라인과 연방 정부의 갈등은 20세기 초반 내내 여러 형식으로 되풀이되었다. 증기선 회사는 정신이상 추방자를 배에 태워 보내기로 합의한 후에도 비용 및 승객과 관련된 제반 문제를 다루어야 했다. 앤더슨의 사례에서 알 수 있듯이, 증기선 회사가 직면한 가장 큰 장애물은 연방 정부였다. 감염병이나 신체적 결함(장애)으로 추방된 여타 이민자와 달리 정신이상으로 추방 명령을 받은 이민자들은 귀국하는 여정 내내 스스로에게, 그리고 다른 승객에게 해를 끼치지 않도

---

6 "Letters and Telegrams," Box 7, RG 85, NARA, Philadelphia. 밑줄은 원문 그대로.

록 연방 수행원의 지속적인 보살핌을 필요로 했다. 그러나 증기선 회사는 1907년의 『횡대서양 해운동맹 보고서 *Trans-Atlantic Passenger Conference Report*』에서 정신이상인 추방자와 동행하도록 연방 정부가 수행원을 임명하고 파견하는 관행이 외국 정부의 관할권과 충돌한다고 비판했다.[7]

**그림 3-1** 애틀랜틱 라이너에 탄 이민자들, ⓒ Library of Congress

20세기 초의 증기선 회사는 단순한 수송 업체 이상이었다. 여러 회사가 외국 정부는 물론, 미국 연방 정부, 주 정부, 이민자구호단체 등과 긴밀한 관계를 맺었다. 따라서 횡대서양 증기선 회사 직원들은 미국에서 추방된 이들을 받게 된 유럽의 여러 국가가 어떻게 대응하는지 잘 알

---

7 횡태평양 증기선 회사도 비슷한 문제를 겪었는데, 수송 대상이 주로 아시아 이민자였기 때문에 제재가 더 심했다.

1부 문명 국가와 정신질환

고 있었다. 예를 들어 독일과 네덜란드에서는 미국으로부터 정신이상 추방자들이 도착하면 정부가 나서서 이들이 목적지에 잘 도착하도록 관리했다. 다른 나라 출신이라면 건강을 회복할 때까지 근교의 정신병원에서 치료를 받기도 했다. 영국은 자국민의 경우, 돌려보낼 곳이 결정될 때까지 이들을 병원에 입원시켰다. 스칸디나비아 이민자들은 증기선 승무원의 동행을 받으며 스톡홀름으로 향했고, 이후 관리 당국에 넘겨졌다. 이탈리아 정부는 정신이상 추방자들을 잘 돌본다고 증기선 회사 사이에 호평이 자자했다.[8] 한편, 러시아와 헝가리는 미국에서 정신이상으로 추방 대상이 된 자국민을 꺼리기도 했다.[9]

외국 정부와의 관계가 중요했던 이유는 추방된 이민자를 "바다 너머로 수송하고, 바다 너머에서 목적지로" 이동하는 두 단계의 추방 과정이 필요했기 때문이었다.[10] 바다 너머 국가마다 방침에 차이가 있었지만, 정신이상이라고 해도 일단 증기선 회사가 수송에 동의만 한다면 첫 번째 단계는 큰 문제 없이 종료되었다. 그러나 두 번째 단계인 "바다 너머에서 목적지로"의 이동은 또 다른 어려움을 야기했다. 여기서부터는 미국 연방 정부의 권한 행사에 제약이 있었으므로, 정부가 고용한 수행원일지라도 담당했던 추방자들을 최종 목적지까지 책임질 수 없게 될 가능성이 컸다.

반면 증기선 회사의 대리인은 외국 정부와의 친밀한 관계를 바탕으

---

**8**  1907년 10월 22일 워싱턴 DC의 상무부 장관실에서 이민국장이 참석한 가운데 열린 해운동맹 회의의 내용이다. File 51758/3, Records of the Immigration and Naturalization Service (INS), Series A: Subject Correspondence Files, Part 4: European Investigations, 1898-1936, Reel 4.

**9**  File 51564/3-E, Entry 9, RG 85, NARA, DC.

**10**  File 51758/3, p. 8, Records of INS, Part 4, Reel 4.

로 연방 수행원보다 더 큰 권한을 누렸다. 정신이상 추방자들과 최종 목적지까지 동행하는 데도 어려움이 없었다. 따라서 증기선 회사 측은 정부의 수행원이 업무를 줄여 주는 것이 아니라 안 그래도 복잡한 상황을 더 복잡하게 만든다고 불평했다. 1907년 해운동맹 회의에 참석한 브리티시 라인의 관계자는 다음과 같이 발언했다. "그 승객이 [정부가 임명한] 수행원에게서 도망치기라도 한다면 우리 회사가 책임을 지게 될 것입니다. 우리는 그럴 수밖에 없는 상황에 있지요. 지금도 수행원과 함께 출발한 남자 한 명이 도망쳐서 찾을 수 없게 됐는데, 이 경우 우리 회사가 언제든 소환되기 마련입니다."[11]

20세기에 들어서도 미국 연방 정부는 추방과 수송에서 전적인 권한을 행사하지 못했지만, 증기선 회사는 외국 정부와의 우호적인 관계를 바탕으로 한참 동안 우위를 점할 수 있었다. 이 사실을 잘 알고 있던 횡대서양 증기선 회사 관계자는 이민국장이 동석한 회의에서 다음과 같은 제안을 했다. 이민 당국이 "[대서양] 저편에 도착할 때마다 권한을 잃게 될 수행원을 임명하는 헛된 일을 하지 않고도 이 법령[추방된 외국인과 동행할 수행원을 연방 정부가 임명하라는 내용]의 뜻과 의도가 수행될 수 있음을 증명하도록 회사에게 공정한 기회를" 달라는 것이었다.[12] 횡대서양 증기선 회사의 또 다른 관계자도 연방 수행원의 비효율성을 지적하며 회사의 입장을 옹호했다. 그에 따르면, "어떤 수행원도 24시간 내내 그[정신이상 외국인]를 절대적으로 막을 수는 없습니다. 그도 쉬거나 다른 할 일이 있을 터라, 정부가 세 명 내지 네 명의 수행원을 보내서 돌아가며 그[정신이상 외국

---

11  1907년 11월 20일 뉴욕시에서 열린 해운동맹 회의 보고서의 내용이다. File 51758/3-A, p. 12, Records of INS, Part 4, Reel 4.

12  File 51758/3-A, p. 24.

인를 돌보게 할 준비가 되어 있지 않다면, 그럴 생각도 안 하겠지만, 수행원이 증기선 회사 직원의 도움에 전적으로 의존해야만 할 때가 반드시 있습니다."[13] 의료 조치와 수행원이 필요한 추방자, 특히 정신이상 추방자의 경우, 횡대서양 증기선 회사 측은 추방 건당 한 명 이상의 수행원을 파견할 여력이 없는 연방 정부보다 해당 회사가 임무에 더 적합하다고 주장했다.[14]

정신이상 추방자의 수송에는 돈 문제도 빠지지 않았다. 대놓고 언급하지 않았을 뿐 증기선 회사 대표와 연방 당국 둘 다 재정적 이익을 추구하는 데 지대한 관심을 보였다. 증기선 회사가 추방 과정에 품었던 불만 중 하나는 정신이상 추방자가 대부분 3등석을 이용하는데도 정부가 임명한 수행원이 2등석 선실을 요구했다는 것이다. 이렇게 되면 수행원이 추방자를 제대로 돌볼 수 없거니와, 증기선 회사가 추방에 드는 비용은 물론, 유럽까지 가는 데 수행원이 쓰는 비용도 다 책임져야 했기 때문에 부담이 커졌다. 결국 증기선 회사는 연방 정부가 임명한 수행원 없이 추방을 진행할 시범 기간<sup>trial</sup>을 거친다는 조건으로, "미국 항구에서 [입국을] 거부당한 병들고, 장애가 있으며, 정신이상인 외국인들은 물론 이민국의 영장으로 추방을 명받은 사례"까지 수송하기로 합의했다.[15]

이후에도 1910년대 내내 증기선 회사들은 이민국에 구금되거나 미국으로부터 추방된 이민자들의 책임 소재와 관련하여 이민국과 주 정부의 압력에 맞서 싸웠다. 예를 들어, 1911년 11월에 발표된 "특별한 주의

---

13  File 51758/3-A, p. 26, Records of INS, Part 4, Reel 4.

14  File 51758/3-A, p. 51.

15  Letter dated December 12, 1907, from the Committee members for the conference, to the Secretary of Commerce and Labor. File 51758/3, p. 4, Records of INS, Part 4, Reel 4.

와 관심을 요하는 정신이상이자 병든 외국인의 추방"이라는 제목의 규칙은 증기선 회사가 추방된 외국인에 대해 상세한 일일 보고서를 작성하고, 추방자를 받을 때 「양식 597Form 597」에 서명하여 제출할 것을 명시했다.[16] 1913년의 긴급 결손 세출법Urgent Deficiency Appropriation Act은 책임이 있는 증기선 회사가 추방 가능한deportable 이민자들의 구금 비용을 부담하게 했다. 그러나 전과 마찬가지로 연방 정부는 법 실행에 어려움을 겪었다. 이민국은 입국하는 이민자에게 인두세를 징수했던 터라, 증기선 회사는 물론이고 미국 순회 항소 법원조차 인두세를 사용해 구금된 이민자의 유지비를 충당하라고 촉구했다.[17] 비용 논쟁은 1924년 새로운 이민법이 통과될 때까지 연방 정부와 증기선 회사 사이에 걸림돌로 작용했다. 무엇보다 추방자, 특히 정신이상인 이들을 수송하는 과정은 재정적 지원뿐만 아니라 관련 기관의 신중한 계획을 요했다.

역사가 로버트 멘지스Robert Menzies는 20세기 초 정신이상이거나 정신박약인 이민자들을 추방하는 "인간 조립 공정human assembly line"에 함정이 내재되어 있었다고 설명한다. 일정 조율이 제대로 되지 않았고, 추방 관련 정보가 철도 회사나 증기선 회사에 제때 도착하지 않았으며, 환자들은 최종 목적지에 도달하지 못한 채 외국의 항구에 버려지거나, 고국으로 향하던 중 제대로 된 감독이 없어 스스로에게 해를 가하기도 했다.[18] 마

---

16 "Rule No. 37, Form 597, Immigration Regulations," File 51564/3-C, Entry 9, RG 85, NARA, DC. 「양식 597」은 1907년에 의무화되었으나 한동안 제대로 사용되지 않았다.

17 "Rule No. 37, Form 597, Immigration Regulations," File 51564/3-C. 증기선 회사는 미국까지 실어 온 외국인이 억류되었을 때 이들을 보살피고 가두는 비용도 책임졌다. 따라서 이민국에 구금될 것 같은 이민자에게는 편도가 아닌 왕복표를 판매하는 증기선 회사가 있을 정도였다. Adam Goodman, *The Deportation Machine: America's Long History of Expelling Immigrants*, Princeton University Press, 2020, p. 76.

18 Robert Menzies, "Governing Mentalities: The Deportation of 'Insane' and 'Feebleminded'

1부 문명 국가와 정신질환

찬가지로 미국에서도 추방 시스템은 모든 단계에서 예기치 않은 문제를 자아냈다. 일례로 뉴욕주 정신병위원회는 1905년의 보고서에서 연방 정부와 증기선 회사를 비난하며 추방 도중 실종된 환자 사례 몇 가지를 다루고 친지와 친구들의 불만을 나열했다. 맨해튼 주립 정신병원장 E. C. 덴트 박사는 다음과 같이 말했다.

> 나는 추방된 환자의 친척들로부터 여러 차례 연락을 받았는데, 그들은 추방된 지 4~6주가 지나서까지도 해당 환자가 고향에 도착했는지 알 수 없었고, 흔적도 찾지 못했다고 주장했습니다. 고향에 도착할 때까지 정신이상 외국인을 보호해 주지 못하다니 정말 불행한 일입니다. 적절한 당국이 이 문제를 해결하기 위해 조치해야 한다고 봅니다. 증기선 회사는 환자가 [미국으로 가려고] 처음 증기선에 올랐던 항구를 벗어나서까지는 책임을 지지 않는 것으로 보입니다.[19]

덴트 박사의 우려는 과장이 아니었다. 실제 정신적인 문제로 추방된 이민자 중 몇몇이 증기선에서 탈출해 도망쳤고, 최악의 경우 바다 한가운데서 뛰어내려 스스로 목숨을 끊기도 했다. 증기선 회사 역시 승객의 상태에 대해 완전한 정보를 받지 못했고 준비 시간도 부족했기 때문

---

Immigrants out of British Columbia from Confederation to World War II," *Canadian Journal of Law and Society* 13(2), 1998, p. 160.

19  New York, State Commission in Lunacy, 16th *Annual Report*, 1905, p. 983. 1917년부터 5년 공소시효(statute of limitations)가 적용되어 미국에서 5년 이상 거주한 후 보호대상자로 공공기관에 수용되었다면 추방 대상이 아니었다. 그러나 뉴욕주 위원회는 거주 기간과 상관없이 외국 태생 환자를 다 고국으로 돌려보내려 했다.

에 예기치 않았던 위험한 상황을 마주했다.

1907년에 횡대서양 해운동맹 회의가 열린 것도 출항 전날이 되어서야 추방자의 승선 여부를 통보하는 이민 당국에 대해 증기선 회사가 불만을 토로했기 때문이었다. 심지어는 아무런 연락 없이 정신이상인 추방자를 배에 태우는 일도 있었다. 1907년 8월, 『샌프란시스코 콜*San Francisco Call*』은 증기선 〈아시아〉에 승선했던 두 명의 정신이상 일본인 사례를 보도했다. 한 명은 가벼운 형태의 치매*dementia*(오늘날의 조현병), 다른 하나는 폭력성을 보였는데, 이들의 기행이 증기선 승객의 관심을 끌었다. 기사에 따르면 증기선 회사는 이 3등석 승객들이 정신이상이라는 사실도, 누가 이들을 배에 태웠는지도 알지 못했다. 한편, 나머지 승객들은 둘 중하나를 붙잡으려고 고군분투한 끝에 그에게 구속복을 입혔고 요코하마에 도착하여 일본 당국에 넘길 때까지 그를 감시했다.[20] 사건이 발생한 지 보름이 지난 후에도 증기선 회사는 도대체 누가 이 일본인들을 배에 태웠는지 밝히지 못한 상태였다.[21]

1911년 12월에는 안톤 그로스*Anton Gross*가 독일로 추방되었다. 그를 독일로 실어 간 증기선 회사가 그의 정신 상태를 제대로 알지 못했거나, 적절한 치료 없이 그를 내보낸 것으로 추정된다. 그로스는 베를린(정확히는 브레슬라우)의 한 호텔에서 세 명을 살해하고 여럿을 다치게 한 뒤 경찰의 총에 팔과 다리를 맞고 붙잡혔다. 사건이 보도된 당시 그로스는 미국

---

20 "Insane Japanese on Board Steamship Asia Creates Lively Times," *San Francisco Call*, August 20, 1907. 이 기사는 상황을 다소 우스꽝스럽게 그려냈으며 일본인 정신이상자를 "거지", "작은 미치광이", "작은 갈색 남자"라고 칭했다. 당시 미국 서부에 팽배했던 반아시아 이민정서를 반영했다고 하겠다.

21 "Hot Time on Steamship Asia," *The Hawaiian Star*, September 3, 1907.

시민으로 알려졌지만, 곧 뉴욕시 센트럴 이슬립 주립 정신병원의 환자였으며 추방당했다는 사실이 밝혀졌다.[22] 정신이상은 겉으로 드러나지 않았기 때문에 연방 정부는 물론이고 증기선 회사 역시 제대로 대응하지 못했던 것이다. 이미 전부터 정신이상 추방자의 수송 과정에는 문제가 많았다. 1906년 정신병원에 입원했다가 추방당한 이민자가 증기선 회사의 무관심 속에 구속복 끈으로 목을 매 죽은 사건이 보도되자 "적합한 수행원" 임명의 중요성이 다시금 떠올랐다.[23] 1912년에는 러시안-아메리칸 증기선 회사가 추방 대상인 정신이상 소녀를 선박 안에 가둔 채 제대로 돌보지 않았다는 항의가 들어와 이민국이 발칵 뒤집히기도 했다.[24]

귀환 항해 중에는 증기선 회사와 미국 정부가 옹호한 인도주의적 추방을 실천하기도 쉽지 않았다. 1913년 9월 뉴욕에서 서인도 제도로 정신이상 추방자들을 실어 간 볼티모어의 선원감독관shipping master 앨버트 닐슨Albert O. Nielsen은 『더 선The Sun』지에 "덴마크령 서인도제도의 세인트 토마스St. Thomas로 가는 증기선 파리마Parima에서 그가 경험한 유머러스한 이야기"를 나눴다. 그는 "세 명의 미친crazy 흑인"을 수송했는데, 어거스트 킹August King은 바베이도스로, 새라 리Sara Lee는 키츠로, 리나 제임스Lena James는 안티구아로 추방당했다. 닐슨은 다음과 같이 밝혔다. "일이 엄청 많았다는 걸 당신도 잘 알겠죠. 난 이제 다시는 안 해요, 미국을 위해서라고 해도 안

---

22 "Demented American," *The Cincinnati Enquirer*, December 28, 1911; "American Goes Mad in Germany; Shot by Police," *St. Louis Post- Dispatch*, December 28, 1911; "American Defies Police in Germany," *New Castle Herald*, January 5, 1912; File 52730/8-B, Entry 9, RG 85, NARA, DC.

23 "Need of Present Deportation Rule," *The New York Times*, September 28, 1907.

24 File 51564/3-C, Entry 9, RG 85, NARA, DC. 구체적인 내용에 대해서는 다음을 참조. Deirdre M. Moloney, *National Insecurities: Immigrants and U.S. Deportation Policy Since 1882*, University of North Carolina Press, 2012, pp. 121-122.

해요." 닐슨은 특별히 어거스트 킹의 예를 들어 자신의 위기관리 능력을
자랑했다. "그 남자는 날 두 번 공격했어요. 위험한 짐승이었지만 나를
아는 개프 탑세일 코너[Gaff Topsail Corner] 사람들은 내가 그놈한테 어떻게 했는
지 짐작할 거예요. 그놈은 정신이 맑아진 채 바베이도스에 도착해서 지
금 어디에 있는 건가, 의아해하고 있을 거라고요"[25] 정신이상 추방자를
돌볼 수행원에 대해 아무런 언급이 없었던 것을 보면, 여정 중에 이들에
게 어떤 일이 일어났을지, 선상에서 소동을 일으켰거나 폭력을 썼을 때
어떤 조치가 취해졌을지 상상하기 어렵지 않다. 따라서 이민자 공동체는
물론, 이민자구호단체 역시 정신이상 추방자가 적절한 보살핌을 받지 못
했고 목적지에 도착하지 못하기도 한다고 목소리를 높였다.

　정신이상 외국인의 추방은 유럽 항구의 정신병원에도 영향을 미쳤
다. 독일 역사가 슈테판 불프[Stefan Wulf]와 하인츠-페터 슈미데바흐[Heinz-Peter
Schmiedebach]는 1909년 함부르크 프리드리히스베르크[Friedrichsberg] 정신병원에
있는 "정신이상 귀환자들"의 환자 기록을 조사한 결과, 귀환 이민자 대부
분이 남유럽이나 동유럽 출신이었고 다수가 미국에서 추방되어 함부르
크 아메리칸 증기선 회사에 의해 병원에 버려진 뒤 회복되어 본국으로
떠났다는 사실을 밝혀냈다. 독일 의사들은 미국 측에서 환자에 대한 정
보를 거의 받지 못했는데, 간혹 전달된 내용도 부실했거나 인종주의적
편견으로 가득한 데다, 독일어를 모르는 환자들과는 의사소통이 제대로
되지 않아 이들의 실제 정신 상태를 가늠할 수 없었다.[26] 이처럼 연방 정

---

25　"News of the Shipping," *The Sun*, September 24, 1913.
26　Stefan Wulf and Heinz-Peter Schmiedebach, "'Die sprachliche Verständigung ist
　　selbstverständlich recht schwierig': Die 'geisteskranken Rückwanderer' aus Amerika in
　　der Hamburger Irrenanstalt Friedrichsberg 1909," *Medizinhistorisches Journal* 43, 2008.

부와 증기선 회사의 허술한 방침은 더 효율적이고 안전한 전달 시스템의 필요를 강조했고 여러 기관과 이민 당국 간의 협력을 촉구했다.

1920년대에 들어서면서 증기선 회사는 더 이상 바람직하지 않은 이민자를 확인하고 선별할 책임을 지지 않았다. 승선 전 미국 영사관에서 검사를 시행하여 이민자를 선별하고 비자를 발급했으므로 증기선 회사의 부담이 크게 줄었다. 그러나 추방에 드는 비용은 여전히 수송 기관의 몫이었다. 1924년 이민법이 통과된 후, 노동부 장관이 정신적으로 문제가 있는 추방자를 돌보고 동행하라고 고용한 수행원은 추방자의 비용을 맡은 기관으로부터 업무 수행비를 받는다는 결정이 내려졌다.[27] 증기선 회사가 추방자는 물론이고 수행원의 이동 비용까지 떠맡아야 한다는 점이 분명해진 것이다. 1930년의 이민법을 통해 앞서 언급했던 「양식 597」도 자리를 잡아 추방당한 이민자의 행방을 기록하고 찾을 수 있었고, 친지와 친구에게도 이들의 도착 여부를 알려 줄 수 있게 되었다. 정신이상 이민자만을 대상으로 한 것은 아니지만, 정신이상으로 추방당한 이들의 행방에 대한 여러 단체의 우려와 항의가 1930년의 결과를 끌어낸 것이다.

증기선 회사는 이익 추구라는 목적을 이루고자 이민국 및 연방 정부와 계속해서 충돌했다. 그러나 연방 정부의 입장에서 이들의 궁극적인 존재 이유는 이민 정책을 제대로 시행하고 부족한 점을 보완하기 위한 것이었다. 이민국은 증기선 회사로 하여금 이민을 담당한 유럽·미국의 에이전시에 이민법을 알리고 이민자당 부과되던 인두세도 걷도록 하

---

■ 독일만이 아니라 네덜란드(홀란드-아메리칸 라인)에서도 비슷한 상황이 벌어졌다.
27 Jane Perry Clark, *Deportation of Aliens from the United States to Europe*, Columbia University Press, 1931, pp. 462-463.

는 등 이들을 적극 이용했다.[28] 추방 과정에서 여러 어려움을 겪었지만, 증기선 회사 또한 정신이상 이민자들이 추방되어야 마땅하다는 전제에는 의문을 표하지 않았다. 한편, 아무리 경험이 풍부한들 증기선 회사만으로는 정신이상 이민자를 최종 목적지까지 책임질 수 없었다. 업무 수행 단계에서 드러난 부족함을 채운 또 다른 이주장치는 바로 사회복지단체였다.

## 2. 사회복지단체[29]

사회복지단체 또는 이민자구호단체는 19세기 후반 미국 이민이 확장된 때부터 이민 과정에서 중요한 역할을 했다. 1920년대 들어 제한적 이민법의 통과로 이민자 수가 줄어들었지만, 사회복지단체는 계속해서 이민자의 입국과 추방에 관여했다. 증기선 회사가 문제를 일으킬 여지가 다분한 '정신이상 외국인'의 문제를 중요하게 다뤘다면, 사회복지단체는 다양한 사례를 포괄했기 때문에 정신적 문제에 천착하지는 않았다. 개개인의 어려움을 해결하기보다 이민자들이 정착하고 동화하도록 체계적

---

28  Torsten Feys, "Shipping Companies as Carriers and Barriers to Human Mobility: The Atlantic and Pacific Border Regimes of the United States," *World History Connected* 11(3), 2014.

29  이 글의 사회복지단체(social work agencies)는 오늘날처럼 전문 서비스를 제공하는 조직이 아니라 특정 이민자 집단을 보조하고 정부 기관과의 연락을 담당한 이민자구호단체(immigrant aid societies)를 포괄한다. 엘리스섬 이민국에는 이탈리아, 독일, 폴란드, 유대인 이민자구호단체, 그리고 YMCA, YWCA, 구세군, 여행자 구호회(Travelers' Aid Society) 등에서 파견된 직원이 상근했다. 주 정부의 자선구호부서 역시 사회복지단체로 볼 수 있지만, 여기서 살펴본 기관은 대부분 민간 및 종교단체가 운영하는 곳이었다.

으로 돕는 것이 더 큰 목표였다는 점도 고려해야 할 것이다.

그러나 눈에 띄거나 전염되지 않고 진단을 내리기도 쉽지 않은 정신적 결함에는 사회복지단체가 개입할 여지가 더 많았다. 한 예로 릴리언 바Lillian Bar의 추방과 재입국 논의를 살펴보자. 독일 태생의 릴리언 바는 1928년 미국으로 건너와 미국 군인 프레드 로젠부쉬Fred Rosenbusch와 결혼했다. 일 년이 지나 아이를 낳고 얼마 후 릴리언이 "비이성적"이 되자 남편은 그를 루터교 병원으로 데려갔다. 여기서 산욕열이라고 진단받은 릴리언은 뉴욕 맨해튼의 벨뷰 병원으로 전원되었고, 산후에 일시적으로 산욕열을 앓았으나 회복이 확실시된다는 두 번째 진단을 받았다. 그러나 1주일 후 맨해튼 주립 정신병원에 입원하게 되면서 "신체적 증상이 동반된 정신증psychosis으로 산후 섬망"이 있다는 진단을 얻었다. 입원 6개월 만에 남편이 그를 집으로 데려갔지만, 3주 후에도 여전히 치료가 필요한 듯싶자 이번에는 뉴욕의 킹스카운티 병원으로 향했다. 릴리언은 곧 센트럴 이슬립 주립 정신병원으로 전원되었고 "조발성치매dementia praecox(오늘날의 조현병)"를 앓고 있음이 밝혀졌다. 미국에 입국한 지 몇 년 되지 않아 여러 차례 정신질환 진단을 받은 릴리언은 추방 대상이 되었는데, 엘리스섬 이민국에서 열린 청문회에서 "미국에 입국하기 전, 그리고 입국했을 때 기질적 정신병질 열등성과 정신적 불안정"을 앓고 있었다는 설명이 제시되었다. 즉, 미국에 도착하기 전에 이미 정신이상이었으므로 추방되어야 한다는 주장이었다. 이것이 다섯 번째 진단이었다. 결국 독일로 추방당한 릴리언은 즉시 회복했고, 독일 의사들도 그녀가 산후 정신증을 앓았으나 "신경학적인 이상은 없다"고 판단했다. 2개월 후 또 다른 정신과 전문의를 찾아간 릴리언은 "정신증의 징후가 없고" "정신적으로나 신체적으로 정상"이라는 결과를 받았다. 릴리언은 독일에서 일자리를 얻었고 차도 몰 정도였으며, 미국에 있는 남편은 정육점 일로 충분히 가족을 부양할 수 있었다. 어린 아들을 혼자 돌볼 수 없었던 남편은 다른 가족에게 아이를 맡기고 부양비를 꾸준히 지급했다. 하지만 미국 이민법상 일단 정신이상으로 추방된 다음에는 미국에 재입국할 수 없었으므로, 릴리언이 가족과 함께 미국에서 살아가기란 불가능했다.

전국 유대인여성협의회National Council of Jewish Women의 한 사회복지사가 외국어정보서비스FLIS의 위생, 의료 및 치료 소위원회에 그녀의 사건을 소개했는데, 회원들을 위한 소식지를 편집하면서 해당 사례를 포함한 헬렌 아서는 "프레드 바 로젠부쉬Fred Bar Rosenbusch 부인의 사례야말로 질병으로 인해 야기되는 **삶의 복잡다단한 면**을 잘 보여" 준다고 적었다.[30]

릴리언의 사례는 이민자에 있어서 정신이상 진단의 어려움과 이에 수반되는 고난을 잘 드러냈다. 일곱 차례에 달하는 진단에서 알 수 있듯이 정신병원의 의료 전문가들 사이에서도 의견이 분분했고, 이민국 관료 또한 로젠부쉬 부인의 질병에 대해 나름의 소견을 밝혔다. 대륙 저편의 의사들까지 개입하여 의료 진단, 추방 및 재입국 과정을 복잡하게 만들었다. 릴리언은 미국 시민과 결혼했지만 미국 시민이 되겠다는 의도를 분명히 밝히지 않은 상태였으므로 여전히 외국인에 지나지 않았고, 무엇

---

**30** 굵은 글씨는 저자 강조. News Bulletin for the Members of the Committee on Ellis Island, edited by Helen Arthur, Secretary, September 1933, Case No. 3, Box 48, FLIS, Immigration History Research Center (IHRC), University of Minnesota. 외국어정보서비스(FLIS)의 전신은 뉴욕국제기구(International Institute of New York)이다. FLIS는 여러 언어로 이민법, 이민 정책과 관련한 책자를 펴냈고 이민자를 대상으로 다양한 구호업무를 실시했다. Foreign Language Information Service, *The Work of the Foreign Language Information Service: A Summary and Survey* (ca. 1921), p. 6, Collection Development Department, Widener Library, HCL, Harvard University[https://nrs.lib.harvard.edu/urn-3:fhcl:893765(검색일: 2022년 9월 10일)].

보다 정신이상이라고 진단받음으로써 추방 대상이 되었다. 한편, 당시 독일에 머물고 있었던 릴리언의 사례가 미국 사회복지단체의 관심을 끌었다는 것은 이들 단체가 비단 미국 내에서만이 아니라 외국에서도 이민자의 문제에 관여했음을 보여 준다.

이민자의 추방은 연방 정부의 책임이었고 수송은 증기선 회사가 맡았으나 매 단계에서 사회복지단체의 도움이 절실했다. 주 정부가 운영하는 기관뿐만 아니라 민간단체 역시 바람직하지 않은 이민자를 찾아내 추방하는 과정에 개입했으며, 유럽 전역에 파견된 직원들과 협력하여 촘촘한 네트워크를 구축하고 추방자의 안전한 인도를 보장했다. 릴리언 로젠부쉬의 사례에 등장하는 전국 유대인여성협의회는 1900년대 초반부터 이민자들이 신속하고 안전하게 고향으로 돌아갈 수 있도록 유럽의 항구에서 유대인 단체와 함께 일해 왔다. 협의회가 활동을 시작한 데에는 정신이상 이민자의 귀국 문제가 중요한 역할을 했다. 고향으로 돌아가던 중 몸에 멍이 들 정도로 학대를 당하거나, 집에 제때 도착하지 못하고 심지어 아예 사라져 버리는 일이 드물지 않았던 것이다.[31]

1921년 전국 유대인여성협의회의 월간 회보인 『이민자*The Immigrant*』는 사례연구부서*Case Work Bureau*의 업무에 이민 전과 후의 일이 각각 있으며, 이민 후 단계에는 1) 조건 없이 입국이 허용된 사례, 2) 보석*bond* 사례, 3) 영장*warrant* 사례가 있다고 설명했다. 이 중 수는 적지만 까다로운 사례가 바로 세 번째 영장 사례였는데, "부도덕함, 정신이상, 정신박약 및 기타 원

---

**31** 상공노동부 차관보 케이블은 유대인여성협의회 사무총장인 세이디 아메리칸(Sadie American)에게 보낸 답장(1912년 10월 7일자)에서 이민자들이 항해하는 동안 어떤 대우를 받는지 분명하고 자세하게 일지를 기록하게 하는 방안을 도입하겠다고 강조했다. File 51564/3-C, Entry 9, RG 85, NARA, DC.

인"으로 미국에서 추방당하는 이들을 포함했다. 사례연구부서는 이 "불운한 사람들"에게 "의류 및 기타 용품을 제공하고, 유럽의 특파원에게 이들이 도착하는 대로 만나서 안전하게 이전 집에 도착할 수 있도록 도우라고 전보를 보내는" 업무를 담당했다. 대부분 전보와 서신을 통해 업무가 진행되었지만 필요에 따라 현장에 직접 방문하기도 했다.[32] 1921년에 협의회는 9개월 동안 1,009건의 사례를 다뤘는데, 239건은 입국 이후 정착할 이민자들 대상(이민 후 단계 중 첫 번째)이었고, 나머지 770건 중 332건이 보석 사례, 13건이 영장 사례였다. 사례연구부서는 743차례 현장을 방문했고, 편지는 4,597통, 전보는 1,259통을 보냈다.[33] 협의회는 엘리스섬 이민국의 환경을 개선하기 위해 이민국과 적극적으로 협력하는 등 노력을 많이 기울였다. 여기서 사회복지단체가 정부의 방침을 지키면서도 기꺼이 체계적인 지원을 제공했다는 점을 확인할 수 있다.

한편, 사회복지단체는 이민 당국의 결정에 의문을 제기하고 불합리한 방침에 도전하기를 주저하지 않았다. 앞서 살펴보았듯이 이민자, 증기선 회사는 추방 관련 정보가 부족하다며 불만을 표했는데, 사회복지단체 종사자 역시 이민국의 정보 전달 방식에 불만을 표했다. 추방을 서두르다 보니 친지와 친구들, 그리고 이들을 보조할 사회복지사에게 추방 대상자가 어디서, 언제 출발하는지 전달되지 않는 경우가 빈번했던 것이다. 그러나 사회복지사들은 그저 정보가 들어오기를 기다리지만은 않았

32  Department of Immigrant Aid, Council of Jewish Women, *The Immigrant*, May-June 1921, p. 3. Section on the Bureau of Case Work, Harvard University[https://nrs.harvard.edu//urn-3:FHCL:946655(검색일: 2022년 10월 21일)].

33  Department of Immigrant Aid, Council of Jewish Women, *The Immigrant*, January 1922, p. 7. Section on the Bureau of Case Work, Harvard University[https://nrs.harvard.edu//urn-3:FHCL:946655(검색일: 2022년 10월 21일)].

다. 예를 들어, 한 사회복지단체는 이민국에 억류되거나 추방을 앞둔 이민자의 행방을 알려면 영사와 연락하라고 이민자와 가족에게 권고했다. 사실을 알게 된 연방 정부는 이를 월권행위로 보아, 사회복지사가 안 그래도 넘쳐 나는 업무량을 더 늘리고 일을 방해한다고 불평했다. 구금된 외국인에 대해 알아보고 진술서를 작성해 달라는 이민자구호단체 직원의 요청이 얼마나 많았던지, 1921년이 되면 엘리스섬 이민국장이 직접 나서서 이러한 요청을 금지하기도 했다.[34] 같은 해 이민관료 C. M. 더프위Depuy도 엘리스섬 이민국에 주둔한 사회복지단체에 대해 비판적 입장을 밝혔다.

New York. Ellis Island. reg. No. 3163 E

**그림 3-2** 엘리스섬의 이민자들, © Library of Congress

---

34 Letter dated November 15, 1921, from Robert E. Tod, Commissioner of Immigration, to immigrant aid societies at Ellis Island, Box 48, FLIS, IHRC.

몇 가지 주목할 만한 사례를 제외하고, 이 이민국[엘리스섬]에서 일을 허가받은 사회복지단체 직원Social Service worker 각각은 이민법의 의도와 목적을 무너뜨리려는 방법을 찾는 조직의 일원입니다. 이들이 대표하는 기관은 성격 면에서 비미국적un-American이고, 미국의 이익은 아랑곳하지 않은 채 외국인에게 동조합니다. … 입국이 허락되지 않은 외국인을 추방하기 위한 사실관계를 파악하는 데 있어서 사회복지단체 직원이 정부 관료를 돕는 경우는 극히 드뭅니다.[35]

이렇게 반감이 쌓이자 이민국장 헨리 H. 커런Henry H. Curran은 1924년 이민관료와 복지단체 종사자의 협력을 도모하기 위해 내부 메모memorandum를 작성했다. 커런은 사회복지단체 종사자들 모두가 허가를 받고 "정부와 구금된 외국인을 돕는다는 목적"으로 엘리스섬에 주둔하고 있음을 상기시키며 존중과 협력을 강조했다. 실제로 사회복지단체는 이민자들의 사적인 일을 처리하거나 돌보아 주었으며, 국내외 이민자들과 친밀하고 개인적인 관계를 맺어 위로와 지원을 제공했다. 사회복지사들은 연방 정부가 처리할 능력이나 지식이 없는 사항도 오랜 경험을 통해 다룰 수 있는 경우가 많았다. 따라서 커런의 메모는 사회복지사가 "[이민국] 관료의 공무 수행에 간섭하지 않을 것"이라는 점을 분명히 하며 공존을 모색했다.[36]

사회복지단체는 이민법과 행정에 대한 지식을 쌓아 이민국의 비판

---

35 Letter dated October 18, 1921, Memorandum for the Commissioner from C. M. Depuy, Immigrant Inspector, p. 2, Box 48, FLIS, IHRC.
36 Letter dated April 19, 1924, from Henry H. Curran, Commissioner of Immigration, to all officers Box 48, FLIS, IHRC.

에 대응했다. 사회복지단체가 큰 활약을 한 분야는 추방이었는데, 이들은 추방의 파급 효과에 관심을 가지고 복잡한 절차를 이해하기 위해 애썼다. 1930년 국제협회 샌프란시스코 지부International Institute of San Francisco의 이디스 테리 브레머Edith Terry Bremer는 "지금이야말로 업무를 통해 외국인과 이들의 삶에 대해 정확한 지식을 갖게 된 사람들[사회복지사]이 이 추방 사업이 인류에게 미치는 결과를 연구하기 시작할 바로 그때"라고 주장했다. 그녀는 이민자를 도우려면 복지사들이 지역 기관의 이민 규정을 숙지해야 한다고 촉구했다.[37]

사회복지사들은 미국 이민 당국에 추방 조항을 이행할 권한이 없다며 도전하기도 했다. 다른 국가가 추방된 이민자들을 받지 않겠다고 한다면 미국 정부가 어쩔 수 없이 책임을 떠안았는데, 이때 해당 이민자를 돌보고 그 가족을 찾는 것이 바로 사회복지사의 몫이었기 때문이다. 사회복지단체 종사자들은 대체로 연방의 추방 절차가 문제없이 진행되도록 도움을 주었지만, 이민자들이 추방당하지 않고 미국에 머무르면 더 나은 기회를 가질 수 있다고 믿으며 추방을 막을 조치도 취했다. 일례로, 아이오와에 거주하던 한 이민자 여성은 보호대상자가 될 가능성이 있다는 이유로 추방에 직면하자 외국어정보서비스에 도움을 청했다. 이민자 단체와 직접 접촉하여 결핵을 앓고 있던 남편의 요양원 비용을 지불하고 다른 재정적 문제를 처리해 준 기관 덕에 여성과 남편은 추방의 위협에서 벗어날 수 있었다.[38] 이러한 상황을 보면 이민관료였던 더프위가 왜

---

37  "A Forward Look for International Institutes," Part II, 1930, Box 1: IISF-board of Directors Minutes, Folder 9, IHRC.

38  "Buried Treasure and the F.L.I.S.," p. 3, Immigration and Refugee Service of America, Box 8, Folder 1, FLIS, IHRC.

사회복지단체에 비난을 퍼부었는지 이해하기 어렵지 않다.

사회복지단체는 이민자와 추방자, 특히 정신이상으로 의심되는 사람들에게 귀중한 자원을 제공했다. 연방 정부와 증기선 회사가 정신이상 추방자의 종적을 파악하지 못해 골머리를 앓을 때도 사회복지사들은 관심을 가졌던 이민자와 연락을 유지하고 집으로 돌아가는 여정 내내 그들을 도왔다. 사회복지단체는 이민자 공동체의 불만과 고충을 전달하는 역할을 충실히 수행했고, 이민자 역시 사회복지사에게 적극적으로 조언과 도움을 청했다.

전국 유대인여성협의회는 배우자가 정신검사<sup>mental examination</sup>를 통과하지 못해 미국에 입국할 수 없다며 도움을 요청한 이민자의 사례를 여러 차례 보고했다. 1933년 미국 태생 시민의 아내인 도라<sup>Dora</sup> —폴란드에 거주한 유대계— 가 폴란드 영사관에서 정신검사에 통과하지 못해 비자 발급을 거부당하자 남편 맥스<sup>Max</sup>는 일터로 돌아가기 위해 혼자 미국에 입국할 수밖에 없었다. 이후 맥스는 전국 유대인여성협의회 사무실을 방문하여 아내의 문제를 상담했다. 그는 도라가 쓴 이디시어<sup>Yiddish</sup> 편지 두 통을 가져와 아내가 '정신박약'이었다면 이렇게 쓸 수 없을 것이라고 설명했다. 그는 아내가 정규 교육은 받지 못했지만 개인교사에게 이디시어를 배웠고 폴란드어도 약간 안다고 덧붙였다. "1년 반을 같이 살았으니, 아내가 정신박약이었다면 분명 그가 눈치를 챘을 것"이라고 강조하기도 했다. 또한 "영사관 사무실에서 친 시험은 통과하지 못할 수도 있지만, 경험 없고 교육도 못 받은 시골 처녀라고 해서 그의 아내가 정신박약이라고 볼 수는 없다"고 주장했다.[39] 이민자로부터 사례를 수집한 사회복지

---

39  News Bulletin for the Members of the Committee on Ellis Island, edited by Helen Arthur,

1부 문명 국가와 정신질환

단체는 상황을 파악하고 관련 기관에 연락을 취해 대책을 간구했다.

그러나 이민자의 주장은 종종 의혹을 샀고, 사회복지사도 이들의 설명을 액면 그대로 받아들이지 않았다. 미국 선교사, 사회운동가 및 복지단체 구성원 등이 이민자에게 취한 온정주의적인 태도가 여기서도 드러났던 것이다. 게다가 사회복지단체는 이주장치로서 이민법이나 추방 정책에 직접적으로 도전하기를 꺼렸고, 도움을 제공할 때도 기준에 부합하는 이민자들을 우선했다. 일례로 20세기 초 샌프란시스코의 유명 사회운동가 도널디나 캐머런Donaldina Cameron은 미국 서부에서 중국인과 일본인 매춘부를 다수 구출했으며, 그녀의 선교단체Mission Home는 정신이상 중국인, 일본인 여성을 캘리포니아 주립 정신병원에 입원시켜 치료받게 했다. 캐머런과 동료들은 연방 정부의 추방 업무를 보조했지만, 그 과정을 좌지우지할 만한 힘도 있었다. 이들은 정부의 명령에도 불구하고 추방 대상인 이민자를 선교단체에 계속 머무르게 했고, 추방자를 돌보기 위해 다른 기관과도 협력했다고 자부했다. 한편, 구출한 여성이 증거 불충분으로 원래의 생활로 돌아가게 되자, 차라리 추방을 택해서 고국에 있는 또 다른 선교단체에 입소시키기도 했다.[40] 캐머런의 주장대로라면 이민자 여성의 본국 귀환 여부를 결정지은 주체는 법도, 정책도 아니고 바로 그녀와 동료들이었다. 다소 과장되었겠지만, 사회복지사야말로 이민자에게 무엇이 좋은지 안다는 믿음은 이민자의 실제 상황과 경험을 감추

---

Secretary, September 1933, Case No. 4, Box 48, FLIS, IHRC.

**40** Box 18, Folder 4, 1891-1900, 1899 *Occidental Board Annual Report*, p. 78; Box 18, Folder 5, 1901-1910, 1902 *Occidental Board Annual Report*, p. 47, Mildred Martin Papers, Special Collections and University Archives, Stanford University. 이민관료가 미국에 입국하고자 하는 중국인을 막았을 때도 캐머런이 개입하여 이들의 주장이 진실하다는 점을 확신시켰다.

었다. 특히 정신이상의 경우, 사회복지단체가 책임을 지기에는 치료비 부담이 컸으므로 정부의 방침을 따르되 그 과정이 인도적이도록 신경 쓸 뿐이었다. 더프위의 신랄한 비판에도 불구하고, 사회복지단체 역시 당대의 이민 정책이 낳은 산물로, 연방 정부의 결정을 지원하며 이민 체제에 동참했다.

## 3. 이민자의 대응

초기 이민자 대부분은 정착한 지역의 언어는 물론이고 이민법과 정책에도 무지하기 마련이었다. 따라서 증기선 회사와 사회복지단체가 연방 정부의 결정을 이행하려고 나선다면 막을 방법이 없었다. 무엇보다 이 두 단체는 연방 정부의 정책에 동조하여 이득을 얻을 수 있었다. 증기선 회사는 이민자들이 비싸지만 의료검사가 느슨했던 2등석 표를 선호하게 되면서 수익을 올렸다.[41] 사회복지단체는 이민자들의 추방 과정에서 단체의 필요성을 강조하여 입지를 다졌다. 둘 다 이민자의 상황을 인지하고 있었으나, 증기선 회사 및 사회복지단체의 기록에서 이민 당사자, 그중에서도 정신이상으로 입국이 금지되거나 추방당한 이들의 목소리를 찾기란 쉽지 않다. 여기서는 관료제 기록의 이면을 들추어 봄으로써 이민자 전반의 대응 방식까지 살펴보고자 한다.

고난과 한계에도 불구하고 이민자들은 운명을 개척하는 데 있어 무력하지만은 않았다. 보통 정신이상이라고 하면 이성적인 판단을 내리지

---

**41**  Feys, "Shipping Companies."

못하거나 정상적으로 기능할 수 없다는 진단과 결부되는데, 이때도 추방 결정에 저항하고 맞선 기록이 남아 있다. 일부는 추방이나 체포 영장이 발부되었다는 연락을 받자 도망쳤다. 추방 대상자를 찾을 수 없으면 영장이 취소되기 마련이었다. 다른 이들은 정부 관료 및 의료 전문가와의 대화를 거부하여, 자기들이 누구이며 어디에서 왔는가를 알아낼 수 없도록 했다. 추방 대상자의 출신이 분명하지 않다면 역시나 영장을 발급할 수 없었다. 친지와 친구도 동원되어 추방 대상이 된 정신이상 이민자의 현재 상태가 어떠한지, 정신이상이 언제 발발했는지, 왜 추방하면 안되는지를 증언했다.[42] 돈이 많이 들긴 했지만, 변호사를 고용하여 미국에 머물 권리를 위해 싸운 이민자도 있었다. 이들은 보통 미국의 방식을 이해하고 영향력이 있는 동료 이민자들의 도움을 받았다. 일례로 미국의 멕시코 이민자들은 추방의 위협에 어떻게 조처해야 하는지 잘 알고 있다. 이들은 이민국 관료가 노동부 장관의 최종 결정 후 인신보호영장a writ of habeas corpus을 신청할 시간을 주지도 않고 다짜고짜 추방 통지를 보냈다며 지방법원 판사에게 항의했고 이민국에도 해당 내용이 전달되도록 했다.[43] 이민자들은 선거구 의원에게 호소하는 방법도 동원했는데, 입국한 지 얼마 안 된다면 참정권이 없었기 때문에 정치적 호소가 큰 힘을 발휘하지는 못했다.[44] 그러나 모든 수단과 방법이 실패했을 때도 이들은 미

---

42 Clark, *Deportation of Aliens from the United States to Europe*, pp. 368-369. 추방을 원한 친지나 친구는 청문회에 참석하지 않았는데, 이 경우 추방 대상자가 입원한 기관의 장이 증언을 했다.

43 Letter dated March 10, 1926, from John D. Hartman, United States Attorney, to W. W. Hanson, District Director, Immigration Service, San Antonia, Texas, File 54933/351-E, Entry 9, RG 85, NARA, DC.

44 이민자 공동체 외에도 이민자구호단체가 개입하여 지역 의원에게 연락을 취했다. Ronald H. Bayor, *Encountering Ellis Island: How European Immigrants Entered*

국에 머물겠다는 의사를 거듭 표명하면서 청문회와 검사 서류에 자취를 남겼다.

이민자들은 추방 '영장<sup>warrant</sup>'을 발부받으면 '불법' 신분이 되어 큰 손해를 입으리라는 사실을 잘 알고 있었다. 어떤 이유에서든 추방당하면 미국에 재입국하기가 쉽지 않았으나, 정신이상으로 추방되는 경우는 재입국이 아예 불가능했다. 하지만 어떤 이들은 증기선 회사나 이민자 펀드가 추방자의 귀국 비용을 지불해야 한다는 법을 역이용했다. 예를 들어, 캘리포니아에서는 귀국을 희망하는 나이 든 중국인들이 불법적인 방법으로 미국에 입국했다고 자백한 다음 '추방' 절차를 밟아 공짜로 고향에 돌아갔다.[45] 추방 시 제3의 장소로 보내달라며 '환적<sup>trans-shipment</sup>'을 요청한 이들도 있었다. 1906년 뉴욕주 정신병위원회는 남아메리카에서 미국으로 이주한 정신이상 여성의 사례를 보고했다. 정신적 결함에는 보호와 돌봄의 문제가 다른 질병에서보다 더 중요했기에 출발 전 보호자 유무를 파악해야 했는데, 그녀는 남아메리카에 자기를 돌보아 줄 사람이 없으니 가족이 있는 스페인으로 가고 싶다고 호소하여 결국 스페인으로 추방당했다.[46] 추방에는 이동 비용의 문제가 컸고, 환적이 빈번하게 이루어진다면 법이 악용될 가능성도 있었으므로 처음에 승선했던 장소로 추방되는 것이 보통이었다. 이 여성의 경우, 연방 정부 영장이 아니라 친구의 도움을 통해 추방이 이루어졌고 정신적 결함이라는 이유를 들어 환적이 가능했을 수 있다. 그러나 추방 시 환적은 추방자가 채택할 수 있던 또

---

America, Johns Hopkins University Press, 2014, p. 68.

45  Robert Eric Barde, *Immigration at the Golden Gate: Passenger Ships, Exclusion, and Angel Island*, Praeger, 2008, pp. 133-134.

46  New York, State Commission in Lunacy, 18th *Annual Report*, 1907, p. 54.

하나의 선택지라는 점에서 의미를 가진다.

초기 이민자들이 동화하지 못한 채 고국의 관습에 매몰되어 있었다는 편견과 달리, 추방 공소시효를 비롯하여 이민 정책·법에 대한 지식을 얻은 이들도 점차 늘어갔다. 추방될 수밖에 없는 친지의 경우, 이동 과정을 주의 깊게 따라가면서 고향에 잘 돌아갈 수 있도록 조치했고, 추방을 막아야 할 상황에는 걸맞은 방법을 동원했다. 1914년 엘리스섬 이민국 직원인 존 F. 맨<sup>John F. Mann</sup>에 따르면, "공공기관에 수용된 정신이상 외국인의 사례가 많이 발견되지만, 이들의 친척은 3년의 추방 공소시효가 만료되어 추방할 수 없을 때까지만 비용을 부담하고 남은 생 동안 더 이상의 비용 지불을 거부한다. 미국에 고작 3년 거주한 다음에 말이다."[47] 이민 개혁가이자 우생학자인 로버트 워드<sup>Robert DeC. Ward</sup>도 1924년의 글에서 이민자들이 이민법에 훨씬 더 해박하다고 강조하는 등 이들이 미국 이민 체제에 무지하다는 통념을 반박했다.[48]

이민자 공동체 역시 바람직하지 않은 동료 이민자를 통제하는 이주 장치로 작동했다. 반이민정서<sup>anti-immigrant sentiment</sup>에 대처하고 공동체를 통솔하기 위해 추방 정책을 역이용했던 것인데, 이민자 사회의 평화를 위협하거나 가족을 저버린 아내·남편을 추적하여 가치 없는 사람들이 추방당하거나 입국하지 못하도록 당국에 보고한 사례를 예로 들겠다.[49] 주립

---

47 다음에 동봉된 기사. Letter dated December 5, 1914, File 55224/371-A, Entry 9, RG 85, NARA, DC. 보호대상자가 추방의 표적이었으므로 어떻게든 보호대상자가 되지 않게 병원비를 지불하며 공소시효(1914년 당시 3년, 1917년부터 5년)를 넘기면 추방에서 벗어날 수 있었다.

48 Robert DeC. Ward, "Higher Mental and Physical Standards for Immigrants," *Scientific Monthly* 1(5), 1924, p. 537.

49 Moloney, *National Insecurities*, pp. 206-207.

정신병원에 입원했던 정신이상 이민자도 예외가 아니었다. 이 경우 추방은 "짊어지고 싶지 않은 짐을 벗어 던질" 방법이었다.[50] 따라서 정신이상이민자는 정부뿐만 아니라 같은 이민자들에 의해서도 추방될지 모른다는 두려움에 시달렸다. 정신이상으로 추방되면 고국에 돌아가서도 정신병자라는 멍에를 졌고 직장을 구하기도 어려웠으므로 가능한 한 기록이남지 않는 방법을 모색한 이민자도 있었다. 1908년 5월, 터키 출신의 아르메니아인 앙투안 마하트Antoine Makhat는 뉴욕 센트럴 이슬립 주립 정신병원에서 보호대상자가 된 후 '만성 형태의 정신이상'으로 추방 명령을 받았다. 그의 삼촌은 이민국장에게 앙투안의 가석방을 허락해 달라고 요청하면서 30일 후에는 그를 터키로 돌려보내겠다고 약속했다. "미국 정부의 지시로 추방된다면 조카는 터키에서 일자리를 얻을 수 없을 것"이기 때문이었다. 뉴욕 엘리스섬 이민국장과 뉴욕주 정신과의사이사회New York State Board of Alienists는 삼촌이 보석금을 내고 앙투안의 병원비를 지불한다면 그를 가석방하기로 합의했다. 그러나 삼촌에게는 500달러에 달하는보석금을 지불한 후 병원비까지 낼 만큼의 경제력이 없었다. 1908년 6월, 앙투안은 미국에서 공식으로 추방되었다. 추방 비용은 그를 미국까지 실어 왔던 증기선 회사 프렌치 라인French Line이 맡았다.[51] 이후 앙투안이 어떻게 되었는지에 대한 기록은 없지만, 정신이상으로 추방된 만큼 그의 삶이 성공적인 귀국 이민자return immigrant의 삶과는 현저하게 달랐으리라고 상상하기 어렵지 않다. 1910년대와 1920년대에는 새로운 이민법을 통해

---

50  Clark, *Deportation of Aliens from the United States to Europe*, p. 143.
51  앤서니(Anthony)라고도 불렸다. Age: 31, race: Armenian, country: Turkey, landed on September 9, 1907, New York, File 51967/188, Entry 9, RG 85, NARA, DC. 한편, 삼촌의 제안은 이민자들이 추방에 대처할 방법을 웬만큼 알고 있었다는 증거라고 하겠다.

정신이상으로 추방된 이들의 재입국이 원천 봉쇄되면서 정신이상의 멍에도 더 무거워졌다.

추방 과정은 예기치 않은 사건과 끊임없는 걱정을 수반했다. 이민자들은 미국에 입국할 때 도착한 항구, 대서양의 반대편에 있는 승선 항구를 거쳐 마침내 집에 도착하기 위해 여러 차례 이동해야 했다. 이렇게 복잡다단한 추방의 면면은 추방의 대상이 정신이상이라고 규정되었을 때 더욱 어렵고 힘든 문제가 되었다. 추방은 바람직하지 않은 이민자들의 이동을 통제하고 규제하는 수단이었지만, 추방 과정에는 뜻하지 않았던 어려움이 내재되어 있었다. 그리고 증기선 회사와 사회복지단체는 이주장치로서 이 과정을 조율하며, 의도했든 그렇지 않았든 연방 정부와 함께 이민 정책을 실행했다. 수많은 이민자가 유입되었던 20세기 초의 복잡한 이주 과정에서 이민자의 문제를 발견하고 진단하기란 쉬운 일이 아니었다. 이에 따라 추방이 미국 이민 정책의 허점을 보완할 해결책으로 등장했는데, 신체 또는 정신의 결함이 발견된 이민자들의 이동과 귀환을 둘러싼 정치·경제·사회적 부담을 두고 관계자 간에 논의가 활발하게 이루어졌다. 1912년 사회학자이자 사회복지운동가 호머 포크스[Homer Folks]는 추방 대상인 정신이상 외국인을 돌보는 데 비인도적인 방법이 사용되고 있다며, 이를 해결하려면 증기선 회사 말고도 뉴욕주 정신병위원회, 뉴욕주 추방국, 이민국, 그리고 주[state]의 자선구호협회가 한데 모여 회의를 열어야 한다고 제안했다.[52] 전국 유대인여성협의회 같은 민간의 구호기관도 정신이상 외국인의 문제에 적극적으로 목소리를 냈다.[53] 정

---

**52** Letter dated August 27, 1912, from Homer Folks, to Charles Nagel, Secretary of Commerce and Labor, File 51564/3-C, Entry 9, RG 85, NARA, DC.

**53** Letter dated October 3, 1912, from Sadie America, Executive Secretary, the Council

신이상 외국인의 입국과 추방은 미국 연방 정부의 이민 정책에 증기선 회사, 사회복지단체뿐만 아니라 주립 정신병원, 주 정부, 외국 정부 등의 공공기관, 그리고 이민자 공동체, 각국의 이민 에이전시, 철도 회사, 신문사 같은 민간단체가 긴밀하게 관여했음을 잘 드러낸다. 이 모두가 '이주장치'로 작동했지만, 여기서는 증기선 회사와 사회복지단체의 역할에 주목하여 이민에 내재된 복잡한 상호관계와 갈등을 짚어 보았다. 이민자의 일상에 깊이 개입한 기관이었던 만큼 이민을 촉진함으로써 이익을 챙길 것이라고 여겨졌던 증기선 회사와 사회복지단체는 결국 이민자의 입국을 제한하고 추방을 지원하며 정부의 정책을 뒷받침했다.

당시 일종의 '문명병'이었던 정신이상은 외국인과 결부되면서 더 큰 통제를 받았다. 이들은 제대로 기능할 수 없고 타인에게 해를 입힐지 모른다는 낙인, 그리고 쉽게 낫지 않아 경제적 짐이 된다는 주장에 노출되었다. 특히 입국과 정착 후에도 추방 대상이 될 수 있어서 이주장치의 제재에 취약했다. 이렇듯 정신이상 이민자의 이동 과정에는 '삶의 복잡다단한 면'이 더 적나라하게 드러났다. 이들이 이동 중 반드시 누군가의 보호와 돌봄을 받아야 한다는 정책은 일견 문명 국가의 인도주의적 이상에 바탕을 두었으나, 사실상 추방 과정을 함께했던 증기선 회사, 그리고 사회복지단체라는 민간기관에게 연방 정부의 업무를 나누어 맡긴 것에 지나지 않았다. 그 결과 이들 이주장치는 이동을 넘어서 질병 통제의 기능도 수행하게 되었다. 증기선 회사 관계자나 사회복지사가 바라본 '정신이상'은 당대의 의학적·법적 정의와 다소 차이가 있었지만, '바람직하

of Jewish Women, to Benjamin S. Cable, Assistant Secretary of the Department of Commerce and Labor, File 51564/3-C, Entry 9, RG 85, NARA, DC.

지 않은' 이민자를 효과적으로 제재하는 성과를 얻어 냈다. 이외에도 여러 공공·민간단체가 담당했던 역할에 주의를 기울여야 할 것이다. 20세기 초 미국 이민 과정에 개입한 다양한 단체는 이민과 관련된 논의를 더 넓은 공간으로 확장했으며 정부의 정책 방향에도 영향을 미쳤다. 이들은 이민 정책과 실천의 문제가 다시금 부각되는 오늘의 사회에서도 주목해야 마땅한 현실이었다.

# 환경, 계급, 젠더의 삼중주: '교외 신경증'의 발명과 수용

황혜진

2004년부터 2012년까지 미국 ABC 방송국이 방영한 《위기의 주부들 *Desperate Housewives*》은 대중적으로 큰 성공을 거둔 드라마 시리즈이다. 드라마가 자그마치 여덟 시즌이나 이어지면서 주요 등장 인물이 교체되기도 했고 전체적 내용이 엉뚱한 방향으로 흘러가기도 했지만, 드라마의 배경은 변하지 않고 유지되었다. 바로 페어뷰<sup>Fairview</sup>의 위스테리아가<sup>Wisteria Lane</sup>이다. 이곳은 가상의 공간이지만 어디에선가 본 것처럼 익숙하다. 쭉 뻗은 도로를 가운데 두고 늘어선 비슷하게 생긴 주택들, 길가에 세워진 자동차들, 집을 둘러싼 잔디밭 등 전형적인 교외 주거 지역의 모습이다. 극의 주인공은 위스테리아가에 사는 여성들로, 이들의 개인사 역시 어디에선가 본 듯하다. 그들은 출산과 육아, 경력 단절, 부부 간 불화, 불륜, 경제적 어려움, 심리적 위기 등 개인적인 하지만 보편적인 문제들로 고전한다. 코미디와 미스터리를 적절하게 배합한 이 드라마가 큰 인기를 끌

수 있었던 이유 중 하나는 이처럼 익숙한 장치를 영리하게 활용했다는 데 있다. 영미권 문화에 익숙한 사람이라면 누구라도 이 드라마에 등장하는 공간과 인물을 친숙하게 느꼈을 것이기 때문이다.

《위기의 주부들》 속의 이러한 장치는 풍부한 전례典例를 갖고 있다. 리처드 예이츠Richard Yates의 1961년 작 『레볼루셔너리 로드Revolutionary Road』는 매우 적절한 예가 될 수 있다. 이 소설의 공간적 배경 역시 교외 지역이며, 주인공 에이프릴은 겉으로는 행복한 가정을 꾸리는 데 성공한 것처럼 보이지만 지독한 내적 공허함과 상실감에 시달리는 또 다른 위기의 주부이다. 동일한 구도는 비문학 장르에서도 쉽게 찾을 수 있다. 아마도 가장 유명한 사례는 여성주의 제2물결의 마중물이 되었다는 평가를 받는 베티 프리단Betty Friedan의 『여성성의 신화The Feminine Mystique』일 것이다. 프리단이 연구의 대상으로 삼은 여성들은 고등교육을 받고 유복한 삶을 영위하지만, 다양한 종류의 "이름을 붙일 수 없는 문제the problem that has no name"로 인해 고통받는다.[1] 이들은 앞서 언급한 위기의 주부들의 원형으로 간주되며, 이후 다양한 사회문화적 맥락 속에서 여러 가지 방식으로 재현되었다.

이처럼 교외 지역에 거주하는 주부와 이들이 경험한 각종 문제는 20세기 후반 미국 사회에서 중요한 화두가 되었다. 이들의 가정생활, 결혼 및 가족 관계, 소비 행태, 건강과 질병은 의학, 심리학, 사회학, 여성학, 문학 등 여러 분야의 전문가들이 천착하는 연구 주제가 되었으며, 위기에 처한 주부들의 이미지는 다양한 장르의 대중 예술 속에서 반복적으로 등장하는 일종의 클리셰가 되었다. 그러나 이러한 현상이 시작된 것은

---

1    Betty Friedan, *The Feminine Mystique*, W. W. Norton, 1963.

전후 미국이 아니라 전간기 영국이었다. 그리고 그 출발점에는 스티븐 테일러Stephen Taylor가 제시한 '교외 신경증suburban neurosis'이 위치한다. 1938년 런던의 대형 병원에서 근무하는 의사였던 테일러는 새로운 정신질환을 명명하고, 이 질병의 원인을 추적하는 논문을 발표했다. 이 개념의 등장으로 20세기 전반에 조성된 교외의 주거지는 (특히 정신) 건강에 유해한 환경으로 규정되었고, 그곳에 거주하는 주부들은 잠재적인 신경증 환자군에 편입되었다. 이 개념은 의료계에서 빠른 속도로 수용되었고, 영국 사회 일반과 특히 정책 결정자 집단으로부터 큰 관심을 받았다. 제2차 세계대전 직전 영국 사회에서 등장한 이러한 인식은 전쟁이 끝난 이후 대서양을 건너가 더 큰 '유행'을 불러일으켰다.

쉽게 짐작할 수 있듯이, 교외 신경증에 큰 학문적 관심을 보이고 이 주제를 가장 적극적으로 다뤄 온 것은 여성주의 연구자들이다. 광기와 여성 사이의 문화적 관련성을 탐구하는 이들이 보기에 교외 신경증은 여성의 불행에 남성 의사가 손쉽게 붙인 '이름표label'였다. 이러한 설명에 따르면 신경증에 시달리는 여성은 일상 속의 부정적 경험에 대한 자연스러운 반응으로서 불행을 느낀 것뿐이다. 그러나 남성 의사는 이 당연한 반응을 질병의 증상으로 규정하고, 불행을 느끼는 여성을 환자로 치부한다. 히스테리, 거식증, 우울증과 마찬가지로 교외 신경증도 시대에 따라 달리 명명되는 '여성의 질병female malady' 가운데 하나인 셈이다. 그리고 테일러는 평범한 여성들에게 공감하지 못하고 그들의 고통을 제대로 이해하지 못하는 수많은 남성 의사 중 한 명일 뿐이다.[2] 그러나 일단의 페미

---

2  Elaine Showalter, *The Female Malady: Women, Madness, and English Culture, 1830-1980*, Virago, 1985.

니스트들은 교외 신경증에 대해 정반대의 해석을 내놓았다. 즉, 테일러가 1960년대 이후에 등장하게 될 정신질환에 대한 여성주의적 해석을 사반세기 앞서 예고했다는 것이다. 이들에 따르면, 테일러는 가사 노동의 반복성과 따분함이 여성의 몸과 마음을 피폐하게 만들고 교외의 고립된 환경이 여성의 정신적 건강에 악영향을 미친다는 결론에 가장 먼저 도달한 사람 가운데 하나였다. 이들은 교외 신경증 개념이 여성주의자들이 정교화하고 대중화할 이론의 일종의 원형이 되었다는 점에서 테일러의 분석은 '잠재적으로 진보적'이라고 설명한다.[3]

교외 신경증이 전간기 영국 사회를 설명하는 중요한 키워드가 될 수 있음에도 불구하고, 이 주제는 역사가들의 관심을 충분히 끌지 못한 것으로 보인다. 아마도 앞서 기술한 상황 때문이겠지만, 역사적 관점에서 이 주제를 다루는 경우 교외 신경증을 전간기 영국이 아니라 전후 미국 사회의 맥락 속에 위치시키는 것이 훨씬 일반적이다. 게다가 역사적 실재 그 자체보다 그것이 '재현'되는 양상이 더 많은 주목을 받고 있다. 20세기 영국의 사례를 다루는 연구 중 다수는 여성사 혹은 젠더사 분야에서 나오고 있으며, 따라서 그 내용은 전술한 여성주의 분야에서 이루어지는 논의와 상당 부분 중첩된다. 사회사 연구자들은 종종 이 주제를 도시 (재)개발, 소비 사회의 성립, 가족 제도의 변화와 같은 현상과 연결 지어 언급할 뿐, 온전히 교외 신경증에 집중하는 경우는 드문 실정이다. 의학사 분야에서 교외 신경증을 다루는 연구도 존재하지만, 논의가 범위가 지나

---

3 Judy Giles, *Women, Identity and Private Life in Britain, 1900-1950*, MacMillan Press LTD, 1995, pp.80-81; Ali Haggett, "Housewives, Neurosis, and the Domestic Environment in Britain, 1945-70," *Health and the Modern Home*, Mark Jackson (ed.), Routledge, 2008, pp.85-86.

4장 환경, 계급, 젠더의 삼중주: '교외 신경증'의 발명과 수용                99

치게 협소하고 제한적이라는 비판을 피하기 어려워 보인다. 이에 본 연구는 교외 신경증을 둘러싸고 있는 다양한 요소들을 분석함으로써 20세기 중반 영국 의료계의 구체적인 모습과 사회 전반의 복잡한 면모를 관찰하는 기회를 갖고자 한다.

이 글의 초점은 교외 신경증이라는 특이한 이름의 정신질환이 정의되고 수용되는 과정에 놓여 있다. 먼저 테일러가 제시하는 교외 신경증의 내용을 파악하고, 이 질병을 구성하는 요소를 추적한다. 그리고 교외 신경증에 대한 의료계의 반응을 살펴볼 것이다. 그 과정에서 이 질병 개념이 한편으로는 당시 의학계의 변화와 발전을 충실히 반영하고 있었으며, 또 다른 한편으로는 이 분야에 종사하는 전문가들이 공유하는 사회적 특성에 부합하는 내용을 담고 있었음을 확인하게 될 것이다. 이어서 영국 사회 일반이 교외 신경증에 반응하는 양상을 관찰하고, 이 생소한 의학적 개념이 수월하게 일반인들의 인식 속에 안착할 수 있었던 이유를 탐구한다. 본 논의를 통해 이 질병 개념이 20세기 전반기에 영국 사회의 경험 및 인식과 긴밀한 관계를 맺고 있음을 확인하게 될 것이다. 즉, 테일러의 교외 신경증 분석에는 특정 사회적 현상과 물리적 환경에 대한 당대의 젠더화되고 계급화된 인식이 고스란히 담겨 있었다. 의료 전문가 집단과 정책 결정자들을 포함하여 영국 사회 전반이 교외 신경증을 그처럼 쉽게 수용할 수 있었던 것은 이 의학적 개념이 영국인들에게 이미 익숙한 요소들을 적절히 배합한 결과물이었기 때문이다. 교외 신경증은 전간기 영국 사회의 물리적 변화와 인식적 체계를 충실히 반영하며, 이 개념이 누렸던 광범위한 인기의 비결은 바로 여기에 있었다고 할 수 있다.

## 1. 교외 신경증의 발명

　1938년 3월 26일 발간된 『란셋The Lancet』에 「교외 신경증The Suburban Neurosis」이라는 제목의 길지 않은 논문이 게재되었다. 이 글의 저자는 왕립 프리 병원Royal Free Hospital의 전임의 스티븐 테일러였다. 그는 런던 대형 병원을 찾는 외래 환자의 상당수가 신경증 환자neurotics라는 사실을 밝히고, 최근 몇 년 사이 이 환자군의 구성에 주목할 만한 변화가 나타났다고 설명한다. 과거에는 약물을 선호하는 비교적 나이가 많은 환자가 주를 이루었다면, 근자에는 이들의 숫자가 줄어들고 불안 증세를 호소하는 젊은 여성 환자들이 늘어나고 있다는 것이다. 테일러는 후자에 해당하는 신경증 환자들이 대체로 동질적인 사회적 배경을 공유한다고 파악하고, 이들이 빈곤의 영향을 거의 받지 않았다는 사실을 지적한다. 그리고 이 환자들의 사례에서 신경증의 발병은 '환경environment'의 영향을 받을 것이라고 단언한다. 테일러는 병인病因에서 착안하여 이 질병을 "교외 신경증"이라고 명명했다.[4]

　테일러의 「교외 신경증」의 구성과 어조는 우리가 일반적으로 의학 논문에 기대하는 그것과 상당한 차이를 보인다. 이 글의 가장 두드러지는 특징은 "평범한 여사Mrs. Everyman"라는 가상의 인물의 존재이다. 테일러는 자신이 내세운 주인공의 구체적 사례를 통해 교외 신경증이라는 새로운 개념을 알기 쉽게 설명한다. 글은 평범한 여사가 경험하는 다양한 증상에 대한 묘사로 시작된다. 이 환자가 경험하는 증상은 지속적인 두통,

---

**4**　Stephen Taylor, "The Suburban Neurosis," *Lancet* 231(5978), 1938, pp. 759-762. 이 장의 본문 내용은 따로 출처를 밝히지 않는 한 이 논문을 인용한 것이다.

인후통, 호흡 곤란, 불면증, 소화 불량 등으로 대체로 신체적인 것이었다. 이러한 증상들 때문에 평범한 여사와 같은 환자들 대부분은 자신에게 주어진 신경증이라는 진단명을 쉽게 받아들이지 못한다. 이어서 테일러는 "진정한 병력The True History"이라는 다소 문학적인 소제목 아래, 평범한 여사가 병원을 찾기까지의 과정을 지극히 일상적인 언어를 사용하여 설명한다.

평범한 여사는 기껏해야 서른 살 정도 된 그야말로 평범한 기혼 여성이다. 결혼 전에 그녀는 전문학교 수준의 교육을 받았고, 졸업 후에는 작은 기업에서 근무한 적이 있다. 그녀는 직업 생활을 시작한 지 얼마 되지 않아 자신과 마찬가지로 사무직에 종사하던 평범한 씨Mr. Everyman와 만나 사랑에 빠져 결혼했다. 이 신혼부부는 결혼 2년 차에 새롭게 조성된 교외 주거 지역의 주택을 할부로 구매하여 입주했다. 당시 이들의 성생활은 만족스럽지 못했고, 게다가 이들이 사용하던 피임법은 불완전한 것이었다. 평범한 여사는 한동안 '내 집 꾸미기'에 몰두했지만, 곧 여기에 싫증을 느끼고 새로운 관심사를 찾기 위해 임신을 '감행'했다. 아이가 태어나고 일 년 반 정도는 정신없이 지나갔지만, 그 후 평범한 여사의 일상은 '느슨해지기' 시작했다. 그녀가 가사 노동에 투입하는 시간과 노력은 점점 줄어들었고, 잡지와 라디오도 예전처럼 흥미롭게 느껴지지 않았다. 부부는 아이를 키우는 일에 생각보다 많은 돈이 필요하다는 사실을 깨달았고, 자신들이 원하는 대로 또는 계획한 대로 살 수 없음을 받아들여야 했다. 평범한 씨는 아내에게 불평을 해 대기 시작했고, 아이가 짜증을 부리거나 떼를 쓰는 일이 점차 많아졌다.

여느 때와 마찬가지로 집안일을 하던 평범한 여사는 갑자기 요통을 느꼈고, 이 증상은 쉽게 사라지지 않았다. 이제 그녀는 자신이 심각한 질병에 걸리면 아이는 어떻게 될지, 또는 남편이 직장을 잃으면 주택 할부금은 어떻게 할지 걱정하기 시작했다. 이런 불안한 마음을 누군가에게 털어놓고 싶었지만, 삼 년이나 살았던 이 동네에 지인이라고 할 만한 사람은 극소수였고 그나마도 속마음을 드러낼 만큼 가까운 사이는 아예 없었다. 그렇다고 남편에게 말할 수도 없었다. 쓸데없는 소리를 한다며 타박할 것이 분명하니까. 곧 평범한 씨가 신경염에 걸렸고, 한 달이 넘는 기간 동안 투병을 해야 했다. 신기하게도 이 시기에 평범한 여사는 요통에 시달리지 않았고, 양질의 수면을 누릴 수 있었고, 끔찍한 부부 관계에서 해방되었다는 기쁨까지 느꼈다. 그러나 남편의 건강이 회복되자 아내의 통증이 되돌아왔다. 결국 평범한 여사는 병원을 찾았고, 의사에게서 신경증nerves 진단을 받게 되었다. 물론 그녀는 이 결과를 이해할 수도, 인정할 수도 없었다.

이 글에 등장하는 평범한 여사는 비교적 나이가 젊고, 경제적 어려움에서 자유롭고, 문화적 소양과 식견을 갖추었고, 물질적 진보의 결과물을 일상적으로 영위하고 있으며, 평균 이상의 교육과 직업의 기회를 누렸다. 이처럼 특별한 문제가 없어 보이는 평범한 여사가 신경증의 희생자가 된 이유를 설명하기 위해 테일러는 근본적 원인과 표면적 원인을 나누어 제시한다. 흥미롭게도 논문의 저자는 신경증을 유발한 표면적 원인을 본질적인 이유보다 먼저 다룬다. 뿐만 아니라, 이 길지 않은 글 속에서 가장 큰 비중을 할애하여 장황할 정도로 자세하게 설명한다. 그에 비해 신경증의 본질적 이유는 글의 말미에서 간략하게 언급될 뿐이다.

평범한 여사의 "이 비참하고 사소한 얘기를 의학적 용어로 풀어서 설명"하자면, 교외 신경증의 병인학적 요소는 말할 것도 없이 대단히 복잡하다. 하지만 개별적 '증상'들의 근원을 추적하는 것이 불가능하지는 않다. 예를 들면, 불면증은 "온전한 성생활에 대한 갈망"의 반영이고, 위장 장애는 "모성motherhood에 대한 무의식적 욕구"를 드러낸다고 볼 수 있다. 그러나, 이미 이 질병의 명칭이 명시하듯이, 병인에 대한 테일러의 논의는 교외에서의 삶 자체에 대한 것으로 수렴된다. 그에 따르면,

교외에서 거주하는 것은 자기 보존 본능, 종족 보존 본능, 군집 본능을 적절하게 충족시키거나 승화시킬 수 없게 만든다. (이처럼 본능의) 만족과 승화를 가로막는 상황이 이 증상의 표면적 원인 또는 '계기trigger'가 된다. 반면에 병적인 불안, 신체적 발현, 의지의 상실, 정동적 장애와 같은 증상들은 좌절된 감정 에너지가 정상에서 이탈했음을 드러내는 데 지나지 않는다.

이어서 테일러는 대표적인 표면적 이유 세 가지를 나열하고 그 내용을 자세히 설명한다. 신경증의 첫 번째 원인은 지루함boredom이다. 그 항목의 하위에는 교제할 친구가 없는 데서 오는 지루함, 할 일이 없는 데서 오는 지루함, 그리고 생각할 거리가 없는 데서 오는 지루함이 위치한다. 신경증의 두 번째 표면적 원인은 불안anxiety이다. 이 지점에서 저자는 정당한 불안과 정당하지 않은 불안을 구분하고 시작한다. 누군가가 정당화되기 어려운 불안, 과도한 불안에 시달린다면 그 자체로 질병의 징후이며 "정신신경증의 증상"이다. 신경증의 원인으로 보다 중요한 것은 정당한 또는 정당화 가능한 불안이다. 테일러의 관찰에 따르면, 교외 신경증에 시달리는 환자들의 경우, 크게 두 가지 요인 때문에 불안감을 느끼게 된다. 즉, "돈과 집으로 대표되는" 경제적인 문제와 또 다른 임신의 가능성이 교외 지역에 사는 여성들을 불안하게 만들고, 이 불안이 이들을 신

경증으로 몰아넣는다는 것이다. 교외 신경증을 촉발하는 세 번째 원인은 바로 "잘못된 가치관"이다. 테일러는 그 예로 자신의 가정이 세상의 전부라고 여기는 사고방식, 일상과 공상을 구분하지 못하고 태도, 격정적 감정이나 일확천금 같은 비현실적 목표의 추구를 들고 있다. 그리고 "평범한 교외Everysuburb의 삶에 그와 같은 자극이나 흥분은 없다"고 일갈한다.

이제 글의 막바지로 접어들어 테일러는 교외 신경증이 동반하는 증상이 대부분 신체적somatic이라는 사실을 강조하고, 이 질병의 근본적인 원인을 소명한다. 대단히 확신에 찬 어조로 저자는 이 신경증의 근원이 환자의 어린 시절에 있다고 밝힌다.

> 의심할 여지없이 이러한 신경증의 뿌리는 영유아기와 청소년기의 경험에 깊이 박혀 있다. 그러나 표면적 요인들의 자극이 없이는 그 뿌리가 결코 열매를 맺지 못한다. 따라서 오직 환경이 절망적인 방식으로 작동하는 경우에만, 신경증의 징후가 드러난다. 그리고 환경이 적어도 약간의 만족이라도 제공한다면 (신경증이 야기한 신체적) 증상은 다시금 사라지게 된다.

즉, 성장기의 경험이 장래에 신경증을 앓게 될 가능성을 열어 놓는 것은 맞지만 성인이 된 이후에 구체적인 자극이 주어지는 경우에만 질병의 가능성이 실제적인 발병으로 이어진다는 것이다. 그리고 교외라는 구체적 환경 또는 그것이 포괄하는 삶의 방식이 신경증의 가능성을 실현할 수 있는 직접적인 자극을 제공한다. 이처럼 테일러 글에서 교외는 병적인 환경이 되었고, 질병의 촉매제가 되었다.

이처럼 「교외 신경증」의 저자는 진료 기록의 형식을 차용하여 새로운 질병을 소개하고 그에 대한 의학적 소견을 밝혔다. 그러나 이 질병은 순수하게 의학적인 문제라기보다 오히려 사회적인 문제였다. 다만 테일러는 의료인의 권위와 의학 전문 용어를 동원하여 이 문제에 대한 자신의 입장을 표현했고 이 시도는 상당히 성공적이었다. 이 새로운 질병의 진단과 치료를 직접 담당할 것이라고 기대되는 의료계는 물론이고 사회 일반과 특히 정책 결정자들도 교외 신경증이라는 주제에 주목하게 되었다.

## 2. 의학계의 교외 신경증 논의와 수용

테일러가 발표한 논문과 거기에 담긴 주장은 영국 의료계의 즉각적인 반응을 불러일으켰다. 「교외 신경증」이 발표되고 2주 후에 발간된 『란셋』 다음 호에는 테일러가 이 심각한 사회 문제에 대한 주의를 환기하는 성과를 거두었다는 내용의 긍정적인 논평이 실렸다.[5] 그러나 바로 그 아래의 글은 테일러가 교외에 거주하는 기혼 여성의 불행한 상황을 통찰하는 데에는 성공했지만, 그 문제의 이면에 존재하는 구조적 원인을 파악하지 못했고 따라서 해당 사안에 대한 근본적인 해결책을 제시하지 못한다고 비판했다.[6] 이러한 논쟁은 이후 적어도 수십 년 동안 지속될 것이었고, 교외 신경증과 그 뒤를 잇는 여러 질병은 의학 저널에 꾸준히 등장하는 주제가 될 터였다. 본 연구는 교외 신경증이 이처럼 '성공'을 거둘 수 있었던 이유를 추적하고, 이 장에서는 특히 의료계 내에서 해당 개념

---

5    Cecil Christie and David Le Vay, "The Suburban Neurosis," *Lancet* 231(5979), 1938, p. 807.
6    Cecil Christie and David Le Vay, "The Suburban Neurosis," *Lancet* 231(5979), 1938, p. 807.

이 수월하게 수용될 수 있었던 까닭을 찾고자 한다. 그리고 의사들이 그 처럼 교외 신경증을 환영했던 것은 그 질병 개념이 이들이 '전문가로서' 공유하는 경험과 인식에 온전히 부합했기 때문이며, 또한 이들이 공유하는 사회적 배경에 따라 결정된 관점을 충실히 반영하고 있었기 때문임을 밝힐 것이다.

### 1) 정신의학의 변화와 교외 신경증의 등장

교외 신경증이 의료계 내에서 중요한 화두로 부상한 것은 전간기를 지나면서 정신의학의 관심사가 이동했다는 사실과 관련이 있다. 이 시기에 정신의학은 온전한 정상과 명백한 비정상 사이에 위치하는 일종의 '회색지대'에 관심을 기울였고, 그 영역을 자신들의 새로운 영토로 삼으려 했다. 즉, 정신병원에 입원이 필요할 정도로 심각한 정신증에 시달리는 것은 아니지만 일상을 영위하고 유지하는 데에는 장애로 작용할 정도의 신경증, 불안증, 우울증에 점차로 많은 전문가적 관심과 지식을 할애하기 시작했다. 게다가 (상대적인) 경증은 조현병, 치매, 신경매독과 같은 전통적인 중증 정신질환에 비해 훨씬 광범위한 인구에 영향을 미쳤다. 따라서 의료 서비스를 제공하는 입장에서는 이와 같은 질병들을 자신들의 전문 영역에 편입시키는 것이 잠재적으로는 시장의 확대와 수입의 증대를 의미했을 것이다.[7] 물론 의학계의 관심 이동은 결코 고립된 현상이 아니었고, 20세기 전반 영국 사회가 경험한 대중 심리학의 유행과도 연

---

[7]  Roy Porter, "Two Cheers for Psychiatry! The Social History of Mental Disorder in Twentieth Century Britain," *150 Years of British Psychiatry, Vol. II: The Aftermath*, Hugh Freeman and German Berrios (eds.), Athlone, 1996, pp. 383-403.

결된 현상이었다.[8] 그러므로 교외 신경증의 '발명'은 그 자체로 당시 의학계의 분위기 변화를 반영하고 있었으며, 또한 의사들에게는 환영할 만한 소재의 등장을 의미했다.

20세기 전반에 의학계는 '스트레스'라는 용어와 개념이 등장하는 것을 목도했고, 스트레스를 유발하는 다양한 외부적 요인에 관심을 기울이게 되었다. 오늘날 우리가 이해하는 것처럼, 개인을 둘러싸고 있는 환경이 스트레스를 유발할 수 있고 그 스트레스가 지나치면 질병으로 이어질 수 있다는 설명이 점차로 확산되었던 것이다. 공식적인 의료 기록에 스트레스 또는 정신적 고통mental distress이라는 표현이 사용되는가 하면, 특히 정신질환의 직·간접적 원인을 기록하는 란에 이 단어가 기재되기도 했다.[9] 물론 전문가들은 환경적 요인이 질병의 근본적인 원인이라기보다는, 증상을 촉발하는 표면적 계기 또는 간접적인 또는 보조적인 원인이라고 이해하기를 여전히 선호했다. 그리고 빅토리아 시대의 의료 전통에 충실한 채로 남아 있는 일부 의사들은 여전히 정신질환의 주요 원인이 유전heredity이며, 상황적 요소는 기껏해야 부차적인 원인으로 작용한다고 믿었다.[10] 그러나 분명히 질병의 원인으로서 환경, 상황, 외부적 요인에 대한 전문가들의 관심은 높아지고 있었고, 여기에 대한 논의 역시 활발해지고 있었다. '교외'의 '주부'로 대변되는 그 모든 상황적 요소가 평범

---

8 심리학에 대한 관심의 증대와 그것이 초래한 다양한 사회문화적 변화를 이해하기 위해서는 다음의 연구를 참고하시오. Mathew Thomson, *Psychological Subjects: Identity, Culture, and Health in Twentieth-Century Britain*, Oxford University Press, 2006.

9 Rhodri Hayward, *The Transformation of the Psyche in British Primary Care, 1880-1970*, Bloomsbury, 2014, p. 69.

10 Hye Jean Hwang, "Towards Modern Depressive Disorder: Professional Understanding of Depression in Interwar Britain," *Korean Journal of Medical History* 28(3), 2019, pp. 797-798.

한 여사를 신경증 환자로 만들었다는 테일러의 분석은 이러한 경향을 십분 반영한 것이었다.

한편, 교외 신경증이 정신의학계의 폭넓은 지지를 얻을 수 있었던 이유를 그 개념이 갖는 이론적 특성에서 찾기도 한다. 로드리 헤이워드 Rhodri Hayward의 설명에 따르면, 테일러가 제시한 교외 신경증 분석은 1920년대 이후로 서로 치열하게 경쟁 중이던 두 가지 신경증 모델의 조합이자 타협안에 해당했다. 전간기에 이 전문가 집단은 불안증의 병인을 설명하는 문제를 두고 양분되어 있었다. 프로이트식 정신분석에 기반을 두고 있는 첫 번째 접근법은 좌절된 욕구와 억눌린 본능이 히스테리, 불안증, 신경증을 유발한다고 설명했다. 또 다른 접근법은 감정적인 영역에서 발생한 결핍의 경험이 정신질환의 원인이 된다고 파악했다. 두 번째 입장에 따르면, 불안증은 감정의 빈곤을 감추기 위한 일종의 과장된 연기였다. 이 두 모델은 공통적으로 불안증과 신경증이 히스테리hysteria의 일종이라고 간주했지만, 그 증상의 원인을 전혀 다른 곳에서 찾고 있었다. 이처럼 좀처럼 합의에 도달하지 못하던 두 불안증 모델은 놀랍게도 교외 신경증 개념 안에서 화해하고 공존한다. 교외 신경증의 원인에 대한 테일러의 설명이 이 둘을 동시에 포함하고 있기 때문이다. 즉, 평범한 여사가 경험한 증상은 감정적 결핍과 좌절된 욕망이라는 이중 뿌리를 갖는 문제였다. 이처럼 테일러의 교외 신경증 개념은 신경증의 병인을 두고 오랫동안 분열되어 있었던 정신의학자들의 입장을 두루 만족시켰고, 결과적으로 특정 입장의 반발을 피할 수 있었을 뿐만 아니라 양측 모두에서 환영받을 수 있었다.[11]

---

11   Rhodri Hayward, "Desperate Housewives and Model Amoebae: The Invention of

## 2) 의료인의 집단 정체성과 교외 신경증의 수용

**그림 4-1** 런던 교외 비콘트리 주거 단지 (Becontree Housing Estate, Dagenham) ⓒ 영국왕립건축가협회

그러나 의료 전문가 집단 내에서 교외 신경증이 그처럼 설득력을 가질 수 있었던 것은 단순히 그 이론적인 특성 때문만은 아니다. 오히려 이 질병을 전문가들을 둘러싸고 있는 사회문화적 맥락 안에 위치시켰을 때 그 개념이 누렸던 인기의 원천은 더욱 명백해진다. 즉, 교외 신경증에 대한 분석은 의사들이 집단적으로 공유하고 있었던 인식과 사고에 정확히 부합하며, 바로 그 지점 때문에 테일러가 고안한 개념이 이들로부터 그처럼 격렬한 환영을 받을 수 있었다. 전통적으로 의료는 전형적인 중간 계급의 영역이었고, 20세기 중반에도 의사는 여전히 남성의 (혹은 남성적

---

Suburban Neurosis in Inter-War Britain," *Health and the Modern Home*, Mark Jackson (ed.), Routledge, 2008, pp. 42-62.

1부 문명 국가와 정신질환

인) 직업이었다. 「교외 신경증」이 게재된 학술지의 이름이 명시적으로 보여 주는 것처럼 테일러가 작성한 글은 일차적으로 의료와 의학 분야의 전문가들을 독자로 겨냥하고 있었다. 무엇보다 저자 자신도 이 집단의 충실한 구성원이었으며, 이 집단의 경험과 인식을 동료들과 공유하고 있었다. 결국 교외 신경증은 전통적인 엘리트 남성의 관점을 충실히 반영하고 있었으며, 이 개념의 등장에 가장 먼저 그리고 가장 열렬하게 반응했던 것도 바로 이 집단이었다.

구체적인 내용은 이어지는 장에서 자세히 논하겠지만, 교외 신경증은 새롭게 중간계급의 말단에 진입한 이들을 바라보는 엘리트의 관점과 시선을 십분 반영한다. 테일러의 글은 분명히 신경증에 시달리는 가정 주부를 주제로 삼고 있지만, 사실 저자가 제공하는 분석의 핵심적 축은 젠더가 아니라 계급이었다. 전통적인 엘리트가 보기에 사무직으로 대표되는 하층 중간계급과 이들로 채워진 교외라는 공간은 여러모로 불온하고 위험했다.[12] 이들의 관점에서 교외 신경증은 하층 중간계급으로 인해 발생할 수 있는 여러 사회 문제 가운데 하나였을 뿐이다. 전통적 상류층은 이제 겨우 중간계급에 진입한 이들과 중간계급의 하단에 위치한 이들이 교양과 거리가 멀고 취향이 없으며 속물적이고 이기적인 족속이라고 폄하했다. 심지어 이들이 전체주의나 여성주의와 같이 위험한 이데올로기에 경도될 가능성도 충분하다고 우려했다. 하층 중간계급을 바라보는 (혹은 내려다보는) 엘리트의 불안한 심리와 오만함, 우월감, 지나치게 비판적 태도는 테일러의 글에도 깊이 박혀 있다. 여기에 대한 지적은 이미 동시

---

12  Mark Clapson, *Invincible Green Suburbs, Brave New Towns: Social Change and Urban Dispersal in Post-War England*, University Press, 1998, p. 6.

대에도 이루어졌다. 테일러의 글이 발표된 직후 『란셋』에 도착한 편지는 그의 태도가 '반동적'이라고 지적하고, 그가 논문에서 불온하다고 지목한 사항들이 도대체 "누구에게 위험한 것인지" 되물었다.[13] 이후에 이 주제를 다루는 역사가들 역시 테일러의 교외 신경증 분석과 그에 대한 엘리트 집단의 동조가 속물근성과 우월의식의 표현에 불과하다고 지적했다.[14]

또한 평범한 여사와 교외 신경증에 대한 분석의 많은 부분은 중간계급 '남성'의 편견을 반복하고 있으며, 그로 인해 교외의 주부를 둘러싼 현실을 제대로 드러내지 못하고 있다는 비판을 피하기 어려워 보인다. 대표적으로 교외 생활이 주는 지루함이 신경증을 유발한다는 테일러의 판단은 당시의 사회상과 부합하지 않는다. 전간기 동안 영국의 중간계급 가정은 일련의 중대한 변화를 경험했는데, 그중 하나는 이 집단의 역사에서 처음으로 가사 노동의 부담이 가족 구성원에게 떨어진 것이다. 20세기 전환기만 하더라도 중간계급 가정에는 두 명 이상의 하녀가 가사 노동을 담당했지만, '대전쟁the Great War' 이후에는 인력 부족과 임금 상승 때문에 이러한 삶의 방식을 유지하기 어려워졌다. 이제 대부분의 중간계급 가정은 한 명의 하녀를 들이는 것에 만족하거나 또는 아예 하녀가 없이 집안을 운영하는 방법을 터득해야 했다.[15] 과거에 중간계급 안주인의 역할은 실제로 가사 노동을 수행하는 하녀를 관리하는 것이었지만, 이 시기에 이르면 이들은 직접 음식을 준비하고 아이들을 돌보고 바닥을 닦아

**13** Le Vay, "The Suburban Neurosis," p. 807.

**14** J. W. R. Whitehand and C. M. H. Carr, *Twentieth-Century Suburbs: A Morphological Approach*, Routledge, 2014, p. 11.

**15** Ross McKibbin, *Classes and Cultures: England 1918-1951*, Oxford University Press, 1998, pp. 70-72.

야 했다. 20세기 전반 가사 노동과 계급 관계에 대한 연구에서 셀리나 토드 Selina Todd는 전간기에 중간계급 여성들이 가사 노동으로 인한 신체적 고단함과 심리적 압박감을 호소하는 일이 많았다고 밝힌 바 있다.[16] 그러나 평범한 여사가 "일을 했다면" 신경증에 빠지지는 않았을 것이라는 한 복지 담당 관료의 단언에서 엿볼 수 있듯이,[17] 테일러로 대표되는 엘리트 남성들에게는 중간계급 여성들의 목소리가 제대로 들리지 않았던 듯하다.

테일러가 제시한 교외 신경증의 원인 역시 그 시대 엘리트 남성의 사고방식을 고스란히 반영하고 있다. 그는 경제적인 문제에 대한 걱정이 주부들을 신경증에 몰아넣는다면서, 주택 구매를 위한 대출과 가장인 남편의 실직 가능성 등을 구체적인 걱정거리로 언급하였다. 그러나 중간계급 여성이 느끼는 경제적 압박감은 테일러가 「교외 신경증」에서 설명하는 것보다 훨씬 뿌리도 깊고 범위도 넓다. 이런 면에서 이미 교외 신경증 등장 이전에 신경증, 우울증, 심기증, 신경쇠약 등 다양한 문제 때문에 정신병원을 찾았던 중간계급 여성들의 내러티브는 참고할 만하다. 상당히 높은 비율의 여성 환자들은 자신을 괴롭히는 질병의 원인으로 (실재하는 또는 잠재하는) 재정적 문제나 경제적 어려움을 지목했으며, 병인과 관련하여 이들이 기술하는 내용은 동일한 계급적 배경을 가진 남성 환자들의 그것과 다르지 않았다. 또한 이들 중 주로 중증 우울증을 동반하는 망상에 시달리는 환자들의 내러티브 속에는 유독 빈곤에 대한 내용이 자주 등장한다. 심지어 경제적으로 안정된 위치에 있는 이들조차 자신에게 닥

---

16  Selina Todd, "Domestic Service and Class Relations in Britain, 1900-1950," *Past and Present* 203(1), 2009, pp.181-204; Catherine Hall, "Married Women at Home in Birmingham in the 1920's and 1930's," *Oral History* 5(2), 1977, pp. 62-83.

17  Christie, "The Suburban Neurosis," p. 807.

치지도 않은 가난에 대해 호소했다. 몇몇은 "길바닥에 나앉게 생겼다" 또는 "시장에서 성냥이라도 팔아야 한다"는 상투적 표현을 동원하여 마음 깊은 곳에 자리 잡은 불안감을 표현하기도 했다.[18] 이어지는 장에서 상술하겠지만, 실재하는 재정적 문제에서 오는 심리적 고통, 가정 경제 악화에 대한 불안, 빈곤 상태로 추락하는 상상과 그것이 가져오는 압박감은 오히려 중간계급의 전유물에 가까웠다. 그리고 이는 성별을 뛰어넘어 중간계급 구성원들이 공유하는 심리 상태였다. 따라서 평범한 여사가 경험하는 경제적 불안에 대한 테일러의 설명은 기껏해야 절반은 맞고 절반은 틀렸다 할 것이다.

마지막으로, 교외 신경증이 환경의 탓인 동시에 환자 자신의 탓이기도 하다는 지적은 당시 엘리트 남성 의사가 평범한 여성 환자를 바라보는 시선을 가장 노골적으로 표출한 대목 가운데 하나이다. 세상을 자기중심적으로 이해하는 태도, 비현실적인 목표의 설정 및 추구 등 잘못된 가치관이 교외의 주부들을 신경증으로 몰아넣는 주된 요인이라는 분석은 가치중립적이라고 보기 어렵다. 사실 평범한 여사'들'을 향해 테일러가 보이는 경멸적 태도와 우월 의식은 이미 여러 연구자에 의해서 지적된 바 있다. 대표적으로 매튜 톰슨Mathew Thomson은 테일러가 여성 신경증 환자들에게 모종의 분노를 느끼고 있었으며 그들의 고통에 전혀 공감하지 못했다고 지적했다.[19] 또 다른 연구는 테일러의 글이 여성혐오적이라고 단언했다. 물론, 교외 신경증이 1960년대에 등장할 프리단의 "이름을

---

18  Hye Jean Hwang, *Women and Depression in Interwar Britain: Case Notes, Narratives and Experiences*, Ph.D. Thesis: University of Warwick, 2018, pp. 287-288.

19  Thomson, *Psychological Subjects*, pp. 202-203; Giles, *Women, Identity and Private Life in Britain*, pp. 80-81.

붙일 수 없는 문제"를 예고하고 있으며 따라서 테일러의 통찰이 '잠재적으로' 진보적인 성격을 갖는다고 보는 입장도 있다. 그러나 이는 테일러의 의도를 고려하지 않은 결론이다. 그의 글이 가정생활과 가사 노동의 병적인 면모를 증명하고 사반세기 후에 등장할 여성주의에 중요한 화두를 제공했다는 점을 인정하더라도, 이는 저자의 의도와 상관없이 벌어진 일이었다.[20]

테일러가 제시한 교외 신경증 개념과 그에 대한 분석은 전간기 정신의학계가 경험한 변화와 맞닿아 있었고, 따라서 당시 의학계 전반의 분위기 안에서 자연스럽게 수용될 수 있었다. 또한 테일러는 동시대 의사들이 집단적으로 공유하는 사회적, 계급적, 젠더적 특성을 담지하고 있었고, 교외 신경증에 대한 그의 분석은 그 동질적인 기반을 고스란히 반영하고 심지어는 그것을 전제로 진행되었다. 글의 도입부에서 테일러는 이 질병에 사로잡힌 환자들이 '균질적인 배경'을 가졌다고 강조했지만, 사실은 저자 자신과 그가 겨냥한 주요 독자층도 그 못지않게 동질적이었다. 「교외 신경증」이 바로 이 동질성을 건드리고 있었기 때문에, 그의 글과 주장은 동료 의사들의 환영과 지지를 쉽게 획득할 수 있었던 것이다.


## 3. 전간기 영국 사회의 교외 신경증 인식

테일러의 「교외 신경증」에 대한 반응은 의학계에 국한되지 않았다. 영국 사회 전반과 특히 정책 결정자 집단이 그의 지적과 주장에 귀를 기

---

20 Hayward, "The Invention of Suburban Neurosis in Inter-War Britain," pp. 43-45.

울렸다. 전간기 영국인들은 자신들이 마주하고 있는 물리적 변화와 사회적 현상에 대해 테일러가 설득력 있는 설명을 제시한다고 보았다. 이들은 교외 주거 지역이 여러 사회 문제의 온상이 되었다는 데 깊이 공감했고, 신경증에 대한 테일러의 설명에 일리가 있다고 믿었다. 이에 영국인들은 또 다른 세계대전이 끝난 이후 새롭게 주거 지역을 개발하고 대량으로 주택을 건설해야 하는 과업에 착수했을 때, 기존의 교외 지역이 갖는 한계와 결함에서 자유로운 환경을 조성하기 위해 노력했다. 실제로 테일러는 전후 노동당 정부 시기에 정계에 입문하여 보건 및 주택 분야에서 활발하게 활동했는데, 특히 자신이 명명한 문제를 해결하기 위한 또는 이를 미연에 방지할 수 있는 다양한 방안을 마련하고자 애썼다. 그러나 이처럼 영국 사회가 교외 신경증에 적극적으로 호응했던 것을 온전히 테일러의 공으로 돌릴 수는 없다. 오히려 이 의학적 개념이 전간기 영국인들에게 익숙한 요소들을 적절히 배합한 결과물이었기 때문에 수월하게 수용되었다고 이해할 수 있다.

### 1) 교외의 고전기

전간기 영국인들에게 교외의 개발과 확장은 대단히 가시적인 물리적 변화인 동시에 모른 채 지나칠 수 없는 사회적 현상이었다. 교외는 도시와 지방 사이의 중간 지대이며, 도심과 떨어져 있지만 도시의 영향권 안에 놓인 지역을 일컫는다. 교외는 압도적으로 주거를 목적으로 하는 공간이다. 교외는 도심에서 일하는 사람들의 주거지로 기능하기 때문에, 교외의 삶에서 통근은 핵심적인 부분이자 두드러진 특성이 된다. 또한 교외는 재화와 용역의 원천이 되는 도시에 의존적인 공간일 수밖에 없

1부 문명 국가와 정신질환

다.[21] 이 주제에 정통한 연구자들의 말을 빌리면 교외의 발생지는 잉글랜드이며, 더 구체적으로는 런던이다. 교외는 처음부터 중간계급의 공간이었다. 이미 19세기 중엽부터 영국의 대도시에서는 교통수단의 발달, 중간계급의 사회적 열망과 이들의 경제적 능력이 함께 작용하여 교외의 팽창이 눈에 띄는 사회적 현상이 되었다. 이는 이후에 영국을 넘어 영어 사용권 전체의 도시 구조 전체를 바꿔 놓는 사건이 될 터였다.[22] 후기 빅토리아 시대와 에드워드 시대에 이르면 소위 전원도시Garden City가 이상적 주거지로 부상했고, 반단독주택semi-detached house이 중간계급에게 적합한 주거 형태로 여겨지기 시작했다.[23]

**그림 4-2** 여행 안내서에 등장한 런던 교외 단독 주택 (1925년) ⓒ 런던 교통 박물관

21  Mark Clapson, *Suburban Century: Social Change and Urban Growth in England and the USA*, Berg, 2003, pp. 1-5.
22  Whitehand and Carr, *Twentieth-Century Suburbs*, pp. 1-7.

전간기에 영국 사회는, 속도와 정도의 두 측면에서, 유례가 없는 그리고 앞으로도 없을 교외화를 경험했다.[24] 양차 세계대전 사이의 20년 동안 잉글랜드와 웨일스의 도시 면적은 전체 국토의 5.9퍼센트에서 8.6퍼센트로 절반 가량 증가했는데, 이 당시 도시에 편입된 지역의 대부분은 새롭게 조성된 교외에 해당한다. 런던뿐만 아니라 버밍엄과 맨체스터 등 전통적인 대도시들은 이제 곧은 도로와 신축 주택으로 채워진 교외 지역에 둘러싸인 형국이 되었다. 전간기 동안 영국 전역의 교외 지역에 총 400만 호의 주택이 세워졌다. 이 가운데 8분의 5에 해당하는 숫자는 사설 개발업체가, 나머지는 제1차 세계대전 이후 제정된 일련의 법률에 따라 지방 정부가 건설한 것이었다.[25] 전자의 경우, "던로민Dunroamin"이라는 이름으로 대표되는 전형적인 형식의 반단독주택이 대부분이었다. 교외 거주 인구 역시 가파르게 증가했다. 런던 북서부에 위치한 지역을 예로 들면, 1921년과 1938년 사이 해로우Harrow의 인구는 3배 가까이 증가했고 웸블리Wembly는 심지어 5.5배 이상 늘었다.[26] 이처럼 시기 교외의 개발과 확대는 너무나도 가시적인 물리적 변화이자 놓칠 수 없는 사회적 현상이었다. 영국사에서 전간기는 그야말로 교외의 고전기이자 극성기였다.

그러나 대단히 흥미롭게도, 그 개발이 가장 가열차게 추진되던 전간기에도 교외는 다양한 내용을 포괄하는 비판의 대상이 되었다. 이미 20세

---

**23** Clapson, *Invincible Green Suburbs, Brave New Towns*, pp. 2-4.

**24** Mark Swenarton, "Tudor Walters and Tudorbethan: Reassessing Britain's Interwar Suburbs," *Planning Perspectives* 17(3), 2002, pp. 267-286.

**25** Mark Clapson, "Cities, Suburbs, Countryside," *A Companion to Contemporary Britain 1939-2000*, Paul Addison and Harriet Jones (eds.), John Wiley & Sons, 2005, pp. 59-60.

**26** Alan A. Jackson, *Semi-Detached London: Suburban Development, Life and Transport, 1900-39*, Routledge, 2018, pp. 117-118.

기 초부터 교외는 따분함, 속물근성, 무교양, 획일성, 추함, 개인주의, 이기주의, 폐쇄성, 사회적 고립 등 여러 부정적 가치 및 특성과 연결되었다. 또한 교외는 때때로 아름다운 자연을 파괴한 추악한 결과물 또는 이상적인 전원과 대비되는 공간으로 여겨졌다. 전간기 교외와 주택의 형태적 변화에 집중한 연구에서 화이트핸드J. W. R. Whitehand와 그의 동료는 교외에 대한 이러한 평가가 건축과 건설, 도시 계획, 지역 개발을 담당하는 소위 전문가 집단에서 시작된 것이 아니라는 점을 지적한다. 따라서 이 시기 교외를 둘러싼 논쟁이 사실과 정합하지도 않고 학술적이지도 않으며, 차라리 '정치적'인 것이었다고 이들은 밝힌다.[27] 이들의 지적처럼 당시 교외에 대한 담론이 전문적인 지식을 결여한 것일 수는 있겠지만, 여기에는 이론이나 공식보다 훨씬 복잡다단한 영국 사회의 경험이 진하게 녹아 있었다. 교외에 대한 저평가 자체가 20세기 전반기 영국 사회의 경험과 인식을 충실히 반영하고 있었던 것이다.

## 2) 교외와 계급: 하층 중간계급의 공간

구체적으로 전간기 영국인들이 교외를 규정하고 평가하는 방식에는 몇 가지 두드러진 특징이 있다. 먼저 계급의 측면에서 교외는 그것이 처음 등장하던 빅토리아 시대부터 중간계급의 공간이었다. 특히 전간기에 새롭게 조성된 교외 주거 지역은 압도적으로 '하층' 중간계급과 동일시되었다. "사무직으로 채워진 교외suburbs full of clerks"라는 표현에서 알 수 있듯이, 이 시기에 시 외곽에 들어선 대규모 주택 단지에 이주한 사람의 대

---

**27** Whitehand and Carr, *Twentieth-Century Suburbs*, pp. 10-12.

다수는 "새롭게 등장한 일군의 도시 화이트 칼라 노동자들"이었다.[28] 사무직 종사자는 전간기 동안 그 숫자가 3배나 증가하여, 하층 중간계급을 대표하는 집단이 되었다. 게다가 그 가운데 일부는 사회적 사다리를 타고 상층 노동계급에서 하층 중간계급으로 올라온 이들로, 영국 사회가 그토록 자랑하는 사회적 유동성의 최대 수혜자라고 할 수 있었다. 바로 이 하층 중간계급이 전간기에 대량 공급된 교외 주택의 주요 구매자 집단이었다. 특히 이들은 1930년대 초반에 조건이 상당히 좋았던 주택 담보 대출 제도를 적극 활용하여 처음으로 자가 소유자가 될 수 있었다. 결과적으로 전간기를 지나면서 자기 주택 소유자의 비율이 크게 늘어났다. 1919년 기준 자가에 거주하는 인구의 비율은 전체의 10퍼센트에 불과했지만 1938년에 이르면 그 숫자는 32퍼센트까지 올라갔다. 로스 맥키빈Ross McKibbin이 지적하듯이, 전간기의 주택 구매는 중간계급에 국한된 현상이었다.[29]

따라서 교외를 바라보는 시선은 이제 그 공간을 채우게 된 중간계급을 바라보는 시선과 대체로 일치했다. 특히 사회적으로는 중간계급에, 물리적으로는 교외 주택 단지에 새롭게 진입한 하층 중간계급을 바라보는 전통적인 엘리트의 시선과 대동소이했다. 하층 중간계급의 계급적 심성을 단적으로 나타내는 두 단어를 고르자면, 그것은 바로 사회적 열망aspiration과 부끄러움shame이었다. 20세기 전반 영국의 하층 중간계급은 빅토리아 시대에 구성된 중간계급의 정체성을 충실히 학습하였을 뿐만 아니라, 심지어는 그것을 '현대화'하는 역할을 자임했다. 그러나 한편으로 이

---

28  Geoffrey Crossick, *The Lower Middle Class in Britain 1870-1914*, Routledge, 2021, p. 12; Clapson, *Invincible Green Suburbs, Brave New Towns*, p. 6.
29  McKibbin, *Classes and Cultures: England 1918-1951*, pp. 3-74.

1부 문명 국가와 정신질환

들은 사회적 지위에 대한 불안, 중간계급적 가치 사이의 충돌에서 오는 혼란, 전통적인 중간계급에 대한 부러움과 거기에서 비롯된 수치심에 시달렸다. 특히 상층 노동계급에서 하층 중간계급에 진입한 이들은 사회적 유동성에 대한 양가적 감정, 즉 (상승에 대한) 만족감과 (추락에 대한) 불안감을 동시에 느껴야 했다. 이들을 위에서 내려다보는 자들의 눈에 가장 거슬리는 것은 하층 중간계급이 공유하는 일종의 필사적인 태도였다. 상류층이 보기에 이들은 물질적으로도 그리고 정신적으로도 늘 절박했으며, 바로 그 태도에서 온갖 악덕이 비롯되었다.[30] 즉, 이들은 속물근성의 화신이고, 문화 및 교양과는 거리가 멀었고, 개인주의적이고 심지어는 이기적이었다. 하층 중간계급에 대한 이러한 인식은 그들의 주거 공간인 교외에 그대로 투영되었다. 「교외 신경증」 속에 등장하는 평범한 여사와 그녀가 거주하는 교외 지역은 이와 같은 상류층의 판단을 반복하고 있는 것처럼 보인다.

### 3) 교외와 젠더: 여성의/여성적 공간

한편, 젠더의 측면에서 교외는 그것이 처음 등장한 시점부터 여성의 그리고 여성적인 공간이라고 여겨졌다. 물론 교외와 여성(성)을 동일시하는 이러한 사고방식이 20세기 전반 영국 사회의 전유물이라고 할 수는 없다. 20세기 후반 미국에서 시작된 여성주의 제2물결 속에서도 교외는 여성의 공간으로, 나아가 여성들을 괴롭히는 그러나 이름을 붙일 수 없

---

**30** Xiaotian Jin, "Undoing Shame: Lower-Middle-Class Young Women and Class Dynamics in the Interwar Novels by Rose Macaulay and Elizabeth Bowen," *Women's Studies* 43(6), 2014, p. 694.

는 다양한 문제를 야기하는 공간으로 여겨졌다. 또한 의학, 보건학, 정책학, 사회학 등 분과를 막론하고 그리고 대상이 되는 국가나 지역과 상관없이 오늘날까지 이어지는 교외 지역과 교외 생활에 대한 연구들은 여성의 삶에 초점을 맞추고 있다. 그러나 교외를 여성과 여성성, 가정과 가정성과 연결 짓는 이러한 인식은 바로 20세기 초 영국에서 형성되고 표현되기 시작했다. 언급했듯이, 전간기 영국인들에게 도심은 '남성'들의 '일터'였다. 도시는 생산이 이루어지는 장소이고, 경쟁으로 채워진 공간이며, 따라서 남성성과 적극성이 작동하는 곳이었다. 반면 교외는 '여성'이 지배하는 '주거'를 위한 공간이었다. 교외는 여성적이고 가정적이며, 따라서 이곳에는 편안하지만 단조롭고 따분한 분위기가 팽배했다. 또한 교외는 소비의 장소였으며, 온갖 사소한 것들로 채워진 공간이었다. 이곳의 주인은 소비적이고 수동적이며, 세련된 취향이나 날카로운 교양과는 거리가 멀었다. 즉, 여성(적)이었다.

이처럼 교외가 여성적이고 가정적인 공간이라는 판단은 교외에서의 삶에 대한 부정적인 인식과 자연스럽게 연결되었다. 특히 전간기의 맥락에서 문제시되었던 것은 교외의 삶이 남성을 여성화하거나 무력화하거나 심지어는 타락시킬 수 있다는 가능성이었다. 교외는 강건하고 진취적인 남성성을 잠식하는 장소이자, 나아가 그러한 남성적 덕성에 바탕을 둔 잉글랜드성Englishness을 말살하는 장소가 된다.[31] 따라서 교외의 여성성은 사회와 국가에 결정적인 위협으로 작용할 수 있었다. 이런 면에서 조지 오웰George Orwell의 1939년 작 『숨 쉬러 나가다Coming Up for Air』는 좋은 예를 제공한다.[32] 이 소설의 주인공 조지 볼링George Bowling은 교외에 거주하는

---

**31** David Matless, *Landscape and Englishness*, Reaktion Books, 2016, pp. 35-36.

　　　　　　　　　　　　　　　　　　　1부 문명 국가와 정신질환

남성의 전형이 된다. 그는 사십대 중반의 보험사 직원이다. 조지는 어디에나 있을 법한, 그리고 어디나 똑같이 생긴 교외 주거 단지에 거주하며, 단조롭고 평범하며 무기력한 삶을 겨우 버티고 있다.[33] 이 주인공은 모종의 일탈을 통해 젊음과 활력, 순수함과 목가성을 회복하려 하지만, 그의 시도는 결국 실패로 돌아간다. 한편, 그의 아내 힐다는 경제적 불안과 현실적 욕망에 시달리며 항상 우울하고 무기력하다는 점에서 또 다른 평범한 여사이다. 이처럼 교외의 삶은 남성성과 반대될 뿐 아니라, 그것을 저해할 수 있는 공간이었다.

그렇다고 해서 교외라는 환경이 여성에게 긍정적인 영향을 미친다고 여겨졌던 것도 아니다. 『숨 쉬러 나가다』에서 오웰의 주인공은 남성이었지만, 20세기 전반 교외의 삶을 다루는 서술의 대부분은 여성의 그것에 초점을 맞추었다. 교외는 여성적인 공간인 동시에 여성을 병들게 하는 환경이었다. 교외의 문제점으로 가장 자주 지목되는 것은 사회적 네트워크의 부재와 그로 인한 물리적 고립, 심리적 외로움이었다.[34] 교외 생활의 피할 수 없는 특징인 따분함과 단조로움도 자주 언급되었다. 교외의 환경이 실제로 그러하다면 이러한 조건은 그곳에 거주하는 모두에게 적용되는 것이겠지만, 유독 그 피해자는 여성으로 묘사되었다. 교외의 주부들이 놓인 상황은 종종 "감금된 상태"에 비유되었고, 이들의 삶은 필연적으로 공허하다고 여겨졌다.[35] 결국 교외라는 환경은 그렇지 않

---

32  Judy Giles, *The Parlour and the Suburb: Domestic Identities, Class, Femininity and Modernity*, Berg, 2004, pp. 42-44.

33  A. James Hammerton, "Pooterism or Partnership? Marriage and Masculine Identity in the Lower Middle Class, 1870-1920," *Journal of British Studies* 38(3), 1999, pp. 291-321.

34  Stella Instone, "The Welfare of the Housewife," *Lancet* 252(6536), 1948, pp.899-901.

35  David Reisman, "The Suburban Sadness," *The Suburban Community*, William M.

아도 불안정한 여성의 심신에 해로운 영향을 미칠 것이었고, 그곳에 갇힌 주부들을 신경증, 불안증, 히스테리의 늪에 빠뜨릴 것이었다. 이러한 논리에 따르면 평범한 교외에 거주하는 평범한 여사가 신경증에 걸리고, 『레볼루셔너리 로드』의 에이프릴이 우울증에 걸려 유산을 시도하고, 위스테리아가에 사는 위기의 주부들이 약물이나 불륜과 같은 각종 부도덕에 탐닉하는 것은 전혀 이상할 일이 아니다.

살펴보았듯이, 교외 신경증은 교외화라는 단어로 압축되는 전간기 영국 사회가 경험한 강렬하고 물리적인 경험과 긴밀한 관계를 맺고 있다. 이 변화는 단순히 주거의 내용이나 가정과 직장의 관계를 바꿔 놓는 데 그치지 않고, 영국인들이 사회 현상을 바라보는 방식에까지 영향을 미쳤다. 교외는 계급적 측면에서는 중간계급, 특히 하층 중간계급과 동일시되었고 젠더의 측면에서는 여성의 또는 여성적인 공간으로 여겨졌다. 교외 신경증에 대한 테일러의 분석은 이러한 인식의 연장선 위에서 이루어진 것이었다. 즉, 이 새로운 신경증은 구체적인 환경과 젠더, 계급이 교차하는 지점에 자리를 잡고 있었으며, 그 결과 애초에 의학적 개념으로 고안되었지만 광범위한 사회적 현상을 설명하는 사회문화적, 정치적, 정책적 개념으로 범용될 수 있었다.

---

Dobriner (ed.), G. P. Putman's Sons, 1958, p. 388.

## 4. 에필로그: 전후 영국 사회와 교외 신경증

의학적 개념으로서 교외 신경증은 전간기 영국 의료계 내의 분위기 변화와 관심사의 변천, 질병에 대한 달라진 접근 방식이 만나는 지점에 위치했다. 그 결과 명칭과 진단, 병인과 치료법 등 모든 측면에서 교외 신경증은 1930년대 정신의학의 단면을 보여 주는 훌륭한 소재가 되었다. 또한 이 새로운 히스테리는 당시 의료 전문가 집단이 사회를 바라보고 대중을 판단하는 관점과 깊은 연관성을 갖고 있었다. 사회의 주류, 남성, 엘리트, 의사로서 이들이 공유하는 사회적 배경과 사고방식은 교외 신경증에 대한 설명에 깊숙이 침투해 있었고, 따라서 이 전문가 집단은 의학적인 동시에 사회적인 이 질병 개념을 기꺼이 수용할 수 있었다.

한편, 교외 신경증은 전간기 영국 사회의 다양한 경험과 직접적으로 연결되어 있었고, 당시 영국인들의 관심사와 가치관을 반영하고 있었다. 즉, 이 질병 개념은 새롭게 조성된 교외라는 물리적 환경, 언제나 위태로워 보이는 주부 또는 여성, 빠르게 부상하고 있지만 여전히 못마땅한 구석이 많은 하층 중간계급에 대한 (대체로 부정적인) 인식을 조합한 결과의 다름 아니었다. 바로 그런 이유로 교외 신경증은 의료계를 넘어 영국 사회 전반의 관심을 사로잡고 광범위한 사회문화적 영향력을 확보할 수 있었다. 따라서 교외 신경증을 떠받치는 인식의 기반이 흔들리게 되면 이 개념이 갖는 사회적 의미와 심지어 정치적인 파급력도 위태롭게 될 것이었다.

제2차 세계대전이 끝난 직후 들어선 노동당 정부는 복지국가 건설이라는 거대한 프로젝트에 돌입했다. 요람에서 무덤까지 이르는 개인의 삶의 모든 단계에 국가가 적극적으로 개입하고 책임지는 새로운 사회를 건설하고자 했던 것이다. 이 과정에서 정부가 가장 큰 관심을 기울이고 열성적인 개혁을 추진했던 분야는 의료와 주택이었다. 1946년 국민보건법National Health Service Act이 제정되었고, 2년 후 모든 국민을 대상으로 하는 공적 자금으로 운영되는 보편적이고 포괄적인 의료 서비스가 등장했다. 또한, 노동당 정부는 이미 전쟁 전에 시작되었고 전쟁 중에 더욱 심화되었던 주택 부족 문제를 해결하기 위해 나섰다. 전쟁으로 인해 발생한 피해를 복구하고, 전쟁 수행에 헌신했던 대중의 노력을 치하하고, 궁극적으로 영국인들의 생활 수준을 개선하기 위해 대규모의 주택 건설 사업과 교외 개발 사업이 추진되었다. 주택 400만 호를 건설하겠다는 목표를 달성하지는 못했지만, 전쟁 직후 5년 동안 100만 호가 넘는 주택이 건설되었고 결과적으로 영국인들의 주거 환경은 확실히 개선되었다.

이처럼 복지국가 건설이라는 대규모 프로젝트를 계획하고 실행하는 과정에서 의료 및 의학 전문가 집단의 문제의식과 전문지식이 적극적으로 동원되었다. 테일러 역시 전후 노동당 내각에 참여한 전문가 가운데 하나였다. 그는 전쟁 발발 이전에 이미 유명세를 얻었을 뿐만 아니라, 전쟁 중에는 정보부the Ministry of Information에 소속되어 국내 전선을 지켰고, 전쟁이 끝날 무렵에는 전후에 있을 선거에 노동당 소속으로 출마할 것이 확실시되었다. 1945년 여름에 치러진 선거에서 테일러는 결국 하원 의원에 당선되었고, 이후 노동당 내각에서 큰 활약을 보여 주었다. 특히 그는 복지국가 건설 과정에서 핵심이 되었던 두 분야, 즉 의료와 주택 분야에서 큰 족적을 남겼다. 어나이린 베번Aneurin Bevan과 함께 국민보건서비스National Health Service가 탄생하는 마지막 단계의 산통을 겪었으며, 오랫동안 이 기관의 정책 고문으로 활동했다. 또한 전간기에 자신이 명명했던 문제를 해결하기 위해서, 또는 같은 문제가 반복되는 것을 방지하기 위해서, 주택 건설 및 교외 개발 정책에 대해서도 활발하게 의견을 개진했다. 1950년 대에 들어서 테일러는 할로우[Harlow] 등 교외에 설립된 '신도시'의 의료 문제에 특별히 집중했고, 그 과정에서 일반의[General Practice] 제도의 발전과 정착을 이끌었다.

1950년대에 교외 개발과 주택 건설이 새로운 전성기를 맞이하면서 교외 문제가 다시금 세간의 주목을 끌었고 교외 신경증을 둘러싼 새로운 논쟁이 펼쳐졌다. 다수의 전문가는 테일러가 전간기에 지적한 바 있는 바로 그 문제가 전후의 새로운 맥락 속에서 반복되고 있다고 파악하고 우려를 표시했다. 주로 의료계 종사자들이 교외라는 환경과 다양한 정신적, 신체적, 심리적 문제 사이의 관련성을 입증하기 위한 논의를 이어갔고, 또 다른 이들은 이를 반박하는 입장을 내놓았다. 그리고 1950년대 이후에 해당 주제를 다루는 글들은, 테일러의 「교외 신경증」과 달리, 대부분 실증적인 데이터를 바탕으로 작성되었다. 이러한 차이는 적어도 부분적으로는 국민보건서비스 성립 이후 광범위한 인구를 대상으로 하는 의료 서비스의 구체적 내용을 지역 단위로 파악하는 일이 가능해졌기 때문이다. 이 시기에 테일러는 임상 의료를 떠나 정책의 영역으로 옮겨 간 지 오래였지만, 그럼에도 교외 신경증을 두고 벌어진 논쟁에 직접 뛰어들었다. 이제 그는 주로 2차 세계대전 이후에 조성된 신도시의 사례를 활용하여 자신의 논지를 전개했다. 여기에서 대단히 흥미로운 사실은 교외 신경증의 아버지인 테일러가 1938년 자신이 주조한 개념을 1960년대에 결국 폐기했다는 것이다.[36] 물론 이러한 결정이 테일러 개인의 경력 변화

---

36  Mark Jackson, *The Age of Stress: Science and the Search for Stability*, Oxford University Press, 2013, pp. 190-191.

와 무관하다고 할 수는 없겠지만, 그 사이 영국 사회가 경험한 광범위한 변화의 결과물이라고 이해하는 것이 바람직하다. 분명 교외 신경증은 특정 시대의 산물이었다. 따라서 그 개념을 구성하는 요소와 그 개념을 수용하는 사회적 기반이 달라진 이상 교외 신경증만 불변인 채 남아 있을 수는 없었다.

# 2부
## 권위주의 국가와 신체 통제

# 5장

# 근대 중국의 아편중독 관리

정혜중

근대 중국 사회는 아편과 떼어 놓고 설명하기 어렵다. 아편전쟁 전부터 비롯된 아편 문제는 전통사회의 끝자락에서 근대 중국과 현대에 이르기까지 다양한 사회 문제로 이어졌다. 특히 중국에서는 개혁·개방 이후 약물과 마약류의 확산으로 중독문제가 심각해지면서 국가에서는 강력한 법규제가 시행되었고 학계에서도 아편 및 금연을 주목하는 다양한 연구가 진행되었다. 특히 학계의 연구는 개혁·개방과 더불어 본격 진행되었는데 아편중독 자체보다는 아편으로 인한 사회경제적 쇠락 및 이의 극복을 위한 금연 정책에 대한 분석에 내용의 초점이 맞추어져 있었다.

최근에는 세계 각국이 약물중독과 마약과 관련한 사회 문제가 증가하고 이에 대한 경계심이 높아지면서 아편중독에 대한 연구자들의 관심이 높아졌다. 영국과 미국에서 루이스 폭스크로프트 Louise Foxcroft와 데이비드 코트라이트 David T. Courtwright 등이 중독자들의 다양한 상황과 중독에 이르

는 과정 등을 분석하였을 뿐 아니라 한국의 연구자 박강도 중국의 아편
정책에 대한 다양한 연구를 꾸준히 진행하면서 그 내용의 범위를 식민지
시기 동아시아로 확장한 연구가 최근까지 지속되고 있다. 또한 중국 역
사학계와 중의학中醫學 쪽에서도 아편중독에 대한 치료 혹은 그에 대한 인
식의 어떻게 변화하여 갔는지에 대한 논의를 시작했다는 점도 매우 인상
적이다.

중국에서는 1729년(옹정 7)에 아편 금령을 처음 발포한 이래 근대 시
기까지 수많은 아편 금령을 통해 아편 밀매와 유통을 억제하는 강경책을
벌였다. 따라서 근대 중국을 요동치게 한 아편에 대한 연구 또한 주로 아
편의 금연운동에 초점을 두고 진행되었다. 반면 아편 소비자인 국민의
신체에 대한 관리, 좀 더 구체적으로는 아편중독을 치료해 보려는 노력
과 의미에 관해서는 타이완의 역사학자 임만홍林滿紅(1833-1905)이 『재경안
온여국민건강지: 만청적토산아편의론間財經安穩與國民健康之間: 晚淸的土産鴉片議論』에
서 중국 내의 아편 생산을 둘러싼 논쟁을 통해 국가재정과 국민의 건강
에 대한 갈등에 대한 분석을 시도가 있었다.[1]

그런데 이러한 약물중독은 비단 중국뿐만 아니라 전 세계의 문제로
확대되었고, 한국도 예외가 아니게 되었다. 이러한 시점에서 아편으로
사회가 심각한 위기를 겪었던 중국의 사례를 분석해 근대 아편중독에 대
한 관리와 치료의 효과를 짚어 보는 것은 매우 의미 있는 작업이라고 생
각한다. 이에 아편중독과 관련하여 당시 청조 정부가 아편중독자들을 어
떻게 인식하고 관리하였는지, 그 관리에 대한 효과를 평가하기 위해 19세

---

1    林滿紅,「財經安穩與國民健康之間:晚淸的土産鴉片議論(1833-1905)」,『財政與近代歷史』,
中央研究院近代史所社會經濟史組 編, 中央研究院近代史研究所, 1999.

기 아편전쟁 전후 시기의 아편중독에 대한 인식과 조처를 분석해 보고자 한다.

이에 본 장에서는 19세기 아편을 흡입하는 중국인의 중독문제에 대한 이해와 치료에 대한 노력에 대해 근대 아편중독과 관련한 질병사의 관점에서 접근을 시도할 것이다. 그 과정을 추적해 보면 19세기 청조가 아편 수입에 대해 탁상행정을 벌이며 손을 놓고 방치하기만 한 것은 아님을 알 수 있다.

이를 위해 첫째, 19세기 지식인들의 아편중독자에 대한 치료와 관리의 노력을 살펴볼 것이다. 먼저 아편중독에 관심을 가지고 적극적으로 치료에 임했던 의료선교사들의 중국인들을 대상으로 한 치료의 양상과 내용을 볼 것이다. 둘째, 1832년 의사 하기위何其偉(1774-1837)가 편찬하고 보급한, 아편중독에 대한 치료서『구미양방救迷良方』, 그리고 1839년 임칙서林則徐(1785-1850)가 도광제에게 올린 상주문을 분석해 아편중독의 치료가 어떤 의미를 가지고 있는지 알아볼 것이다. 셋째, 1860년 의사 진공민陳恭敏의『계연전법戒煙全法』에서 인식한 아편중독의 내용을 정리해 보면서 19세기 후반의 아편중독 치료에 대한 양상을 살펴볼 것이다.

두 책의 내용을 통해 아편전쟁 전후 관리와 아편중독 치료에 대한 의사들의 노력이 결코 적지 않았다는 사실을 알 수 있다. 불평등조약하의 청조는 아편 수입과 아편의 국내 재배를 통해 세수를 거두어 국가재정을 늘리고자 했기에 아편 문제에 소극적인 정책을 취할 수밖에 없었던 상황에 처하기도 하였다. 그러나 한편에서 일부 관리들은 금연운동 및 아편중독에 대한 치료와 관리를 통해 흡연과 중독을 줄여 가고자 노력하며 아편 수입을 억제하고자 하였다. 이에 본 장에서는 양자 간의 갈등이 이어짐에 따라 아편중독 치료에 대한 노력 또한 큰 효과를 거두기 어려웠던 상황적 한계와 이유를 덧붙여 설명하고자 한다.

## 1. 아편중독에 대한 이해

한국 질병관리청에 따르면 중독이란 독성물질에 의한 신체적·물질적 중독<sup>Poisoning ,Intoxication</sup>과 정신적·행위적(의존적) 중독<sup>Addiction</sup>을 동시에 일컫는 말이다. 이 글에서 다루고자 하는 중독은 정신적·행위적 중독인 일종의 습관성 중독으로, 심리적 의존이 있어 계속 물질, 행위, 약물 등을 갈망하고, 이로 인해 신체적·정신적 건강을 해치게 되는 상태로 정의하겠다. 중독은 현대 의학에서 "개인의 통제가 어려운 것"으로 정의되고 현대 의학에서 중독은 "개인의 통제가 어려운 것"으로 정의된다. 중국의 근현대사 속 등장하는 아편은 이러한 위험성을 잘 드러내 준다.

사전에서 또한 "아편<sup>opium</sup>이나 그 유도체<sup>dilaud, codein, heroin</sup> 또는 합성 마약 <sup>demerol, methadone</sup> 등은 의존을 일으킬 가능성이 가장 높은 약물을 장기간 계속하여 사용하게 되면 만성적으로 성격의 황폐화가 오게 되며 심한 심리적·신체적 의존을 일으키게 된다. 특히 약효가 떨어졌거나 약의 용량이 감소되었을 때 오는 신체적 고통은 중독자로 하여금 모든 수단을 강구하여서라도 약을 얻게 하도록 만든다. 이때 사회적·도덕적 문제가 야기된다"라고 서술함으로써 중독의 문제를 개인적인 차원이 아닌 사회적 차원의 문제임을 드러내고 있다.[2]

---

2 대한민국질병관리청홈페이지[https://www.kdca.go.kr/contents.es?mid=a20308060100 (검색일: 2023. 08. 10.)]

2부 권위주의 국가와 신체 통제

20세기 유럽과 미국에서는 아편중독의 위험성을 정신의학의 문제로 취급하였는데, 정신의학에서 갈망(욕구), 내성, 금단 등의 요소를 지니며 이로 인한 사회적·직업적 장애의 4가지를 특징으로 보고 있다.

이러한 중독의 개념에 근거하여 청조 정부가 최초로 아편을 단속하는 계기가 되었던 1728년의 상주문을 검토해 보자. 그 상주문은 광동성 제서廣東省濟西의 장군 소명량蘇明良이 옹정제에게 아편 흡연에 대한 금지를 건의하여 현실적으로 법제화를 이끌어 낸 의미 있는 내용이다. 그의 건의가 아편중독자를 치료하고 관리할 목적은 아니었다. 그가 새로 부임한 광동성은 도둑이 특히 많았는데, 도둑을 단속하는 과정을 보니 사람들이 도둑질을 하는 것은 아편을 피우기 위한 자금의 마련에 있었다. 즉, 도둑질의 근본 원인이 아편이라고 간주하고 도둑의 근절을 위해 아편에 대한 단속을 주장하였던 것이다.

"…사사로이 관사館舍를 설치해 두고 몇 사람이 함께 모여 집단으로 침석枕席을 의지하여 돌려 가며 차례로 피우는데 저녁에 모여 새벽에야 흩어지기를 매일 밤 반복하고 있습니다. 처음에 필 때에는 혼미하고 취한 듯하나 신체는 자못 건강해지니 음탕하고 나쁜 짓은 일일이 다 들기가 어려우며 어린 자제들은 그 술수에 빠지기 쉽습니다. 시간이 오래되면 피가 마르고 살이 빠지는데, 설령 아편의 폐해를 알고 서둘러 욕망을 그치고자 하면 만병이 발생하여 복통이 나고 탈항되기도 하며, 혹은 머리가 아프고 정신이 혼미하여 어지럽거나, 혹은 기침과 구토를 하기도 합니다. …"[3]

---

**3**   蘇明良, 「廣東碣石總兵蘇明良奏陳嚴禁販賣鴉以拯民生摺」, 『中國禁毒史資料』, 馬摸貞主

위의 상소문 가운데 언급된 "저녁에 모여 새벽에야 흩어지기를 매일 밤 반복하고 있다"에서 젊은이들이 함께 모여 반복적인 아편 흡연을 하는 갈망(욕구)이 지속적으로 나타나고 있음을 알 수 있다. 그리고 "음탕하고 나쁜 짓은 일일이 다 들기가 더욱 어려우며 어린 자제들은 그 술수에 빠지기 쉽다"는 언급에서 중독의 특징인 사회적·직업적 장애가 인식되고 있음을 알 수 있다. 또한 "시간이 오래되면 피가 마르고 살이 빠지는데, 설령 아편의 폐해를 알고 서둘러 욕망을 그치고자 하면 만병이 발생하여 복통이 나고 탈항하기도 하며, 혹은 머리가 아프고 정신이 혼미하여 어지럽거나, 혹은 기침과 구토를 하기도"라는 언급에서는 중독의 또 다른 특성인 내성과 금단현상에 대해 설명하고 있음이 확인된다. 따라서 소명량蘇明良의 상주에 근거해 1729년 금령이 내려질 당시에도 현대 의학에서 말하는 개인적으로 통제가 불가능한 중독의 특성과 유사한 증상에 대한 인식이 있었음을 알 수 있다. 하지만 당시 중국에서 의존성이 강한 중독이라는 개념癮, Addiction이 일반에서는 아직 사용되지 않았다. 그 대신 담배와 술 혹은 그 외의 물질에 대한 선호도와 의존도 관련하여 취미 혹은 기호를 뜻하는 기嗜(기호) 혹은 벽癖(습관)이라는 용어를 사용하고 있었다. 따라서 소명량의 판단은 절도를 근절시키기 위함이었을 뿐 아편 중독의 심각성에 기안한 것은 아니었음을 알 수 있다.

청대 옹정제(1722-1735)의 통치시기만 하더라도 아편, 담배와 술은 인체에 좋지 않은 영향을 미치지만 심각한 사회 문제를 일으키는 소비재라고 인식하지는 않았다. 그런데 건륭乾隆년간(1735-1796)을 거치며 심각한 사회문제가 되는 아편에 대해 다양한 단어가 사용되면서 중독에 대한 개념

---

編, 天津人民出版社, 1998, p. 4

2부 권위주의 국가와 신체 통제

이 발전하기 시작하였다. 왕아해王亞楷의 연구에 따르면 아편 흡입이 많았던 광동성廣東省에서는 아편을 제시간에 피워야 하고 시간을 살펴야 한다는 의미를 중시 여기며 "기인起引" 혹은 "과인過引"이라는 용어를 사용하게 되었다.[4] 이는 아편의 제 증상에 대한 사람들의 이해가 깊어짐을 뜻한다고 할 수 있다. 특히 19세기 초에 아편 확산이 북경北京에서도 점점 심각해지자 이전에는 발진 혹은 두드러기로 사용되었던 은진癮疹이라는 용어에서 질병을 표시하는 '은癮'이 의존성을 표시하는 중독으로 사용되기 시작하였다. 질병을 의미하였던 '은'은 발음이 '引인'과 같다는 점, 또 아편중독 증세 중의 하나인 가려움증을 벌레의 장난으로 보아 두드러기를 의미하는 은(진)으로 용어가 발전하였던 것이다. 그러나 중독을 의미하게 된 은은 도광道光년간(1820-1850)에도 정확하게 제대로 인식되지는 못 하였고 다만 은의 유출과 관련한 중앙대신들의 상소문에서 상은上癮(인이 박히다, 중독되다)라는 용어가 사용되면서 중독에 대한 인식은 확대되어 가고 있음을 알 수 있다.

또한 아편중독에 대한 이해는 아편 밀수를 둘러싸고 이에 대한 엄금론과 이금론자들이 각각 자신들의 견해를 주장하면서 아편중독에 대한 스스로의 이해를 설명하는 과정에서 보다 명확해졌다. 대표적인 이금론자인 허내재許乃濟(1877-1839)는 아편중독은 심각한 사회 문제라기보다는 없앨 수 있는 악습이고, 또 치료가 가능하다고 판단하였다. 때문에 중국 내에서 아편을 생산하면 은을 지불하지 않고도 싸고 저렴하게 생산할 수 있으며 또 먹어도 해롭지 않기에 아편 퇴치가 가능하다고 보았다. 한편 황작자黃爵滋(1793-1853) 등의 엄금론자들은 반대의 의견을 가지고 있었다.

---

4　王亞楷,「近代中國社會對"癮"的認知及其變化」,『近代史研究』2020(6), 2020, p. 120.

아편중독은 쉽게 끊기 어려우니 아편중독자들이 중독에서 빠져나올 수 있도록 1년간의 시간을 주되, 여전히 아편중독을 끊지 못하였다면 사형시키자는 강경책을 주장하였다. 그는 아편을 끊는 것이 쉬운 일은 아니지만 중독자들에게 아편중독을 끊게 하자면 법이 얼마나 가혹한가의 여부가 중요하므로 아편중독에 대해 사형을 가하는 가혹함을 알려 아편중독을 엄하게 다스리자는 것이었다.

여기서 보이는 도광년간의 아편중독자에 대한 대립되는 견해는 이후 20세기 청말에 이르기까지 중국 사회에 그대로 전승된다. 특히 19세기 영국에 이어 20세기 일본 제국은 중국으로 아편을 들여가게 되는데 그 결과 만주국의 아편중독자들 또한 점차 증가했다. 박강은 다만 당시 일본인들이 분석한 아편중독에 대한 폐해가 '중국관헌이나 민중들이 아편의 해독이 얼마나 어려운가에 대한 확실한 인식을 갖고 있지 못하므로 근절을 경시하고 있기 때문'이라고 지적하고 있다.[5] 따라서 중독에 대한 인식과 치료에 대한 조처는 뚜렷한 변화 없이 반복되는 노정을 보이게 된다. 아편전쟁에서 패배한 청조에서는 결국 아편수입의 합법화를 받아들이게 되었고 이에 따라 아편을 찾는 중독자가 더욱 많아지면서 경제적 이득을 목적으로 한 아편재배 농가도 증가하였다. 아편중독에 대한 관리 부재로 근대 중국 사회는 심각한 영향을 받게 되었던 것이다.

이렇게 청조에 심각한 위협이 되는 아편중독을 포함한 건강과 위생에 대한 조치는 20세기 초기 신정시기부터 정비되기 시작하였다. 아편중독과 관련해 청 정부에서는 각 성 단위로 금연운동을 본격화하였고, 1906년 10년을 기한으로 한 아편금지령을 반포하였으며, 다음 해인

---

5　박강, 「아편흡연의 만연과 근대중국」, 『아시아지역연구』 3, 2000, 144-145쪽.

1907년에는 영국과 인도산 아편의 중국 수출을 10년 동안 단계적으로 금지시켜 나간다는 '중영금연조약$^{中英禁煙條約}$'을 체결하였다. 또 1908년 청 정부는 모르핀에 관한 처벌조례를 반포하였으며 1909년에는 상해에서 세계금연대회를 열어 국제적으로 아편이 금지되는 계기를 만들기도 하였다. 중화민국 시기에 들어와서 위반에 대한 처벌 수위를 높여 갔다. 때문에 아편 수입이 본격화된 19세기 초반부터 보면 거의 100년 만에 아편중독에 이해가 깊어지면서 일반적인 기호, 취미를 의미하는 의학적인 중독의 개념도 본격적으로 사용되었고 국가의 아편 관리도 시작되었다고 볼 수 있다. 이러한 사회 분위기가 조성되기까지는 상당히 많은 시간이 걸렸는데, 아편 유입의 문제가 심화되었던 청대 중기 중독에 대한 관리체계는 어떠한 양상이었는지 살펴보도록 하자.

## 2. 의료선교사들의 아편중독 치료

위에서 언급한 것처럼 중국에서 아편중독자에 대한 치료는 주로 서양 선교사들의 업적을 중심으로 설명하고 있다. 특히 중국인들의 아편 흡연에 대한 경계 및 치료에도 많은 노력이 선교사들을 주축으로 이루어졌음이 강조된다. 가장 실질적인 효과가 밝혀진 것은 19세기 후반에 활약한 영국인 존 더전$^{John\ Dudgeon,\ 德貞}$(1837-1901)의 내용이 자세하다.[6]

아편중독자에 대한 치료의 노력은 개항장이 설치되면서 함께 들어

---

6    高晞, 『德貞傳:一个英國傳教士與晚淸醫學近代化』, 復旦大學出版社, 2009; 李專斌, 「醫學傳教士與近代中國禁煙煙」, 『中國社會經濟史研究』, 2010年 2期.

온 의료선교사들의 활동 초기로 거슬러 올라간다. 제2차 아편전쟁으로 아편 수입이 합법화되는 1860년까지 마카오, 홍콩과 광저우와 그외 개항장을 찾은 영국, 미국, 독일의 의료선교사는 약 30명으로, 이들을 통해 32개의 진료소 및 병원이 개설되었다.[7] 이들의 의료 활동은 매우 주목할 만한데 그중 당시 당면 과제였던 아편중독자에 대한 기여도 적지 않다.

가장 먼저 아편중독의 문제에 관심을 가진 인물은 벤저민 홉슨Benjamin Hobson, 合信(1816-1873)이다. 그는 영국런던회 소속으로 1839년 마카오진료소에서 활약하다가 난징조약 이후인 1843년 홍콩과 광저우로 건너와 의료 활동에 종사하였다. 귀국 전해인 1858년에 그는 저서 1858년 『서의약론 西醫略論』에서

"나는 이전에 광둥성 동쪽 혜애의원惠愛醫院에서 아편을 끊으려는 사람들에게 반드시 아편 담뱃대[煙檢]와 아편도구[煙具]를 넘겨받고 의원에서 숙박을 시켜 다시 피우지 못하게 하였다. 간혹 설사를 하여 몸이 불편한 사람들은 장뇌樟腦, 계피주桂皮酒과 같은 수렴성의 보약을 복용하고, 소고기나 양고기, 닭고기, 우유 같은 것을 먹여 정신을 보하게 하며 며칠 간 아편을 끊으면 증세가 나타나지 않아 아편을 완전히 끊을 수 있었다. 그런데 만약 몸이 허약하여 빨리 끊을 수 없다면 천천히 금연하게 하는 방법을 써서 하루하루 (아편)양을 줄이면 결국 중독이 사라졌다. 대체로 아편에 중독된 사람들은 설사나 뼈의 골절 등의 증세가 우려되기에 의학적인 치

---

7    마백영 외, 『中外醫學文化交流史』, 鄭遇悅 譯, 전파출판사, 1997, 414-415쪽.

료는 매우 어렵다."[8]

고 하였다. 위의 인용문을 통해 보면 그는 아편중독의 치료에 아편 도구의 회수와 입원관리, 건강 회복을 위한 몸의 보양, 약에 대한 관리를 핵심 내용을 치료하고 있는 것을 확인할 수 있다. 그런데 치료약의 내용은 구체적으로 나와 있지 않다. 다만 금단현상의 방지를 위해 천천히 아편의 양을 줄여 간 것은 알 수 있다. 또 그는 아편에 중독된 환자들은 갖가지 질병 증세가 있어 치료가 매우 어렵다고 토로하여 아편중독의 치료에는 합병증 관리가 중요함을 지적하고 있다.

또 다른 글에서 그는 자신의 아편중독 치료에 대한 성과에 대해 '보통 수 개월 혹은 1년 된 가벼운 아편중독 환자를 수용하기 하였으며 심지어는 7년이나 된 중증 중독자를 치료하여 아편을 끊게 하여 효과가 매우 고무적'이었음을 전하고 있다.

그가 활동하는 시기에 개항장 영파寧波에서 아편중독에 대한 치료에 관심을 갖고 진료하는 의료선교사도 있었다. 미국 침례교에서 파견한 대니얼 제롬 맥고원Daniel Jerome Macgowan, 瑪高溫(1814-1893)이다. 그는 1843년 영파에 '침례의국'[9]을 설립하여 절강성浙江省을 중심으로 의료선교의 첫발을 내딛었다. 그가 초기에 주목한 진료는 안과였으나 차차 사회 질환으로서 아편중독에도 관심을 가지게 되었다.

맥고원은 1843년 영파에서 처음 의료 활동을 시작하였으나 병원 사정 그리고 그의 벵갈에서의 결혼 등의 이유로 꾸준하게 진료에 매진하지

---

8   合信, 「戒鴉片煙癮論」, 『西醫略論』, 1858; 마백영 외, 『中外醫學文化交流史』, 480쪽.
9   현 영파시 제2의원 화미의원(華美醫院)의 전신.

못하였다. 그는 1845년 무렵 벵골 유럽공동체와 프랑스 대사관의 의사 이반[Yvan] 등의 도움을 받으며 환자들을 위한 왕진과 부상당한 군인을 수용하여 치료하는 의료 활동을 시작하였다. 그러던 중 1845-1846년 당시 중국 사회에 만연한 아편중독에도 관심을 가지게 된 것으로 보인다. 오연덕[伍連德]의 기록에 따르면 맥고원은 아편중독자들의 치료에 당시 중국인 아편중독의 치료사들이 했던 방식을 발전시키고 있음을 알 수 있다.

"맥고원은 이상한 방식으로 그들에게(중국인 아편중독치료자) 인도되었습니다. 자선사업을 벌이는 중국인은 惡(아편)의 치료제로 간단한 혼합물을 권장하면서 동시에 약물을 즉각적이고 완전히 금할 것을 주장하는 광고지를 발행했습니다. (그들 중국인이) 주장하는 치료법은 매우 저렴했기 때문에 그것을 신뢰하는 사람은 거의 없었습니다. 그러나 맥고원은 (중국인의 치료법이) 어느 정도 성공을 거두는 것을 보고 이 아이디어를 채택하여 '주로 상상을 대상으로 한 경험적 치료법'을 시행하기 시작했습니다.[10]

맥고원이 시도한 경험적 치료법이 무엇인지 구체적인 내용은 알 수 없다. 하지만 앞 인용 글에서 벤저민 홉슨이 아편중독 치료에 중국식 보양제를 복용시키고 단백질 보충한 방식을 사용한 점과 맥고원이 중국의 아편중독 치료자들의 방식을 이용하였다는 점 사이에 밀접한 유사성이 있음을 알 수 있다. 그리고 아편중독에 대한 매우 저렴한 치료제가 이

— 10  K. Chimin Wong and Wu Lien-Teh, *History of Chinese medicine: being a chronicle of medical happenings in China from ancient times to the present period*, National Quarantine service, 1936, p. 347

미 영파에서 쉽게 구입할 수 있는 상황이었음도 파악된다. 의사 맥고원은 영파 시중에 떠도는 아편중독자들의 해독법이 효과가 있음을 발견하고 그것을 사용해 아편중독 치료를 단행한 것으로 보인다. 벤저민 홉슨과 맥고원의 아편 흡연자 중독자에 대한 치료는 대체로 중국식의 보양법혹은 시중에 떠도는 치료법에 어느 정도 기반을 두고 있다고 할 수 있다. 오연덕은 계속하여

"그는 또 당시 상황에 대한 보고서[1846년 8월-1848년 8월]에서 홍콩 의학 선교회의 도움으로 병원을 다시 열었다고 진술하며 거의 150명의 아편 흡연자들을 치료하였는데 그 치료는 처음에 24시간 동안 약을 끊어야 했으며 약을 주며 적절한 증상을 치료하였다고 덧붙였다. 그 결과는 처음에는 약 1/3, 나중에는 1/2 정도가 치료되는 등 상당히 고무적이었다고 하였다. 치료는 적어도 한 달, 때로는 두 달까지 지속되었다. 예외적으로 재발하는 사람도 있었던 것으로 알려졌다."

"또한 맥고원 박사는 아편중독자들을 계속 치료하여 수백 명의 중독자들이 그의 손을 거쳐 만족스러운 치료의 결과를 보았다고 한다. 이전과 마찬가지로 그는 즉각적이고 완전한 금연을 주장하였지만 가끔 고통스러운 설사에 대해서는 진통, 발한제 [Dover's powder] 를 사용하기도 했다. 그는 중국 의사들이 약물을 점진적으로 줄여 치료를 시도한다고 덧붙였습니다. 이것은 가능하지만 재발이 발생하기 쉽습니다."[11]

라고 중독 치료자의 규모와 방식, 그리고 약물에 대해 설명하고 있다. 이를 통해 그는 2년간 150명 정도의 아편중독 환자를 한두 달 정도 치료기간으로 하여 입원시켰고 (기간을 확실하지 않지만) 또 다시 수백 명을 치료하는 등 상당한 규모로 중독자를 치료하였음을 확인할 수 있다. 주요 치료 방식은 처음 하루 동안은 약을 주지 않았고 약을 조금씩 줄여 가는 방식을 사용하였음도 보인다. 그런데 즉시 아편을 금지하는 치료법을 사용하였을 경우도 금단현상인 설사 증세가 보이면 진통발한제를 많이 사용하였음을 고백하고 있다. 당시 그가 사용한 진통발한제에는 아편류가 들어가므로 금단현상을 중단시키기에 매우 용이하였을 것이다.

여기서 맥고원은 '중국 의사들은 약물을 점진적으로 줄여 치료한다'고 언급하고 있다. 그러면서 영파의 중국 의사들이 중독자에게 아편의 양을 조금씩 줄여 가며 치료하는 방식은 아편중독의 재발 방지에 효과적이지 못하다고 평가하고 있다. 그러나 실상 그 자신도 약물을 조금씩 줄이는 방식을 사용하였으며 즉시 중단하는 경우에도 금단현상이 보이면 진통발한제인 도버스 파우더Dover's powder를 사용하였기에 중국인 의사들과 치료법에서는 크게 차이가 나지 않았다고 판단된다. 이로 보건데 당시 의료선교사와 중국인 의사 모두 각자의 방식으로 중독자의 치료를 위해 노력하고 있었으나 실제 아편을 즉각 금지시키는가, 조금씩 줄여 가는가에 대한 처방에 다소 차이가 있었을 뿐이지 별 차이가 없었고 의료선교사들은 중국 의사의 치료법에도 관심이 많았음을 알 수 있다.

이렇게 의료선교사들이 중국에서 의료 활동을 전개하면서 사회질

---

11  Wong and Lien-Teh, *History of Chinese medicine: being a chronicle of medical happenings in China from ancient times to the present period*, pp. 349-350.

환으로서의 청조의 공공 위생 혹은 보건 사업으로 특히 아편중독자들에 대한 관심도 기울여 갔다. 의사 맥고원이 사용한 치료법은 중국의 전통적인 아편중독 치료법에 근거하고 있었으며 또 치료의 과정 중 나타나는 설사 등에는 영국의 전통적인 방법은 발한진통제를 사용한 것을 알 수 있다. 이 방식이 아편중독 치료에 적절하였는지는 단언하기는 어렵지만 19세기의 서양의학에서도 아편중독을 치료하는 약이 존재하지 않았기에 스스로 치료법을 개발하기도 어려웠을 것이다.

19세기 중후반 미국과 영국 등에서도 아편중독자들은 적지 않았다. 유럽에서는 그리스, 로마 시대부터 아편의 존재가 알려져 있었지만 의약품으로 확립된 것은 16세기였다. 그리고 17세기에 영국인 의사 토머스 시드넘Thomas Sydenham(1624-1689)이 복용하기 쉬운 아편팅키Opium tincture를 처음 조합했다. 18세기에는 아편 강장제 등도 만들어졌고 19세기에 이르러 다양한 아편 상품이 개발되어 누구나 쉽게 구할 수 있게 되었다. 이들은 약방뿐 만 아니라 식료품점, 구두점, 재단사, 빵집 등에도 구매할 수 있게 되며 사람들의 일상생활 속으로 파고들었다.[12] 드 퀸시의 『어느 영국인 아편쟁이의 고백Confessions of an English Opium-Eater』(1821)에는 아편이 노동의 피로를 풀어 주는 좋은 만병통치약처럼 사용되었음을 알 수 있다.[13] 특히 비싼 병원 진찰을 받지 못하는 노동자들이 치료에 의존하면서 아편중독이 되곤 하였다. 그러자 19세기 중반 영국에서는 금주·절주 운동과 연동된 단체들과 의학 단체들이 중심이 되어 아편 사용에 대한 반대 운동이 결실을 맺어 1868년 약사법Pharmacy Act이 통과되며 아편이 처음으로 규제 대

---

**12** 김동원, 「19세기 영국의 아편문제와 '1868 제약법'」, 『한국과학사학회지』 13(1), 1991, 79-82쪽.

**13** 토마스 드 퀸시, 『어느 영국인 아편쟁이의 고백』, 김석희 역, 시공사, 2011, 84-88쪽.

상으로 되었다. 이로써 독극물 판매권을 등록한 약국과 정규 의사로 한정한 점이다. 아편과 비소 등 15종의 독극물을 규제 대상으로 지정하고 15종의 독극물은 1종과 2종으로 나뉘었고, 1종으로 분류된 독극물에 대해서는 더욱 엄중한 규제가 가해졌으나 아편은 규제가 느슨한 제2종으로 분류되었다. 이는 약국들이 아편에 대한 엄격한 규제를 반대하였기 때문이다. 그러나 아편중독자에 대한 치료제는 본격적으로 개발조차 시도되지 못하였고 환자로 인식되지도 않았다. 약사법에 따라 아편은 규제 대상이었지만 매매가 금지된 것은 아니었다.[14]

미국과 영국에서도 특별한 치료제가 없었기에 아편중독자들을 치료하는 의료선교사들에게는 영파 등지에 떠도는 중국인들의 치료법이 도움이 되었을 것이다. 특히 맥고원이 언급하는 전통 치료법(중국 현지식의 치료법으로 판단되는)을 알아보기 위한 단서로 중의학에서 연구되어 온 하기위의『구미양방』에 주목해 볼 필요가 있다. 하기위와 함께 언급되는 인물이 임칙서인데 이하에서 두 사람의 아편중독에 대한 치료의 노력을 중심으로 중국인들의 아편중독 치료 과정을 살펴보기로 하자.


## 3. 아편중독자에 대한 치료와 갈등

### 1)『구미양방』과 임칙서

아편은 약재로 취급되어 1729년에 사사로운 판매가 금지되게 되었

---

**14** 牧嶋秀之,「アヘンの社會學」,『Seijo English monographs』43, 2012, 315-328頁.

다. 또한 가경嘉慶년간에는 아편을 흡입하는 사람에 대한 금령이 내려졌고, 도광년간에는 은의 유통과 관련하여 다양한 논의가 지속되었다. 이러한 논의는 사회경제에 국한된 경우가 많았으나, 당시 아편중독자들에게 큰 관심을 보인 인물이 임칙서이다.

청조에서 아편이 가장 일찍부터 유통되었던 복건성 출신인 그는 1823년부터 강소성에서 안찰사를 지낸 바 있고, 1832년부터 1837년까지 강소순무로 지내게 되었다. 1832년 그는 송강松江에서 송대 이후 대대로 명의로 이름 날린 하씨 가문의 하기위와 교류하게 되었다. 임칙서 부인의 병의 치료를 위한 만남으로 시작된 두 사람의 교유관계는 당시 아편에 중독되어 가는 많은 사람을 보면서 치료제 개발로 이어진다. 계기는 임칙서가 하기위에게 아편중독자들을 구제하는 치료 방법의 개발을 부탁한 것이었다. 이렇게 임칙서와 의기투합하게 된 하기위는 1833년『구미양방』이라는 아편중독 치료서로 결실을 보게 되었다. 『구미양방』에 대한 중의학에서의 연구는 상당히 많은데, 연구들에 따르면 임칙서는 이를 강소, 호북, 광동성 등지에서 발간하여 아편중독자들의 치료에 유용하게 썼음을 알 수 있다.

임칙서는 강소성에서 재임하면서 초기 금연 사상과 그 체계를 형성하고 7년 정도 장쑤성의 금연 활동을 지도하였다. 그는 금연 실천에서 효과적인 조치를 취했기 때문에 현저한 치적을 달성했고, 후에 호광과 광동에서의 금연에 대한 경험을 쌓았다.

특히 치료 관련 서적은 1837년 임칙서가 호광총독 부임한 전후로 강남과 호북에서 간행되기 시작하여 상당한 효과를 거두었다. 나아가 사천四川, 광동廣東에서도 간행이 이어졌다. 또한 그는 1838년 5월 19일 도광제에게 치료 내용을 상주하는 등의 아편중독의 치료를 위해 노력하였다.

상소문 중에 그는 아편 단속을 위해 6가지 방안을 황제에게 제안하였다. ① 아편 흡입 도구를 반납하게 하여 흡연을 근절시킨다 ② 일정한 기간을 정한 후에 각 성의 흡연자들이 스스로 와서 흡연의 사실을 신고하여 더이상 흡연하지 못하게 관리한다. ③ 흡연관을 여는 사람이나 흡연도구를 만드는 자들에 대한 죄를 가중처벌한다. ④ 문·무관원이 죄를 짓거나 잘 살피지 못하는 자들에 대해서 엄벌한다. ⑤ 지방에서 치안을 담당하는 사람들 (예를 들면 지보地保, 패두牌頭, 갑장甲長)로 하여금 흡연 관련 사실을 철저하게 조사하게 한다. ⑥ 흡연의 잘못을 심판한다기보다는 (흡연자가 흡연의 위험성을) 잘 알 수 있게 한다.[15] 1839년 황제에게 올리는 상주에서 임칙서는

"신은 10여 년 동안 아편의 독이 끊임없이 퍼지는 것을 목격하며 마음이 찢어지는 것 같아 오랫동안 각종 의약처방을 취재하고 약재를 배합하여 흡연을 금할 때 바로 약을 투여하여 치료하여 왔습니다. 그중에서 효험이 있었던 것은 환약 두 종류와 탕약 두 종류가 있는데 별도로 내용을 작성해 황제께 상주합니다. 치료를 위해 각 성에서 반포할 수 있는지의 의료를 제공하기 위해 지방에서 공포할 수 있는지 여부를 기다리겠습니다."[16]

라고 마무리 지으며 함께 '부록: 아편을 끊는 법[附: 戒烟方]'이라 하여 하기위가 정리한 아편중독을 위한 치료법『구미양방』의 내용에 대해 "삼가

---

15　林則徐, 「湖廣總督林則徐奏復黃爵滋塞培本之摺幷酌議禁煙章程6條摺」, 『中國禁毒史資料』, 馬摸貞主 編, 天津人民出版社, 1998, 67-71頁.

16　林則徐, 『中國禁毒史資料』, 69頁.

2부 권위주의 국가와 신체 통제

아편을 끊을 수 있는 경험의 몇 가지를 필사하여 바치니 황제께서 살펴봐 주시기 바랍니다"라고 덧붙이고 있다.[17]

그가 쓴 부록의 내용을 하기위의 『구미양방』의 총론과 기본 내용이 동일하다. 임칙서는 의사 하기위가 파악한 아편의 위해성에 대해 다음과 같은 내용으로 설명하고 있다.

"사람의 후두관에는 두 가지가 있습니다. 식도는 주로 먹어서 대장과 소장으로 내려 보내고, 기관氣管은 주로 호흡하며 주변의 오장(간장·심장·비장·폐장·신장)과 연결되어 있습니다. 기도(기관)는 원래 깨끗하기[淸虛] 때문에 아주 조그만 것도 받아들이지 않는데 만약 기도에 (뭐라도) 잘못 들어가면 즉시 기침이 나서 바로 나와야 편안해집니다. 그런데 (담배) 연기[氣]는 있지만 형체가 없기 때문에 흡입하고 밖으로 뱉을 수도 있으며 오장과 왕래할 수도 있으니 비록 기氣는 이미 사라졌으나 맛은 여전히 남아 있는 것입니다. 사람이 살 수 있는 것은 모두 위에 받아들인 곡기穀氣로 각 경로를 순환하며 그 정신을 배양해 가기 때문입니다. 지금 아편을 흡입하는 사람들은 폐에서 연기煙氣가 곡기穀氣를 이기지는 것에 익숙하여 보통 사람은 하루라도 오곡을 먹지 않으면 배고프고 피곤하나 (아편을 피우는 사람들은) 때가 되어 (아편을) 피우지 않으면 중독으로 피곤해져서 아편이 없으면 좋은 기운[正氣]이 몸을 해치는 나쁜 기운[邪氣]이 되어 통제하게 됩니다."[18]

━━ 17  林則徐,『中國禁毒史資料』, 69頁.
  18  林則徐,『中國禁毒史資料』, 69頁.

즉, 하기위는 아편이 기도를 통해 오장, 특히 폐에 나쁜 영향을 미치는 과정을 분석하고자 노력하고 있으며 특히 아편을 피우게 되면 식욕을 잃고 오직 아편에 빠져 나쁜 기운이 몸을 통제하고 피곤해지는 과정을 설명하며 아편이 몸에 미치는 영향을 보여 주고자 하고 있다. 또한 그는 아편을 흡입하게 되면 사람이 어떻게 되는지 덧붙여 서술하고 있다.

"본초강목本草綱目에 실려 있는 아편은 생아편인데 지금은 담뱃대로 피고 있으며 그 기운이 매워서 폐에 들어가 머물게 됩니다. 아편은 성질이 독하고 음행하며, 맛은 떫고 정체되며, 색상은 검고 간과 신장으로 들어가므로 만약 한 번 들이마시면 근육의 골수에 침투할 수 있고, 한 번 담배를 흡입하면 사지의 털끝에까지 도달하여 몸이 안팎과 위아래로 어디에나 치우치게 되니 음식물을 삼키면 머리에서 발끝까지 편안해져서 그 안으로 빠지게 됩니다. … 그러나 아편을 끊는 것은 결코 어려운 일이 아닙니다. 중독이 가벼운 사람과 건강한 사람은 처방전 없이도 끊을 수 있습니다. 아편중독이 깊고 기력이 약한 사람을 위한 처방법으로 기산환忌酸丸과 보정환補正丸을 제시하는 것이다."[19]

임칙서가 인용한 하기위의 『구미양방』은 중독에 대한 기본 개념을 이해하고 그에 기반한 치료법으로 중독자들을 치료하고자 하는 노력이었다. 『구미양방』은 아주 짧은 글이지만 위에서 살펴본 것처럼 청대 의사가 분석한 아편중독의 이론체계를 보여 주고 있다. 즉, 아편을 흡입하

━━  19  林則徐,『中國禁毒史資料』, 69頁.

면 뼈와 털끝에 기운이 미쳐 편안함에 빠져 버리는 중독의 원리가 담겨 있었다. 또 그는 신체가 건강하고 가벼운 중독자의 경우 처방전 없이 즉시 아편을 끊으면 되지만 오래된 중독자나 허약한 사람들을 위해 처방전을 만든 것임을 덧붙이고 있다. 임칙서가 도광제에게 올린 상주문에서 제시한 내용인 하기위의 『구미양방』 처방전은 상당히 광범위한 내용으로 사람들로 하여금 쉽게 중독에서 벗어나는 데 큰 역할을 하였다고 평가된다.[20]

임칙서가 황제에게 상주한 글에서 보듯이 그는 차례 간행하여 자신이 생각하는 금연 정책의 기본 방향으로 삼아 사람들에게 널리 알리고자 하였다. 그의 금연 정책이 시행됨에 따라, 이 처방은 널리 보급되어 아편중독에 대한 이론, 금연의 치료법도 후대의 의사들에 의해 계승되었다. 또한 짧게는 당지에 퍼지면서 서양 의료선교사들에게도 영향을 미쳤을 것으로 보인다.

그는 자신이 사용한 "금연 처방" 중 가장 효험이 있는 환약 2종, 음방 2종의 4안을 상세히 열거하고 있다. 그중 민간에서는 기산환을 오랫동안 시험하여 효과가 가장 좋다는 평가가 있었는데 후에 이에 약재를 더 빼고 첨가하는 등 18가지 맛의 환약으로 만들어 (명삼당明蔘黨[21] 등의 삼종류, 대추, 담뱃재 등 18종) 널리 사용하였다.[22]

위와 같은 임칙서의 활동, 그리고 『구미양방』으로 아편중독에 대한 치료방법을 고안하였던 하기위의 활동은 동시대의 중앙에서 아편 수입

---

20  劉悅,「清代鴉片煙毒與中醫戒煙硏究的歷史考察」, 碩士論文, 中國中醫科學院中國醫史文献硏究所, 2005, 49頁.
21  미나리과에 속하는 명당삼의 뿌리를 건조한 것이다.
22  劉悅,「清代鴉片煙毒與中醫戒煙硏究的歷史考察」, 50頁.

에 대해서 엄금론과 이금론을 주장하며 아편의 피해에 대해 돌아보지 않는 관리들의 무책임함과 대조된다. 적어도 중독 치료를 통해 아편중독이 번지는 핵심 지역의 지방관리 혹은 그 현장에서 치료의 의무를 감지하였던 의사와의 협조가 첫발을 내디뎠다는 점에서 매우 의미가 크다. 한국 역사학계는 이러한 노력에 그다지 주목하지 않았다. 그러나 당시의 아편 중독에 대해 의사 혹은 관리도 아편의 사회 문제 특히 중독자들의 치료에 깊이 관여하고 또 황제에게 상주하여 국가적 차원에서 치료를 도모하고자 시도했던 점은 높이 평가되어야 할 것이다.

### 2) 아편중독의 치료와 갈등

아편 유통에 대한 중앙과 지방 혹은 중국과 영국의 의견차가 커져 가는 1, 2차 아편전쟁기에도 아편에 중독되는 사람은 늘어만 갔다. 하지만 아편중독에 대해 주목할 치료법 저술과 복간이라는 새로운 시도도 있었다. 1854년 의사인 진공민陳恭敏이 편집한 『계연전법戒烟全法』의 출간이 그 것이다.

이 책은 진공민 아편에 중독되었던 경험을 기반으로 정리한 아편중독에 대한 치료서로 30년이 지난 1884년 정이풍程履豊이 교열하여 재출판했다. 아편중독 치료 서적으로서 『계연전법』은 하기위의 『구미양방』보다는 주목받지는 못하였지만 의사와 관료가 합작하여 아편중독에 대한 위험 그리고 치료법을 강구해 갔다는 점에서는 공통점이 있고, 또 아편중독이 더욱 널리 퍼진 시점에서 당시의 아편 관련 상황 및 중독의 치료의 단서를 파악할 수 있는 중요한 책이다.

1854년에 발간된 이 책에 대해 좌종당과 함께 일한 적이 있는 정이

풍은 책의 서문에서 아편에서 관한 중국에서의 기록은 거의 없으나『본초강목』에서 아부용阿夫容이라 불리는 아편이 때때로 병을 치료하는 데 사용되었음을 언급하는 등 아편의 역사적 맥락도 설명하고 있다.[23] 그는 또 아편이 "생(날 것)으로 삼키고 식초를 먹으면 사람을 죽일 수 있는 약품인데 사탕처럼 달아 끊을 수 없고 갈수록 탐닉하여 고질병이 되어 가는 당시의 흡연 상황"에 대해 안타깝게 호소하고 있다. 나아가 아편을 흡입하여 몸이 피로하고 정력이 소실되어 천수를 재촉하고도 이를 반성하지 않는 중국인들의 아둔함을 한탄하고 있다. 여기서 보면 얼마나 많은 사람들이 아편중독으로 시달리고 있었고 이의 해결을 위해『계연전법』을 복간하여 중독 치료에 도움을 주고자[24] 하였는지에 대한 그의 노력을 읽을 수 있다.

이처럼『계연전법』은 청대 의사와 아편중독의 경험도 있던 의사와 또 아편중독의 치료에 관심을 가진 관료에 의해 다시 세상에 소개되며 아편중독이 얼마나 심각한 상황인지를 보여 주고 있다.[25] 또한『계연전법』에서는 먼저 '아편중독'에 대해 설명하면서 아편중독으로 인한 내장의 질병에 따라 '폐중독증', '심장중독증' 등으로 구분하고 있는 점이 특징이다.[26] 즉, 아편중독으로 약해진 내장의 증상을 파악하고 치료 처방을 서술한 것이다. 하기위가『구미양방』에서 '아편이 기도를 통해 오장과 연결되어 연기는 나가지만 맛이 남아 있다'고 서술했던 논리와 유사하다. 그러나 아편이 오장 중 각 개인이 약한 부분으로 질병을 유발하므로 그

---

23  陳恭敏,『戒烟全法』, 中國書店出版, 1998.
24  陳恭敏,『戒烟全法』序文.
25  劉悦,「淸代鴉片烟毒與中醫戒烟硏究的歷史考察」.
26  陳恭敏,「吸煙成癮說」,『戒烟全法』.

증상에 맞게 처방해야 한다고 주장[27]은 그의 독특한 논리로 아편중독의 증상과 중독자의 상황에 따라 처방을 달리한다는 점에서 치료방식상 진화된 측면도 보인다.

아편중독이었던 자신의 재활에 대한 자신의 경험을 주로 정리한 그는 당시의 금연 방법으로 아편을 완전히 끊을 수는 없었다고 하면서 결국 금연약을 복용하는 동안 점차적으로 아편 섭취량을 줄이고 중독의 처방약에 아편을 사용하지 말 것을 주장했다. 그의 논리는 담배를 피우는 사람들이 금연이 어려운 이유를 질병으로 고통받고 있기 때문이므로 먼저 금연하여 몸과 마음을 튼튼하게 해야 한다[28]는 것이다.

주지하듯이 제2차 아편전쟁으로 아편 수입이 합법화되었다. 아편이 수입되면 아편이 하역될 때에 세금이 부과되었다(1담擔에 은 30량). 또 아편이 항구를 떠나 중국 내지로 들어갈 때도 1/100의 세금[厘金]을 물어야 했는데 이는 수입 관세의 거의 두 배였다. 이렇게 아편으로 거두어들인 세금은 청말 양무운동을 진행하고 군대를 현대화하는 데 도움을 주었다. 이홍장李鴻章은 장쑤의 세금으로 회군에 자금을 대었고, 증국번曾國藩은 광동의 세금으로 상군[湘軍]에 자금을 대었다. 회군과 상군은 모두 아편에서 발생된 수익으로 재정의 큰 부분을 충당했다.[29]

1854년에 처음 쓰여진 『계연전법』이 정이풍程履豐에 의해 두 번이나 출판된 것은 이렇게 아편 수입이 증가하고 또 청조에서도 그 세금이 필요한 상황에서 중독자들의 증가를 억제하고자 하는 관리의 희망이 담긴 것으로 보아야 한다. 『계연전법』의 서문에 따르면 정이풍은 아편중독

---

27 陳恭敏, 『戒烟全法』, 「治法」 및 「臟腑各癮專治良法」.
28 劉悅, 「淸代鴉片烟毒與中醫戒烟硏究的歷史考察」, 51頁.
29 정양원, 『중국을 뒤흔든 아편의 역사』, 공원국 역, 에코리브르, 2009, 261-262쪽.

을 줄여 가는 방안에 대해 평소 관심이 많았던 차에 1877년 좌종당의 부름을 받고 서북에 파견되었을 때 진공민의 『계연전법』을 손에 넣고 이를 다시 출판하여 아편중독을 줄이고자 하는 의지를 펼쳤다.[30]

아편전쟁 이후 아편 수입이 합법화되면서 아편 재배도 점차 합법화되고 빠른 속도로 중국 전역으로 확산되어 19세기 말에 이르러 중국은 세계 최대 아편 재배국이 되었다. 19세기 후반에 청 정부는 세수稅收를 늘리기 위해 사실상 아편 재배를 장려하는 정책을 채택했다. 이는 중국 아편 생산량이 증가한 주요한 원인되기도 하였다. 이로 인해 많은 중국인은 아편을 담배처럼 흡입할 수 있었는데 1870년대 상해만 하여도 아편 흡연방吸煙房은 1700여 개소로 거의 찻집이나 음식점과 맞먹은 수치였다. 이처럼 대부분의 중국인은 아편에 중독되었고, 아편의 흡입은 중국인들의 심신의 건강을 해칠 뿐만 아니라 농업과 수공업 발전에도 영향을 미쳐 사회질서를 마비시켰다.

아편의 수입이 합법화되면서 아편 흡입자의 증가는 당연한 결과였다. 특히 국내에서 아편 소비가 증가하게 되자 1870년대에 들어와서 일부 관리들은 청 정부의 재정수입을 위해 각성에 아편을 재배하게 하여 중국산 아편으로 외국산의 아편을 제압하자고 주장하였다. 그러한 관리들의 제창과 투기성 작물인 아편이 농민에게 매우 높은 이익 때문에 1870-1880년대 이르기까지 전국 18개 성에서 아편이 재배되었다. 중국산 아편의 생산량은 놀라운 속도로 증가해 1870년대에는 이미 수입 아편을 초과하였으며 1880년대에는 수입 아편의 2-3배를 생산하였다는 주장이 나올 정도였다.[31] 타이완의 연구자 임만홍에 따르면 1906년 중국이 전

---

30　陳恭敏, 『戒烟全法』, 序文.

세계 아편의 70-80%를 생산했다고 한다. 또한 아편의 합법화 이후 증가된 수요가 국내 경작을 부추겼을 뿐 아니라 서북 지역의 저개발 경제와 남동 지역의 개발 경제를 통합시키는 데 기여했다고 하면서 중심과 변방의 지속적인 거래는 19세기 하반기 청조의 경제가 균형 발전을 이루는데 도움이 되었다고 강조하였다.[32]

청조 재정과 관련하여 농민과 일부 관료들이 아편 재배에 긍정적인 부분도 있었다고 설명하는 주장도 있다.[33] 그렇다고 모든 관료들가 아편 재배나 흡입에 긍정적인 것은 아니었다. 1870년대와 80년대에 아편에 대한 금연운동도 적지 않았다. 실상 청말 민초에 이러한 아편 금연운동이 효과를 발휘하였다고 평가할 수 있으나 19세기 후반의 금연운동은 쉽지가 않았다. 국가재정을 둘러싼 이해관계가 이에 얽혀 있었기 때문이다.

청나라는 제2차 아편전쟁 이후 열강의 핍박 아래 아편이 합법적으로 수입되었음을 인정하였으나, 그럼에도 청나라가 아편 문제에 아무런 성과를 거두지 못한 것은 아니다. 1863년에 청 정부는 아편 섭취의 폐해를 지적하며 문무 관원의 아편 흡연을 엄금하였고 이후도 이 조치는 반복적으로 취해진다.

아편중독에 대한 이러한 청조의 이중적 관리 상황은 보이지 않는 갈등을 유발하였고, 이렇게 보이지 않는 갈등이 청조의 곳곳에 나타나면서 아편의 단속과 중독에 대한 치료도 하나로 통일되지 못하고 파행적인 여정을 겪게 되었다. 20세기 초에 들어 아편중독에 대한 관리가 일치되면서 청조 내부는 갈등이 하나로 되는 수순을 밟게 되지만 이미 아편은 중

31  趙長青, 蘇智良 主編, 『禁毒全書 上册』, 中國民主法制出版社, 1998, 185-190頁.
32  林滿紅, 「中國産アヘンの販賣市場(1870年代-1906年)」, 『東方学報』, 2006, 241-278頁.
33  蘇智良, 『中國毒品史』, 上海社會科學院出版社, 2017.

국에 뿌리 깊게 자리 잡고 있었기에 그 해결 또한 쉽지 않았다.

19세기 중반 아편중독을 치료하는 적극적인 치료방안은 아직 모색되지 못하였다. 청대 중국에서는 아편으로 많은 사람이 피해를 보자 이를 퇴치해야 한다며 임칙서가 선두에 나서 치료법 개발에 앞장서게 되었고 그를 위해 하기위가 처음으로 아편중독에 관한 치료방안을 마련하였다. 본고는 그 치료법에 대한 구체적인 의학적 검토에는 미치지 못하였으나 당시 아편중독에 대한 이해와 치료법에 대한 연구를 통해 다음과 같은 사실을 알 수 있었다.

첫째, 아편중독에 대한 뚜렷한 처방이 어려운 당시 청대 의사들은 중의학에 기반하여 치료를 위한 처방전을 만들기 위해 노력하였다. 같은 시기 청나라에 들어온 외국인 의료선교사들도 아편중독과 치료에 많은 관심을 보이며 치료에 주력하게 되지만 19세기 중반에는 특별한 방식을 발견하지 못한 채 중국식 치료와 뒤섞이며 증세를 완화시키려는 조처가 진행되었다. 그러는 가운데서 일부는 중국의 치료자들과 서양 의료선교사들 간의 치료방법상의 교류도 있었던 것으로 파악된다.

둘째, 아편이 중국에 쏟아져 들어오는 1820년대 아편에 대한 엄금과 이금논쟁을 결국 엄금론으로 막을 내리지만 일단 아편 수입이 합법화된 1860년대 이후에도 아편을 어떻게 통제하느냐를 둘러싼 갈등이 심각하였다. 따라서 일부 관리들과 성정부 단위에서 주도하는 아편 금연 정책이 효과를 발휘하지 못하면서 오a히려 아편중독의 현장에서 이를 심각하게 바라보는 임칙서 혹은 정이풍과 같은 관료 혹은 하기위, 진공민 등의 의사들에 의해 중독 치료가 관리되기 시작하였다.

셋째, 아편중독에 대해서는 1830년대부터 일부 관리 혹은 의사들, 나아가 선교사들을 중심으로 그 심각성을 깨닫고 치료에 노력하고 있었지만 국가 차원에서 보자면 아편을 둘러싼 유통 혹은 중독에 대한 치료, 혹은 금연 정책 등이 아직 제대로 관리되지 못하는 상황이었다. 특히 아편이 청조의 재정을 메울 수 있는 세수가 되면서 19세기 국가는 국민의 건강보다 경제를 통한 이익 추구에 더 관심을 갖게 되었다. 따라서 이러한 정책이 관리들 간의 보이지 않은 갈등을 유발하였고 중국의 병폐는 극복되지 못하며 뒷전으로 물러나는 상황이 되었다.

# '적색 마약'과의 전쟁: 한국의 마약 정책과 반공주의, 1945-1960

박지영

한국전쟁의 정전회담이 중단과 재개를 반복하던 1953년 한국의 한 언론은 유엔군 사이에 마약중독자가 증가하고 있다는 사실을 보도했다. 그에 따르면 부산에 주둔하고 있던 미군 가운데 폭행, 살인 등의 범죄를 저지른 병사들은 주로 마약중독자들이며, 이들에게 마약을 공급한 것은 한국인 마약 밀매단이었다. 이 정보를 탐지한 한국 정부는 경찰을 동원하여 부산의 마약 소굴을 수색한 결과, '급생의원'이라는 한의원을 운영하던 무면허 한의사를 불법 마약 유포의 중심인물로 체포했다. 이 한의사는 창부, 포주, 자동차 운전사, 구두닦이로 이루어진 마약 밀매단을 조직하여 "수천 명에 달하는 우방 미[美] 병사들의 아편중독자를 내게 한" 혐의와 함께, 북한군이 퇴각하면서 한국에 남겨 둔 간첩이라는 의심을 받았다.[1]

북한군과 중공군이 마약을 유포하여 한국군과 유엔군을 약화시킨다는 지적은 이 기사 외에도 자주 거론되었다. 한국의 다른 일간지는 "북한 공산 괴뢰 및 중공 오랑캐들은 그들의 소위 공작대들로 하여금 마약류를 남한 각지에 휴대 유입시킴으로써 마약류를 판 돈을 그들의 공작비에 충당케 하는 한편, 이와 같이 마약을 퍼뜨림으로써 유엔군 장병을 중독케 하여 전력을 소모시키려는 악랄한 전법"으로 나오고 있다고 공산군을 비판하면서, 공산군이 서울을 비롯한 전선 일대에서 유통되는 마약의 출처라고 보도했다.[2]

마약을 한국 사회를 침략, 전복하려는 공산주의자들의 도구로 보는 인식은 1950년대 한국에서 널리 퍼져 있었다. 해방 이후 마약중독자 증가가 중요한 사회 문제로 부상하는 가운데, 정부는 공작비를 마련할 용도로 아편을 소지하고 있던 간첩을 체포했다는 수사 결과를 공표했고, 이를 근거로 관련 부처의 고위 관료들은 북한으로부터 유입되는 아편을 철저히 차단하겠다는 담화를 발표했으며, 공산주의자들의 아편 전술을 비판하는 사설 또한 일간지의 지면에 자주 등장했다. 언론과 정부의 적극적인 선전은 마약이 공산주의자들의 침략 수단이라는 인식을 대중들에게 확산시켰고, 공산주의자들이 한국인을 마약중독자로 만드는 부도덕한 행동을 하고 있다고 강조함으로써 그에 대한 적대감을 자극했다.

이와 같은 반공주의적 논의는 마약 문제로 인한 사회 혼란을 공산주의 세력, 즉 '중공', '북한', '좌익'의 탓으로 돌렸다. 그에 따르면 마약은 개인의 파멸을 초래하고 국가의 성장을 방해하며, 이런 마약을 유포하는 공산주의자들이야말로 개인과 국가의 몰락을 유발하는 '나쁜' 집단으로

<hr />

1　「제5열? 해구의 정체는?」, 『동아일보』, 1953. 1. 22; 「의료행위 정치 처분-해구 사건 보건 부서 무면허 한의사로 적발」, 『동아일보』, 1953. 1. 24.
2　「적 교묘한 마약전술」, 『경향신문』, 1953. 2. 4.

서 마땅히 배척되어야 할 대상이었다. 이처럼 공산주의자의 부도덕성을 강조하는 담론을 통해 정부는 마약을 반공의 도구로 이용했다. 여러 정치 세력의 반대를 무릅쓰고 단독 정부를 수립한 이승만 정권에게, 이런 반공 담론은 단정 수립을 정당화하는 장치였다.

이 글은 해방 이후부터 이승만 정부 시기까지 마약 문제에 대한 인식과 대책의 형성 및 변화 과정을 추적한다. 분단과 단정 수립이라는 배경에서 제시된 반공주의와의 관계 속에서 마약을 둘러싼 담론과 정책을 살펴보는 이 글의 접근법은 1950년대 한국의 정치적 지형이 보건의료 문제에 어떻게 반영되었는지를 잘 드러낸다. 이승만 정부는 남북한의 경쟁 세력들에 대하여 단정 수립의 정당성과 권위를 확보하기 위해 반공주의를 국시로 내걸고 적극적으로 선전했다. 이를 통해 반공주의는 사회의 여러 영역에 깊이 파고들었고, 보건의료 분야도 예외는 아니었다. 마약 문제는 보건의료와 반공주의의 접점이었다. 정부는 마약 문제를 이용해서 간첩과 좌익의 부도덕성을 부각시켰고, 이런 정부의 반공 담론은 언론을 통해 유포되었다. 따라서 마약에 관한 정부와 언론의 인식과 대응이 지닌 반공주의적 성격을 살펴봄으로써, 이 글은 1950년대 한국 정부를 둘러싼 정치적, 이념적 환경이 보건의료 문제에 어떻게 반영되었는지, 또 보건의료에 관한 담론이 한국 정부의 정치적 입지를 강화하는 데 어떻게 동원되었는지를 이해해 보고자 한다.

# 1. 해방 직후 마약 문제와 단속 중심의 정책 수립

해방 직후 한국에서는 마약중독자 증가가 중요한 사회 문제로 부상했다. 1947년에 미군정 보건후생부는 마약중독자 인원과 밀매 건수를 집계한 결과, 마약 범죄가 해방 직전에 비해 곱절로 증가했다고 발표했다. 그에 따르면 1945년 1월부터 7월까지 적발된 마약 밀매는 131건이었으나, 1947년 1월부터 7월까지는 418건으로 2배 이상 증가했다. 아울러 해방 직전 17,000명이던 마약중독자는 1947년 7월경에는 30만 명에 육박한다고 추정되었다. 1949년 2월경 정부에 등록된 마약중독자 수는 6,367명이었다. 하지만 당국은 등록되지 않은 환자를 포함하여 전국에 약 10만 명의 마약중독자가 있다고 예상했다. 이는 비록 1947년의 추정값보다는 줄었지만 해방 전과 비교하면 5배 이상 높은 수치였다. 이와 같은 정부의 통계는 해방 후 사회 질서가 혼란한 틈을 타서 마약중독과 밀매가 급증하고 있다는 언론의 경고와 함께 자주 보도되었다.[3]

한국 언론은 해방 후 마약 문제의 주요 원인이, 일본이 철수하면서 한반도에 남긴 아편의 불법적인 유포와 만주 일대에 거주하던 마약중독자들의 귀환에 있다고 진단했다. 당시 주요 일간지는 "해방 후 일본군이 항간에 퍼뜨리고 간 아편과 해외에서 돌아온 아편중독자들의 무사려한 행동으로 말미암아 아편중독자가 나날이 격증"하고 있다고 보도했다. 이런 주장은 일본이 전개한 아편 정책에 대한 비판을 담고 있었다. 일본은 재원 조달을 목적으로 만주에서 아편 전매를 실시했고, 높은 아편 수요

---

3    「마약밀매자 점차 격증」, 『동아일보』, 1947. 9. 3; 「마약환자 30만, 취체관 40명 증원」, 『조선일보』, 1947. 7. 15; 「마약환자 10만여, 당국의 근본대책 절요」, 『조선일보』, 1949. 2. 24.

를 조선산 아편과 마약으로 충당했다. 이를 위해 조선총독부는 강원도와 함경도 일대에 대규모 아편 재배 단지를 조성했고, 그곳에서 생산되는 수출용 아편의 유실을 막고자 「아편단속령」(1919)을 실시했으며, 1929년에는 잉여 아편의 불법 유통을 막기 위해 아편 수납, 마약 제조 및 판매를 모두 관영화했다.[4]

조선에서 생산된 수출용 아편과 마약은 조선총독부 전매국의 감독 아래 보관되었으나, 1945년 일본인 관리자들이 조선에서 철수함에 따라 적절한 관리를 받지 못한 상태로 방치되었다. 언론에 따르면 이 마약들은 관리가 느슨해진 틈을 타서 한국인들 사이에 불법적으로 유포되었다. 일례로 경향신문은 마약중독자의 급증이 "해방 후 일제의 발악으로 산포된 아편으로 발생한 것"이라고 주장했다. 동아일보 또한 "해방 직후 왜적들이 전매국 답십리 공장과 진해에서 뿌리고 간 막대한 생아편 1만 1천 4백여 킬로그램(kg)과 모르핀 980여 킬로그램(현 시가 20억 이상)이 큰 해독을 끼치고 있다"고 보도했다. 치료용 아편의 일일 최대 투여량과 모르핀의 치사량이 각각 500밀리그램(mg)임을 감안하면, 당시 일본이 남긴 마약은 다수의 한국인을 중독에 빠뜨릴 수 있는 양이었다.[5]

언론이 주목한 마약 문제의 다른 원인은 해방 이전 만주를 비롯한 중국 등지에서 거주하던 마약중독자와 밀매상의 귀환이었다. 대표적인

---

4  「아편취급에 경종 마약취체법규 수정 실시」, 『경향신문』, 1947. 7. 11; 박강, 「조선에서의 일본 아편 정책」, 『한국민족운동사연구』 20, 1998; John M. Jennings, "The Forgotten Plague-Opium and Narcotics in Korea under Japanese Rule, 1910-1945," *Modern Asian Studies* 29(4), 1995.

5  「아편중독자 남조선에 오만 명」, 『경향신문』, 1947. 6. 19; 「아편중독환자 서울시내만 만여 명 만주귀환자가 대다수」, 『동아일보』, 1947. 6. 18; 배성태, 『마약류 실체』, 도서출판 조은, 2011, 38쪽; 김대근 외, 『마약과 약물 남용』, 북스힐, 1999, 56쪽.

예로 마약 밀매상들은 일본의 침략 정책에 편승하여 자신의 이익만을 추구하는 이기적인 인물로 다음과 같이 묘사되었다.

> 일제는 중국침략의 한 도구로 사용한 이 아편! 한국민 중에는 일제에 아부하여 중국 만주 등지에서 이 아편을 매매한 자가 과연 다수에 달한 것만은 사실이었다. 도의적으로나 민족적으로나 용서하지 못할 이 아편 장사를 해방 후 조국에 돌아와서까지 의연 계속하는 자가 있다. 제 버릇 개 주지 못한다는 격일까 그렇지 않으면 배운 것이 그것뿐이라 할까? 특히 이러한 장사는 그 길에 통하는 인맥이 있어야 할 것이다. 그러므로 이 범주에 속하는 인간은 흔히 만주 중국 등지에서 돌아온 자들 중에 많고 그 거래는 대부분이 화상華商과 통하고 있다 한다. 이제와서도 또 이런 매매가 성행한다니 그들에겐 조국도 없고 인도도 없고 다만 돈만이 안중에 있는 모양이니 눈에서 불벼락이 나도록 처벌함이 옳을 것이다.[6]

여기에서 마약 밀매는 과거 식민지에 대한 일본의 아편 정책이 해방 후까지도 영향력을 발휘하고 있다는 증거였다.

미군정과 그 뒤에 수립된 한국 정부 또한 해방 후의 마약 문제를 식민 통치의 유산으로 간주했다. 마약 문제에 대한 그들의 대응은 식민 지배의 잔재 청산을 목표로 하고 있었다. 미군정이 1946년에 발표한 미군정법령 제119호 「마약의 취체」는 식민지 시기의 마약 법규들을 대체하기 위한 법안으로, "조선총독부 재무부 전매국 마약통제과의 모든 기능,

---

6 「아편밀수출도 무역풍의 일종」, 『경향신문』, 1948. 11. 26.

기록, 직언, 재산을 한국 정부의 보건후생부 약무국에 이관"한다고 선포
했다. 이에 따르면 마약의 용도는 '치료와 연구'로 제한되고, 정부의 허
가를 받지 않은 마약의 취급은 모두 금지되며, 마약 취급자의 자격과 권
한도 정부의 통제를 받게 되었다. 그 후속 조치로서 미군정은 먼저 조선
총독부가 수출 목적으로 관리하던 강원도와 경상도 일대의 아편 재배를
금지했다. 그에 따라 547만여 평에 이르던 아편 재배지가 농토로 바뀌었
다. 이 조치는 미군정 보건의료 정책의 주된 목표 중 하나인 식민지 보건
의료체계의 해체와 미국식 체계로의 재편에 부응하는 방침이었다.[7]

　식민 잔재의 청산이라는 구호 아래 조선총독부의 아편 정책을 폐지
한 미군정과 한국 정부는 그 결과로 여겨지던 마약 밀매를 검거하는 데
집중했다. 「마약의 취체」에 따라 서울 중앙경찰청은 출범 직후부터 마약
밀매단 소탕을 실시했으며, 서울 검찰청과 협동 작전을 전개하여 충무로
등지에 있는 마약굴을 수색하고 마약중독자 및 밀매상을 체포했다. 나아
가 미군정과 한국 정부는 각 도에 마약 취체관을 배치하여 경찰과 함께
마약 밀거래를 단속하도록 했으며, 각 시도에서는 마약 집중 단속 기간
을 정하여 수사를 진행했다. 이 같은 단속의 성과들은 언론을 통해 빈번
하게 발표되었다. 언론의 보도에 따르면 1947년부터 1949년까지 경기도
에서 검거된 마약 사건은 526건이었고, 체포된 마약 사범은 593명이었으
며, 몰수된 마약의 양은 생아편 66킬로그램, 헤로인 4.7킬로그램, 모르핀
3,800병이었다.[8]

——　7　「마약의 취체」, 1946. 11. 11;「양구비꽃밭에서 잡곡 일만여 석을 수확」, 『동아일보』,
　　　　1946. 5. 29;「아편 재배 전면적 중지」, 『동아일보』, 1947. 6. 25; 신좌섭, 「군정기의 보건
　　　　의료정책」, 『의사학』 9(2), 2000, 81-85쪽.
　　　8　「권총가진 아편밀수단」, 『동아일보』, 1946. 3. 17;「아편굴을 불시습격 명우와 악사도 발

마약 문제에 대한 한국 정부의 대책은 중독자 구제와 재활보다, 밀매 단속에 초점이 맞추어져 있었다. 정부는 마약범을 밀고하는 사람에게 포상금을 수여하고, 투서함을 설치하여 마약범들에 대한 신고를 촉구하는 등 새로운 정책들을 꾸준히 도입하여 마약 범죄의 검거율을 높이고자 했다. 물론 정부가 마약중독자에 대해 아무런 조치도 마련하지 않은 것은 아니었다. 보건후생부 마약과는 1948년 약 200만 원을 투자하여 서울 왕십리에 마약 환자를 위한 수용소를 설립하고 중독 치료를 위한 시범사업을 기획했으며, 시립 순화병원에 마약중독치료소를 설치하여 가난한 마약중독자들이 무상으로 치료받을 수 있도록 했다. 하지만 이런 시설은 마약중독자 수에 비해 매우 부족했고 적절한 치료 또한 이루어지지 않았다.[9]

마약 밀매에 대한 정부의 단속은 식민지 유산의 청산을 위한 활동으로 선전되었다. 1949년 말까지도 언론은 "왜정 40년간에 마약으로 인한 해독이 뿌리 깊이 부식"된 점, 밀수입, 만주로부터의 마약중독자 귀환 등을 마약 문제의 핵심 원인으로 지적했으며, 보건부 장관 구영숙具永淑은 1949년에 보건부의 시정 방침을 발표하면서, 마약 문제에 대해 "국력을 배양하는 데 큰 장애"이자 "모든 범죄의 근원"을 이루므로 "철저히 근멸"할 것이라고 언급하면서 "특히 외국으로부터 침입하여 오는 마약과 마약

견검거」, 『경향신문』, 1947. 9. 24; 「마약 환자 십만 취체관 40명 증원」, 『조선일보』, 1947. 10. 4; 「마약사무취급자, 18일부터 강습회」, 『동아일보』, 1948. 2. 14; 「마약을 단속! 서울시서 단행」, 『경향신문』, 1949. 7. 9; 「경기도에만 마약중독자 4만5천 명」, 『동아일보』, 1949. 6. 20.

9  「밀고자에 상금수여 마약취체에 새 방법」, 『동아일보』, 1948. 8. 24; 「마약실태 알려라」, 『경향신문』, 1950. 6. 19; 「서울에 마약환자수용소」, 『경향신문』, 1948. 2. 11; 「마환자 치료소 순화병원에 설치」, 『동아일보』, 1948. 4. 23; 「마약환자 증가일로」, 『동아일보』, 1948. 5. 11.

환자에 대한 취체를 엄중히 할 생각"이라고 공표했다. 이처럼 마약 문제가 식민지 유산이라는 인식 아래, 마약 정책은 국가의 발전을 가로막는 오랜 장애물을 제거하는 작업으로서 단속 중심의 성격을 갖게 되었다.[10]

## 2. 한국전쟁 시기 간첩: 마약 담론의 확산과 반공 선전

마약 문제의 원인을 둘러싼 논의의 지형은 한국전쟁을 분수령으로 재편되었다. 마약이 식민 지배의 잔재라는 인식이 논의의 주변부로 밀려나면서, 마약 문제가 한국 사회를 전복하려는 좌익과 간첩, 그리고 그 배후에 있는 북한의 공산주의자들의 계략이라는 견해가 도입되어 논의의 중심을 차지했다. 이 같은 변화는 단정 수립의 정당성을 확보하고 남북한의 경쟁 세력에 대해 정권을 강화하려는 이승만 정부의 반공체제 구축, 그리고 한국을 국제적 냉전의 최전선으로 만들고 국내의 반공체제를 고착화한 한국전쟁과 긴밀한 연관을 맺고 있었다. 그중에서도 한국전쟁은 중공군과 북한군의 마약 전술에 대한 보도를 통해, 한국 사회에 간첩과 좌익이 마약을 유포하고 있다는 시각을 강화했다. 이 시각은 한국에 마약을 퍼뜨리는 공산주의자들의 부도덕성을 부각시킴으로써 반공체제의 성립을 뒷받침했으며, 1950년대 내내 마약 문제의 원인을 설명하는 주된 견해였다.

마약 문제에 대한 한국 정부와 언론의 논의는 1949년 무렵부터 바

---

10 「아편쟁이 버려둘 셈? 각도 마약계 폐지」, 『동아일보』, 1949. 9. 25; 「미온정책을 일축」, 『동아일보』, 1949. 7. 17.

꿰기 시작했다. 논의의 초점이 마약과 공산주의자의 관계에 맞추어지면서, 좌익과 간첩이 공작비를 마련하기 위해 북한으로부터 아편을 받아 한국 사회에 유포한다는 간첩-마약 담론이 등장했다. 이 담론은 여순 사건을 계기로 부상했다. 이승만 정부는 여순 사건의 주모자인 남로당원 이중업이 국가의 정보를 월북한 박헌영에게 전달하는 한편, "대한민국을 전복시키려고 산하에 특수부대를 조직하고 … 여수, 순천 지방에서 폭동을 일으키게" 했다고 발표했다. 그리고 이중업이 자금을 마련하기 위해 "북한 괴뢰정부로부터 1천만 원 이상의 공작비를 화폐로 받아 오는 반면 매월 아편 10킬로그램 이상을 주문진과 포항으로 밀수입"했다고 언급하며, 이에 대해 "동족을 아편으로 말살할 것도 기도"했다고 비판했다. 이 담론에서 아편은 북한에서 유입되어 '동족의 말살'을 초래하는 원인이었고, 이를 유포한 좌익 정치인들은 동포를 위험에 빠뜨린 부도덕한 세력으로 묘사되었다.[11]

간첩-마약 담론은 1950년대 전반에 걸쳐 나타났으며 한국전쟁 시기와 그 직후에 가장 활발하게 논의되었다. 경향신문과 동아일보의 기사를 중심으로 살펴보면, 1949년에 처음 등장한 간첩-마약 담론은 마약에 관한 기사 49건 가운데 5건으로 약 10%에서 나타났다. 그 이래로 간첩-마약 담론은 전쟁 중이던 1952년과 1953년에 두 해 모두 마약 관련 기사 28건 중 4건으로 약 14%로 증가했으며, 전쟁 직후인 1954년에는 36건의 기사 중 12건인 약 33%에서 거론되며 가장 높은 빈도를 나타냈다. 그 뒤로 감소하기 시작한 간첩-마약 담론은 1955년에는 79건 중 14건인 약 18%의 기사에서 나타났으며, 1958년에는 163건의 마약 관련 기사 중 34건인 약

---

11 「여순반란사건 총주모 공산당 수괴로 암약」, 『동아일보』, 1949. 4. 10.

21%, 1959년에는 87건 중 11건인 약 13%의 기사에서 논의되었다. 이 같은 감소 추세가 계속되다가 1962년에는 마약 관련 기사 67건 중 1건에서 간첩이 거론되었고, 이후 거의 언급되지 않았다.[12]

이 같은 담론의 부침 가운데 한국전쟁은 간첩-마약 담론의 강화에 결정적인 계기였다. 중공군과 북한군이 유엔군의 사기 약화 및 군자금 마련을 위해 전선 후방에서 아편을 유포한다는 전황 보도는 간첩-마약 담론의 핵심 요소가 되었다. 경향신문은 "북한 공산괴뢰 및 중공 오랑캐들은 그들의 소위 공작대로 하여금 마약류를 남한 각지에 휴대 유입시킴으로써 마약류를 판 돈을 그들의 공작비에 충당케 하는 한편, 이와 같이 마약을 퍼뜨림으로써 유엔군 장병을 중독케 하여 전력을 소모시키려는 악랄한 전법"을 사용한다고 주장했다.[13] 동아일보 또한 "괴뢰 및 중공 오랑캐들은 … 아편을 대량 밀수하여 이를 각종 공작의 군자금으로 충당하는 한편 이를 직접 주사약으로 제조하여 후방에 주입 사용케 함으로써 총후銃後를 문란케" 하는 작전을 펼친다고 보도했다.[14]

정부와 언론은 공산군이 아편을 이용해서 조성한 자금이 좌익과 남파 간첩의 공작비로 쓰이며, 유포된 아편은 한국 사회에서 불법적으로 유통된다고 강조했다. 일례로 내무장관 진헌식陳憲植은 1953년 6월 공보처를 통해 "북한 괴뢰집단은 가공하게도 최근 우리 대한민국 영역 내에 대량의 마약을 전파시켜 유엔군은 물론 각 중요 기관 및 일반에게까지

---

12 동아일보와 경향신문, 조선일보의 마약 관련 기사들에 대한 분석은 다음 웹사이트들의 검색 결과를 토대로 하고 있다. 네이버 뉴스라이브러리[http://newslibrary.naver.com/search/searchByDate.nhn.(검색일: 2016. 4. 20)]; 조선일보 아카이브[http://archive.chosun.com.(검색일: 2016. 4. 20)]

13 「적 교묘한 마약전술」, 『경향신문』, 1953. 2. 4; 「여적」, 『경향신문』, 1952. 1. 30.

14 「아편밀매자 일당 체포」, 『동아일보』, 1951. 2. 16.

침투케 하여 전투력을 약화시킴은 물론 그들의 대남 공작 및 오열 분자의 활동을 용이하게 하는 자금 조달을 하고 있다"라고 하며, 북한군의 사주를 받은 밀매범들을 체포했다고 발표했다. 진헌식은 북한군이 유포한 마약을 불법으로 유통시킨 인물들을 거명하며 그들이 "마약 반제품 '찌루' 190그램을 입수 남하하여 '모루히네[모르핀의 일본식 발음]'로 정제 판매코자 27일 부산시 모처에서 인쇄업을 경영하는 김진성 외 2명과 공모 … 밀조 중 당국에 체포"되었다고 알렸다. 그에 따르면 아편과 그것을 원료로 한 마약은 대개 북한 괴뢰로부터 "해상 루트를 통해 서울로 집결"되고 "그 대부분은 기차 또는 항공편으로 전선 및 부산 방면으로 반출"되어 한국 사회 전역으로 확산되었다.[15]

이처럼 북한군에 의해 유포된 아편이 한국 사회로 흘러들어 와 만연해짐을 부각시킨 담론은 공산주의자들의 부도덕성을 강조했다. 진헌식은 위의 발표에서 북한군의 활동을 "전율할 적의 흉계"라고 비판했으며, 다른 기사는 북한군에 의해 아편이 "사회 안전과 국민 보건을 문란시킬 목적으로 남한에 투입"되고 있다고 언급하면서 북한군의 아편 공세가 한국 사회에서 초래할 악영향을 우려했다. 이 같은 언급은 북한의 공산주의자들의 공격이 한국의 군대와 정치 세력에만 국한된 것이 아니라, 한국인과 한국 사회 전체를 겨냥하고 있음을 지적했다. 나아가 마약중독자들은 "공산괴뢰들이 계획하는 미끼를 따 먹고 있는" 어리석은 사람들이자, "사회악을 조장하고 나아가서는 망국케 하는 전율할 존재"로 그려졌다. 이런 담론에서 공산주의자들은 군사적·정치적 목적을 이루기 위해 '동포

___

15 「괴뢰 가증할 죄상」, 『경향신문』, 1953. 6. 10. 조선일보에도 비슷한 시기에 이와 동일한 내용의 기사가 게재되었다. 「종로난 아편전선, 괴뢰가 보낸 대량의 현품을 압수」, 『조선일보』, 1953. 6. 7.

　　　　　　　　　　　　　　　　　2부 권위주의 국가와 신체 통제

를 배반'하고 한국 사회 전체를 위험에 빠뜨리는 집단으로 묘사되었다.[16]

간첩-마약 담론을 통해 '나쁜' 공산주의자의 이미지를 부각시킴으로써 정부는 대중들에게 반공주의를 확산시키고자 했다. 공보처는 "공산주의자들이 일선 지역에 있는 국군의 사기를 저해하고 파괴 활동에 대한 자금을 공급하기 위하여 대량의 마약을 대한민국으로 보내고 있다는 사실"을 체포된 간첩이 자백했다는 수사 결과를 자주 발표했으며, 이를 대중들이 시각적으로 확인할 수 있도록 아편을 비롯한 간첩들의 소지품을 모아 전시회를 열었다. 뿐만 아니라 정부는 전국적으로 전개한 반공운동을 통해 대중들에게 공산주의자들이 마약 문제의 주범이라는 인식을 확산시켰다.[17] 정부의 적극적인 간첩-마약 담론의 선전은 대중들 사이에서 공산주의자들에 대한 적대감을 유발했다. 동아일보의 사설은 공산주의자들을 "동족멸망의 야만행위"를 자행한 비인도적인 세력으로 묘사했다. 이런 담론은 한국전쟁을 겪으며 공산군에 대한 공포와 적의를 품게 된 대중들 사이에서 반공주의적인 시각을 확산시켰다. 특히 공산주의자들의 아편 공세에 대한 불만은, 경향신문에 실린 한 사설이 보여 주듯 "썩어빠진 적색 마약에 시든 놈들을 우리는 하루 바삐 이 땅에서 스러지게 하고 싶다"라는 강한 적개심으로 표출되었다.[18]

나아가 간첩-마약 담론은 정부의 정치적 경쟁 세력에 대한 견제를 정당화하는 장치 중 하나였다. 간첩과 좌익이 공작비를 마련하기 위해

---

16 「대남공작에 아편전술」, 『동아일보』, 1954. 10. 16; 「늘어가는 마약 환자 6백 명 등록」, 『경향신문』, 1954. 2. 6; 「나라를 좀 먹는 마약환자」, 『경향신문』, 1955. 1. 22.

17 「오열 공작비 충당에 아편 사용」, 『경향신문』, 1954. 10. 16; 「괴뢰들의 밀수품 아편, 무기 등 전시」, 『경향신문』, 1955. 1. 27; 「아편 등 무려 43점 남도부 일당의 공작품을 전시」, 『동아일보』, 1955. 1. 28; 「계획적인 괴뢰 휴전 위반」, 『동아일보』, 1955. 8. 11; 「오열준동에 강력포진. 25일부터 방첩국민운동 전개」, 『경향신문』, 1954. 10. 25.

아편을 유포한다는 담론은 야당 정치인에 대한 정부의 감시가 필요하다는 제안으로 이어졌다. "선량한 국민으로 하여금 중독자를 배출시키자는 간계"를 간첩이 전개하고 있다고 비판한 동아일보의 사설은, "신출 간첩들을 색출하는 것도 긴요하겠으나 남한에 있는 재래종"에 대한 감시를 철저히 하는 것이 더욱 중요하다고 말하며 국내 정치 세력에 대한 정부의 감시를 촉구했다. 뿐만 아니라 간첩-마약 담론의 영향력이 확대됨에 따라, 정치인의 아편 소지는 단지 마약 법규를 위반한다는 차원을 넘어 간첩 활동의 증거로까지 의심하는 것이 자연스러운 일이 되었다. 가령 정부가 조봉암을 비롯한 진보당 간부들을 국가보안법 위반 혐의로 고발 및 처형한 진보당 사건에서, 진보당 간부 "허[허봉희]가 가지고 온 시가 1,800만 환에 해당하는 4킬로그램의 아편이 동 당 확대 공작에 사용된 혐의"는 "동 당 간부들이 북한에서 파견된 간첩들과 접선"되었다는 강한 의혹을 불러일으키는 자료로 간주되었다.[19] 이처럼 간첩-마약 담론의 구도에서 아편은 정치인들에게 좌익과 간첩의 혐의를 제기함으로써, 그들에 대한 정부의 감시를 정부의 개입을 타당하게 하고, 그로 인한 활동의 제약을 불가피하게 만드는 정치적 기능을 가지고 있었다.

이와 같이 간첩-마약 담론은 정부의 반공체제 구축에 이용되었다. 정부는 간첩-마약 담론을 통해 공산주의자들의 부도덕성을 강조함으로써 대중들 사이에서 반공주의를 확산시키는 한편, 정치적 경쟁 세력들에

---

18 「아편전술의 적침공작」, 『동아일보』, 1954. 11. 24; 김동춘, 「한국전쟁과 지배이데올로기의 변화-반공주의를 중심으로-」, 『한국전쟁과 한국사회변동』, 풀빛, 1992, 135-181쪽; 「여적」, 『경향신문』, 1952. 1. 30.
19 「횡설수설」, 『동아일보』, 1959. 10. 19; 「진보당 사건에서 규명되어야 할 제점」, 『경향신문』, 1958. 1. 16.

대한 감시를 강화하고 그들에 대한 견제를 정당화할 수 있었다. 간첩-마약 담론의 형성과 확산은, 공산주의자를 민족의 배신자, 반인륜적 집단, 독재체제의 옹호자로 묘사하며 그에 대한 '나쁜' 이미지를 만드는 정부의 반공주의 선전과 일맥상통하는 작업이었다.[20] 이 같은 선전은 국가보안법 등의 제도와 함께 정부의 반공체제 수립을 뒷받침하는 중요한 요소였다. 반공체제를 구축함으로써 이승만 정부는 단정 수립의 정당성과 남북한의 경쟁 세력들에 대한 권위를 확보하고자 했다.

간첩-마약 담론은 반공체제 수립에서 중요한 역할을 하며, 1950년대 마약 문제의 원인에 관한 논의의 중심을 차지했다. 하지만 이와 같은 담론 지형의 변화 속에서도 실제적인 마약 통제는 단속 위주의 정책에서 거의 달라진 바가 없었다. 경찰이 상부 기관으로부터 간첩과 관련된 제보를 받고 수사에 나선 사례가 종종 있었지만, 대부분의 활동은 마약굴 소탕이나 중독자 및 밀매자 적발이었다. 간첩-마약 담론의 부상에 의해 단속의 정도가 철저해졌다고 보기에도 어려움이 있다. 일례로 동아일보의 한 사설은 보건부의 마약 취체에 대해 "이 정도로서는 도저히 근절키 어려울 것"이라고 평가하면서, "예산 부족으로 취체 활동할 수 없고 각종 단체에서 간섭하는 사례가 없지 않아 취체에 지장을 초래하고 있다"고 말하며 마약 정책을 개선할 의지를 보이지 않는 보건부의 태도를 비판하며, "마약 취체원에 대한 강력한 사법권 부여"를 비롯한 강력한 대책 마련을 요구했다. 이런 경향으로 볼 때 간첩-마약 담론과 마약 통제는 거의 관련성을 갖지 않고 전개되었다.[21]

---

20  김영희, 「제1공화국 초기 이승만정부 공보선전활동의 성격」, 『한국언론학보』 54(3), 2010; 이하나, 「1950~60년대 반공주의 담론과 감성 정치」, 『한국언론학보』 95, 2012.
21  「만연일로의 아편병」, 『동아일보』, 1954. 6. 28.

## 3. 아편의정서 채택과 국제적 마약 통제체제로의 편입

간첩-마약 담론이 확대되는 가운데, 1953년 무렵부터 마약 밀수의 국제 정세를 거론하는 기사들이 증가하기 시작했다. 이 기사들은 미국 정부와 언론의 발표를 인용하여 중공의 아편 유포의 배후에 소련이 있다고 주장하면서, 마약 문제를 냉전의 양 진영 간 대립으로 서술했다. 경향신문의 한 기사는 뉴욕타임즈에 게재된 기사의 일부를 전달하며 "북경의 공산 정권은 세계의 아편 수요량을 훨씬 넘는 아편을 생산하고 있으며 소련은 세계의 안전 보장에 위협을 주는 이런 무제한 생산을 후원"하고 있다고 보도했다. 동아일보의 기사 또한 "유엔 주최 아편회의를 소집 개최하였는데 … 소련을 필두로 한 철의 장막 위성국가는 단 한 나라도 참석조차 아니하였으니, 이 행동은 공산도배들은 국제적 조절에 상관 않고 자기네 멋대로 얼마든지 생산하여 얼마든지 팔아먹겠다고 결속한 증좌"로써, "전 자유세계 각국은 이 수법에 대한 대책을 어서 속히 세워가지고 적극 투쟁을 전개하지 않으면 안될 것이다"라고 말하면서, 국제적인 마약 밀수가 자유주의 국가들에 대한 공산주의 국가들의 공격이라는 의혹을 강력하게 제기했다.[22]

이처럼 국제적인 마약 밀수가 공산주의 국가들의 주도 아래 이루어지고 있다고 간주한 언론과 정부는, 마약 밀수에 관여한 공산 국가들 또는 자유주의 국가에서 비밀리에 활동하는 공산주의자들 사이에 긴밀한 연계가 있다고 보았다. 가령 경향신문은 "일본 공산주의자와 북한 괴뢰 및 중공계 분자들이 태업과 파괴 행동 계획을 전개하기 위하여 한국에

---

22 「아편전쟁 준비」, 『경향신문』, 1953. 1. 5; 「신판아편전쟁」, 『동아일보』, 1953. 5. 23.

대량의 아편, 마약, 무기 및 폭약을 밀수출하고 있다"고 보도하면서, 한국의 마약 문제에 중국, 일본, 북한의 공산주의자들이 관여하고 있다고 주장했다. 그중에서 일본은 중공으로부터 한국뿐 아니라 미국, 동남아시아 등지로 밀수되는 마약의 중간 경유지로 지목되었다. 동아일보의 한 기사는 미국 연방마약국장 해리 앤슬링거<sup>Harry J. Anslinger</sup>(1892-1975)의 발표를 인용하여 "일본의 공산 주졸들이 이런 종류의 교역에 종사"해 왔으며 "그와 같은 불법 행위는 기금 조달 이외에도 한국 및 일본에 주둔한 미군을 포함한 군대 및 민간인을 부패시키려는 데 그 동기가 있다"고 언급했다. 이런 마약 밀수 경로에서 북한은 중공에서 수출된 마약을 한국으로 침투시키는 직접적인 관문으로 간주되었다. 한국군 특무대는 북한에서 "완전히 설비를 갖춘 아편 공장이 설치되어 … 중공으로부터 수시로 막대한 양의 생아편을 지급받아 정제하고 있으며" 여기에 "중공의 기술지도원까지 수 명 파견"된 상태이고, 북한 지도부가 중공으로부터 "지급받은 막대한 아편의 수량을 대한민국에 충분히 유출치 못하였다는 중공 당국의 신랄한 책임 추궁"을 받고 있다고 발표했다.[23]

이런 논의에서 한국의 마약 문제는 한국전쟁 또는 간첩으로 인한 국내 문제만이 아니라, 세계적인 마약 밀수 문제와 관련된 것으로 그려졌다. 즉 한국에서 일어난 마약 밀수는 중공을 필두로 한 공산주의 국가들이 자유주의 진영에 대해 전개하는 전략의 일부로 인식되었다. "중공이 오열을 통하여 아편을 전 자유세계 각국에 밀수출"하고 있다고 본 동아일보의 기사는 "이 아편 판매금으로 중공이 한국전비 충당에 사용하고

<hr>

23 「마약과 무기 밀수」, 『경향신문』, 1955. 1. 9; 「중공 마약공세 일본서 중간교역」, 『동아일보』, 1957. 3. 3; 「대남공작에 아편전술」, 『동아일보』, 1954. 10. 16; 「괴뢰 아편 공세, 공작원 속속 검거」, 『동아일보』, 1954. 12. 13.

있다"고 말하며, 한국이 자유주의 국가들에 대한 공산주의 진영의 마약 정책으로부터 직접적인 영향을 받고 있음을 강조했다.[24]

중공의 마약 밀수 정책에 관한 비판적인 논의들은 그 정책이 군자금 마련뿐 아니라 자유주의 국가들에 다수의 마약중독자를 양산함으로써 군사력을 약화시킬 목적을 가지고 있다고 지적하면서, 이로 인해 자유주의 국가들이 겪는 문제가 한국에서도 동일하게 일어나고 있다고 파악했다. 예를 들어 엄격한 마약 통제법의 수립을 주장한 국회의원은 한 미국 잡지의 말을 인용하면서, 중국이 "뉴욕의 소년에 대해 마약을 전파시켜서 자유진영의 청소년에 전투능력을 갖다가 마멸시켜 버리려"는 계획을 가지고 있고 "그런 수법이라고 하는 것이 미국에서뿐만 아니라 어느 나라든지 … 별 차이가 없을 것"이며 "더군다나 지금 북에다가 중공군을 놓아 두어 가지고 전쟁을 한다는 나라"인 한국은 부지불식간에 미국과 같은 문제를 겪고 있음을 강조했다.[25]

중공을 위시한 공산주의 진영의 마약 전략에 관한 논의들은 공산주의자들의 부도덕성을 부각시켰다. 하지만 이 논의는 '동포에 대한 배신'을 강조한 간첩-마약 담론과 달리, 공산주의자들이 자유주의 국가 주민들의 신체적·정신적 건강이라는 보편적인 가치를 침해한다는 데 비판의 초점을 맞추었다. 경향신문의 한 사설은 중공의 마약 밀수에 대해 "자유 세계에 독균 뿌리는 전율할 마약 정책"이라고 언급했으며, 경향신문의 다른 기사는 "공산주의자들은 그러한 비밀 무기로서 자유세계의 건전한 분위기를 파괴하고 있을 뿐만 아니라 세균 무기의 효과에 몇 십배 되

---

24 「신판아편전쟁」, 『동아일보』, 1953. 5. 23.
25 「제3대 국회 제24회 제10차 국회본회의 회의록」, 1957. 4. 2.

는 독소를 세계에 유포시키었다"고 비판했다. 나아가 동아일보의 기사는 "아편은 악용되어 인류를 멸망시키는 마약화할 수 있"음에도 "중공이 오열을 통하여 아편을 전 자유세계 각국에 밀수"하는 것은 "아무리 장사꾼의 행동이라 하여도 너무나 비양심적"이라고 지적했다.[26]

국제적 냉전 대립을 강조하는 마약 담론은 대체로 미 연방마약국장 앤슬링거의 공식 발표에 바탕을 두고 있었다. 그는 연방마약국의 초대 국장으로, 마약 정책에 대한 연방마약국의 발언력을 키우고자, 국제적인 마약 문제가 미국의 국익에 끼치는 악영향을 강조하면서 연방마약국이 제시한 대책이 미 국무부의 안보 정책에 부합한다고 내세웠다. 그의 전략에 따라 연방마약국의 활동은 당시 미 국무부의 최우선 구호이던 반공에 초점이 맞추어졌으며, 마약 관리를 넘어서 공산주의 세력에 대한 첩보 활동과 반공 선전까지 포함하게 되었다. 앤슬링거는 연방마약국의 첩보망을 이용하여 수집한 자료를 토대로 중공이 한국전쟁에 파견된 미군과 미국 본토에 마약을 유포함으로써 그를 붕괴시키고자 했다는 보고서를 유엔 마약위원회에 제출하면서, 공산주의 국가들의 마약 밀수출을 봉쇄하기 위해 국제기구가 국가 간 마약 유통에 개입해야 한다고 주장했다.[27]

26 「여적」, 『경향신문』, 1954. 5. 6; 「아편전쟁 준비」, 『경향신문』, 1953. 1. 5; 「신판아편전쟁」, 『동아일보』, 1953. 5. 23.
27 「중공, 아편전술을 강화. 적화 공작자금으로 사용」, 『조선일보』, 1955. 4. 19; 「중공 마약 공세 일본서 중간교역」, 『동아일보』, 1957. 3. 3; Douglas Clark Kinder and William O. Walker, "Stable Force in a Storm: Harry J. Anslinger and United States Narcotic Foreign Policy, 1930-1962," The Journal of American History 72(4), 1986, pp. 908-927; Kathleen J. Frydl, The Drug Wars in America, 1940-1973, Cambridge Univ. Press, 2013, pp. 59-87; Harry Anslinger, The Murderers: The Story of Narcotic Gangs, Farrar, Straus, and Gadahy, 1961.

미국의 반공주의적인 마약 담론이 한국에 본격적으로 유입되기 시작한 계기는 한국의 유엔 아편회의 참여였다. 한국 정부는 유엔 사무총장의 초청으로 1953년 5월 11일부터 6월 18일까지 뉴욕에서 개최된 유엔 아편회의에 주미영사 남궁염南宮炎을 파견했다. 이 회의는 유엔 경제사회이사회의 산하 기구인 마약위원회Commission in Narcotic Drugs가 주관한 모임으로, 마약에 관한 국제기구와 33개 국가의 대표들이 참석했다. 이 회의에서 마약위원회는 「앵속의 재배와 아편의 생산, 국제무역, 도매, 사용을 제한 및 규제하는 의정서Protocol for Limiting and Regulating the Cultivation of the Poppy Plant, the Production of, International and Wholesale Trade in and Use of Opium」, 이후 「아편의정서」를 채택했다. 이 자리에서 한국 정부는 「아편의정서」의 채택에 동의했고, 이후 그에 가입함으로써 정부 수립 이후 처음으로 마약과 관련된 국제 협정을 체결했다. 한국 정부에게 이는 국제적 마약 통제체제에 편입하는 첫 관문이었다.

한국의 유엔 아편회의 참석을 유도한 것은 미국이었다. 미국의 건의로 유엔 경제사회이사회는 「아편의정서」 채택을 의제로 한 유엔 아편회의에 리비아, 스페인, 네팔, 한국 등 자유 진영 국가들로부터 원조를 받던 4개국을 초청했다. 이 중 스페인과 한국만이 유엔의 초청을 받아들여 회의에 참석하고 「아편의정서」에 가입했다.[28]

「아편의정서」는 20세기 초반부터 체결되어 온 마약 관련 국제협약들 가운데 가장 엄격한 무역 통제를 요구하는 조약이었다. 마약에 관한

---

28 「유엔 경제사회이사회 한국대표 초청」, 『동아일보』, 1953. 4. 4; 「미 남아원조에 일억 오천만불을 요구」, 『경향신문』, 1952. 4. 5; United Nations, "Protocol for Limiting and Regulating the Cultivation of the Poppy Plant, the Production of, International and Wholesale Trade in, and use of Opium," *Treaty Series* 456, 1963, p. 3.

2부 권위주의 국가와 신체 통제

최초의 국제협정은 1912년 「헤이그 협약」으로 아편, 모르핀, 코카인 등 마약의 원료 생산, 제조, 매매를 제한하고 그 사용을 의료 및 기타 합리적인 용도로 국한할 것을 추구했으며, 이를 감독하기 위해 관련 통계 자료를 국가 간에 공개하도록 했다. 그에 이어 1948년에 체결된 「파리의정서」는 기존 규제 대상을 비롯하여 제2차 세계대전 동안 급증한 합성 마약들까지 통제 대상에 포함하면서 마약에 관한 국제적 규제를 확대했다. 이런 통제 경향을 더욱 강화한 「아편의정서」는 각국의 마약 사용량과 잉여량을 축소하여 불법으로 유통되는 마약의 양을 전반적으로 줄이고, 유엔 마약위원회가 승인한 7개국에게만 아편 생산과 마약 제조를 허가함으로써 마약의 과잉 생산과 불법 유통을 원천적으로 봉쇄한다는 목표를 가지고 있었다.[29]

　「아편의정서」는 미국의 전폭적인 지지를 받아 입안 및 체결된 조약이었다. 미국은 중공을 비롯한 공산주의 국가들이 세계적인 마약 밀수의 본거지라고 주장하면서, 그에 대한 강력한 통제를 실시해야 한다고 촉구했고, 그를 위한 제도적 장치로 「아편의정서」 체결을 제시했다. 유엔 아편위원회의 미국 대표인 앤슬링거는 1952년에 열린 유엔 아편회의에서 마약이 중국으로부터 출발하여 홍콩을 거쳐 일본에 도착한다는 보고서를 제출하며 중공의 마약 밀수출을 제한하는 제도의 필요성을 강조했다. 이런 통제체제는 경제적·도의적 목적만이 아니라, 마약 무역에서 소련을 위시한 공산 국가들을 견제하고 주도권을 확보하려는 미국의 정치

---

**29**　신의기, 「마약류 규제에 관한 국제협력」, 『형사정책연구』 5(2), 1994, 196-204쪽; Thomas Pietschmann, et al. (eds.), *A Century of International Drug Control*, United Nations Office on Drugs and Crime, 2009, pp. 7-11.

적·이념적 의도를 반영하고 있었다.[30]

이 같은 미국의 주장은 소련의 강력한 반발을 야기했다. 소련은 공산주의 국가들이 마약 밀수의 근원이라는 주장에 반대하며, 오히려 자본주의 국가에서 마약중독자들이 많이 발생하는 반면, 공산주의 사회에는 그 수가 훨씬 적다고 주장했다. 소련이 보기에 「아편의정서」는 미국의 공산주의 진영 침략을 위한 교두보였다. 소련이 「아편의정서」에서 특히 반대한 부분은 조약 위반이 의심되는 국가에 국제 감시단을 파견하여 진상을 규명하고 마약 무역을 금지시킨다는 조항이었다. 소련은 이런 강제적인 조항을 통해 미국이 공산주의 국가들의 내정에 개입함으로써 주권을 침해하는 결과를 초래할 것이라고 하며 그 체결을 거부했다.[31]

미국은 소련의 반대를 무마하고 「아편의정서」를 체결하기 위해 자유주의 국가들을 규합했다. 「아편의정서」가 효력을 발휘하기 위해서는 아편 생산 허가를 받은 7개국 중 최소 3개국과, 마약 제조 승인을 받은 9개국 중 최소 3개국을 포함한 25개국 이상으로부터 비준을 받아야 하기 때문이었다. 하지만 「아편의정서」로 말미암아 마약 무역을 통해 얻는 수입이 줄어들 것이라고 우려한 국가들은 회의적인 태도를 보였다. 그중에서도 특히 영국은 「아편의정서」의 요구가 지나치게 엄격해서 실현되기

---

30  Yongming Zhou, "Nationalism, Identity and State Building: The Antidrug Crusade in the People's Republic, 1949-1952," *Opium Regimes: China, Britain, and Japan, 1839-1952*, Timothy Brook and Bob Wakabayashi (eds.), University of California Press, 2000, pp. 388-393; David R. Bewley-Taylor, *The United States and International Drug Control 1909-1997*, Pinter, 1999, pp. 92-100; Bewley-Taylor, *The United States and International Drug Control 1909-1997*, 1999, pp. 102-136.

31  Mary Schaeffer Conroy, "Abuse of Drugs Other than Alcohol and Tobacco in the Soviet Union," *Soviet Studies* 42(3), 1990, pp. 447-480; Willam McAllister, *Drug Diplomacy in the Twentieth Century: An International History*, Routledge, 1999, pp. 161-162.

2부 권위주의 국가와 신체 통제

어렵다고 비판하며, 그보다 완화된 조약을 채택할 것을 제안했다. 나머지 국가들은 미국으로부터 받는 원조의 중단을 우려해서 「아편의정서」에 전면적으로 반대하지는 않았으나, 대체로 영국의 주장을 지지하면서 「아편의정서」의 비준을 미루었다.[32] 이처럼 주요 마약 무역국들이 「아편의정서」에 회의적인 반응을 보이는 상황에서, 미국은 자신이 원조하는 국가들을 동원하여 「아편의정서」를 체결하고자 했다. 미국이 유엔으로 하여금 「아편의정서」를 채택하는 회의에 리비아, 네팔, 한국, 스페인을 초청하도록 건의한 것은 이 같은 노력의 일환이었다.

한국 정부는 미국의 요청에 부응하여 전후 복구가 어느 정도 진행된 1955년부터 「아편의정서」 가입을 위한 준비에 착수했다. 「아편의정서」는 가입국들에게 연간 마약 수요량과 유통량을 비롯한 상세한 통계 보고서를 요구했다. 따라서 「아편의정서」 가입 이전에 한국 정부는 그에 맞는 정보 수집 능력을 갖추어야 했고 이를 위해 제도를 마련했다. 마약 사무를 주관한 보건사회부는 "우리나라는 마약 관계 제반 국제조약 및 협정 등에 가입 수속을 취하고 있는 단계"로 "국제마약기구의 요청에 의한 제 자료의 제출 등 각종 협약의 규정을 준수"하기 위해 "국내 마약 행정의 전반적인 실태를 파악"할 제도 정비에 나섰다. 그 첫 단계는 통계 수집의 효율성을 높이기 위해, 보고 체계를 일원화하고 집계 방식을 표준화하는 것이었다. 보건사회부는 내무부, 재무부, 법무부, 국방부와 공동 명의로 「마약사범 취급상황 통보에 관한 건」을 발표하여, 각 부서에서 수집 및 보관해 온 정보를 보건사회부 장관을 정점으로 하는 보고 체계를 통해 수합하도록 하고, 각 부서에 표준적인 정보 기입 양식을 제시

---

**32**  McAllister, *Drug Diplomacy in the Twentieth Century*, 1999,  pp. 202-203.

했다. 보건사회부가 제시한 통계 양식은 마약범의 인적 사항, 사건 일시 및 장소, 사건 개요, 압수한 마약의 품명, 수량, 보관 상태, 처분 방식 등을 포함하고 있었다. 이어서 보건사회부는 「마약사범 취급상황에 관한 자료수집에 관한 건」을 발표하여 기존 통계 자료를 보완할 항목들을 추가했는데, 그에 따르면 이 추가 항목들은 국제적 마약조약들이 요구하는 기본적인 통계 수준을 만족시키기 위한 것이었다.[33]

관료들의 통계 수집의 효율성을 증진하려는 시도와 함께, 보건사회부는 마약 취급자들에게 업무와 관련된 정보의 보고를 의무로 규정하는 새로운 제도, 「마약법」을 수립했다. 보건사회부가 발표한 「마약법」의 입법 취지는 그것이 「아편의정서」 가입을 위한 발판임을 나타내고 있다. 그에 따르면 「마약법」은 "1953년 6월 23일 뉴욕에서 '앵속의 재배, 아편의 생산, 교역, 도매와 사용에 대한 조절 제한에 관한 의정서가 작성되어 현재는 국제연합의 가입국, 비가입국 제 국가가 상술한 제 조약 협정 등에서 가입, 비준을 기탁하고 제 제도를 국내에 적용하고 있는 현황"에 부응하기 위한 것으로, "그 국제협약의 규정을 근거로 한 국내법의 입법 조치가 긴요한 바 있으므로 현행 중인 미군정법령 제119호 「마약의 취체」를 대체"하기 위한 제도였다.[34]

이처럼 「아편의정서」의 가입과 비준을 목적으로 제정된 「마약법」의 특징은 마약의 유통에 관한 상세한 관리 및 보고 체계에 있었다. 불법 마약에 대한 금지와 처분에 관한 원칙, 그리고 마약 취급자의 자격을 규정

---

**33** 한국 외무부 정무국, 『앵속 식물 재배, 아편의 생산, 국제적 및 대규모의 교역과 사용에 대한 제한 및 취체를 위한 의정서』, 외무부 정무국, 1957; 「마약사범취급상황통보에 관한 건」, 1955. 3. 1; 「마약사범취급상황에 관한 자료수집에 관한 건」, 1957. 3. 11.

**34** 「마약법안」, 『제84회 국무회의록』, 1955. 12. 16.

하는 데 중점을 둔 「마약의 취체」와 달리, 「마약법」은 마약의 유통 과정을 수입, 제조, 도매, 소분, 처방, 조제로 단계화하고, 각 단계별로 담당자의 업무와 자격을 명시하며, 각 업무와 관련된 보고 체계를 제시하는 것이 주된 목표였다. 1957년에 제정된 「마약법」은 총 8장 77조로 구성되어 있으며, 이 중 2, 3, 4장은 마약의 조제, 판매, 처방을 담당한 사람들, 즉 마약 취급자들의 자격과 의무를 다루고, 6장은 이들을 감시 및 규제하는 방식, 7장은 몰수한 마약의 처분법, 8장은 규정을 어긴 사람들에 대한 처벌 원칙을 제시했다. 그중에서도 4장은 각 취급자에게 소지 및 처리한 마약의 품명, 수량, 입수처, 수수 상대자를 매달 세 번씩 관청에 보고할 의무를 명시한 부분으로, 「아편의정서」에서 요구하는 통계 자료를 수집하기 위한 핵심 장치였다.

이 같은 상세한 관리 및 보고 체계는 이전의 마약 제도에 비해 많은 인력과 비용을 필요로 했다. 그럼에도 정부가 부담을 감수하고 복잡한 법제를 만들면서 「아편의정서」 가입을 통해 국제적 마약 통제체제에 편입하려던 이유는, 국제 사회로부터 단정 수립의 정당성을 인정받고 북한과의 체제 경쟁에서 우위에 서기 위함이었다. 국내의 정치적 기반이 취약한 이승만 정부는 외교적인 방법을 통해 이 약점을 보완하고자 했다. 그 대표적인 방법이 유엔 외교였다. 단정 수립 이래 유엔으로부터 한반도 유일의 합법 정부라고 인준받은 점을 정당성의 근거로 내세워 온 한국 정부에게 유엔 가입은 외교의 최우선 목표였다. 그러나 소련의 반대로 유엔 가입이 좌절되자, 한국 정부는 다른 국제기구들의 활동에 적극적으로 가입함으로써 독립국가로서 지위를 확보하는 전략을 차선책으로 선택했다.[35]

이 같은 상황에서 「아편의정서」 가입은 한국 정부가 "국제연합 정식

회원국과 실질적으로 동등한 권리를 행사"하는 독립국가임을 입증하는 수단으로 인식되었다. 한국 정부는 「아편의정서」와 유엔의 연관성을 강조하면서, 그에 대한 가입을 "국제연합의 회원국과 동등한 자격으로" 수행하는 활동으로 선전했다. 이것은 세계보건기구, 국제연합 식량농업기구 등 국제연합 전문 기구 가입과 더불어 "소련이 거부권을 행사할 수 없는 국제연합의 슬하 기관 또는 전문기구의 대부분에는 정식회원국으로 이미 가입"하여 국제연합의 활동에 실질적으로 참여하고 있음을 나타내는 증거로 사용되었다.[36]

「마약법」의 성립은 국제기구의 활동에 활발하게 참여함으로써 북한과의 체제 경쟁에서 우위를 점하려는 이승만 정부의 외교적 전략과, 「아편의정서」를 통해 마약을 둘러싼 국제 정세에서 소련을 견제하고 주도권을 장악하려는 미국의 의도가 복합적으로 작용한 결과였다. 이런 미국 정부의 의도는 그 마약 담론에 반영되었고, 한국 정부와 언론은 이것을 받아들이면서 마약 통제에 대한 미국의 냉전 논리에 익숙해졌다. 이는 북한과의 외교 경쟁에서 우위를 점하려는 한국 정부의 의도와 결합하여 「아편의정서」 가입을 추진하는 강력한 동력을 만들어 냈다. 「마약법」은 이 동력에 의해 수립된 것으로, 「아편의정서」 가입 및 비준을 위한 제도적 도구로서의 성격을 지니고 있었다.

---

35  고휘주, 「제1공화국의 대외정책」, 『한국 외교사 II』, 집문당, 1995, 309-338쪽.
36  한국 외무부, 『외무행정의 십년』, 한국 외무부, 1958, 274-316쪽, 324-325쪽, 346쪽, 369쪽.

＊ ＊ ＊

마약 문제에 대한 인식과 대응은 보건의료상의 필요보다는, 국내외의 정치적 지형에 의해 좌우되었다. 해방 직후 식민 지배의 잔재 청산과 근대 국가의 수립을 최우선 과제로 내세운 한국 정부는 마약 문제를 식민 통치의 유산으로 보았다. 정부와 언론은 마약중독자 증가의 원인이 일본인 통치자들이 한국에 방치해 두고 간 아편과 해외에 거주하던 마약 중독자들의 귀환, 궁극적으로는 식민지에 대한 일본의 아편 정책에 있다고 지목했다. 이런 인식하에 정부는 식민지 시기의 마약 법규인 「아편단속령」을 폐지하고 미군정령 「마약의 취체」로 대체했으며, 조선총독부가 관리하던 강원도 일대의 대규모 아편 재배 단지를 미곡 재배지로 바꾸는 작업에 착수했다. 뿐만 아니라 식민 통치의 잔재를 청산한다는 목표 아래 밀매 단속에 중점을 둔 마약 대책을 수립했다.

마약 문제가 식민 지배의 유산이라는 인식은 1950년대에 들어 급격히 바뀌었다. 한국전쟁을 계기로 마약 문제의 원인을 간첩과 좌익의 불법적인 아편 유포로 간주하는 간첩-마약 담론이 급부상했다. 정부는 간첩-마약 담론을 이용해서 공산주의자들의 부도덕함을 부각시켰고, 이를 바탕으로 반공주의를 대중화하고 정치적 경쟁 세력에 대한 견제와 감시를 정당화했다. 즉 간첩-마약 담론은 정부의 반공체제 수립에 동원되었다.

한국전쟁이 끝날 무렵 마약 문제의 원인을 자유주의 진영에 대한 공산주의 국가들의 마약 밀수출로 보던 미 연방마약국의 시각이 한국에 유입되었다. 이 담론은 간첩-마약 담론과 함께 강력한 반공주의적 논조를 띠고 있었으며, 한국의 「아편의정서」에 가입과 국제적 마약 통제체제 편입을 촉진했고, 그를 위한 국내 제도의 재편 즉, 「마약법」 제정을 이끌었다.

이와 같이 마약 문제에 대한 한국의 담론과 제도는 정부가 추구한 반공주의와 긴밀한 관계를 맺고 있었다. 앞서 보았듯 마약 문제를 둘러싼 담론과 제도, 그리고 정책을 결정한 요소가 마약중독자 및 국민의 보건과 직접적으로 관련되어 있다고 보기는 어렵다. 한국에서 마약 문제와 관련된 논의와 제도에 깊은 영향을 미친 것은 정부가 추구한 반공 정책이었다. 반공주의와 깊이 연관된 마약 문제는 남북 분단과 단정 수립, 북한과의 체제 경쟁 같은 한국 정부의 정치적 상황이 1950년대 보건의료의 논의와 제도 형성에 결정적인 요소였음을 보여 준다. 마약 문제에서, 해방 이후에 진행된 미국적인 보건의료체계의 도입은 단지 한국이 미국으로부터 원조를 받았거나 미국의 의학 지식 및 의료기술이 뛰어나서라는 이유만으로 이루어진 것이 아니라, 식민지 유산의 청산과 단정 수립에 대한 정당성 확보, 체제 경쟁이라는 한국의 정치적 상황, 특히 외교적 성과를 바탕으로 체제 경쟁에서 우위를 점하려고 한 한국 정부의 방침과, 미소 냉전 구도하에서 세력을 확장하려던 미국의 대외 전략이 얽혀서 추진된 것이었다.

## "노동하는 신체"를 과학하기: 제국 일본의 노동과학과 데루오카 기토[1]

홍수경

오늘날 산업의학, 혹은 직업환경의학이라고 불리는 의학연구의 전문 분야는 흔히 산업화된 사회를 중심으로 19세기 후반부터 등장하기 시작한 것으로 알려져 있다. 과학적 연구의 제도화 및 분과화가 진전된 1920년 대의 일본 제국에서는 "노동과학"이라는 이름이 등장하여 생산현장과 노동자에 대한 광범위한 연구가 이루어졌고, 그 중심에는 데루오카 기토[暉峻義等](1889-1966)라는 인물이 있었다. 노동과학이라는 용어는 1921년 구라시키 노동과학연구소[倉敷労働科學硏究所]가 설립되고 1924년부터 연구

---

1  본 논문은 다음의 논문을 한국어로 번역, 가필한 것이다. 자세한 참고문헌 목록 및 추가 설명사항은 원문을 참고할 것. Sookyeong Hong, ""Science for Working Bodies": Teruoka Gitō and the Science of Labor in the Wartime Japanese Empire," *Historia Scientiarum: International Journal of the History of Science Society of Japan* 30(3), 2021, pp. 138-158.

회보인 『노동과학연구[勞働科學研究]』가 발행되면서 점차 사용되기 시작했다.[2] 초대 소장으로서 연구소의 설립과 운영을 견인한 데루오카는 신생 학문인 노동과학이 지향하는 바는 다양한 작업장의 실제 노동 조건과 작업 능력을 조사함으로써 최적화된 노동 방법 및 환경을 과학적으로 결정하는 데 있다고 선언했다.[3] 민간연구소로서는 유일하게 노동과학에 특화된 전문 연구기관으로 출범한 노동과학연구소는 섬유 공장의 환기, 공장식의 영양 상태, 여성의 생리 주기와 작업 효율, 농민의 의복과 주택, 직업성 청력장애 등 다양한 조사 활동을 수행했다. 설립 당초에는 방적 회사의 부설 연구소로 출범한 만큼 섬유 및 방적 공장의 산업 노동자를 주된 연구 대상으로 삼았으나, 점차 연구 범위를 확장하여 거의 모든 형태의 인간 노동과 그 정신생리학적 효과를 다루게 되었다. 데루오카는 노동과학을 "가두[街頭]의 과학"이라고 표현할 만큼 노동 현장에서의 현지 조사 연구방법을 중요시하는 특징을 보였다. 하지만 동시에 작업장을 넘어선 사회경제적 요소들이 노동자의 건강과 업무능력에 영향을 미친다는 점을 강조하기도 했다.[4] 이런 의미에서 일개 기업 부설의 연구소로 출발한 노동과학연구소는 중일전쟁을 전후하여 국가의 노동 위생행정을 측면 지원하는 중앙기구로 탈바꿈하면서 일본 제국의 노동자, 나아가 국민 전반을 연구 대상으로 삼았다.

---

2  데루오카는 폴란드 출신 생리학자 유제파 요테이코(Józefa Joteyko) 박사의 저서 『노동의 과학과 그 조직(The Science of Labour and its Organisation)』(George Routledge and Sons, Ltd., 1919)의 표제를 참조하여 '노동과학'이라는 용어를 채택했으며, 그 이유로 생리적, 심리적 방법을 결합하여 자신이 추구하고자 하는 새로운 연구 방향을 가장 적합하게 표현한 용어였기 때문이라고 밝혔다. 暉峻義等, 「労働科学について: 特に科学的管理法批判」, 『労働科学研究』1(1), 大原記念労働科学研究所, 1924. 7. 4-5頁.

3  暉峻義等, 桐原葆見, 『労働科学論』, 巖松堂書店, 1933, 7-8頁.

4  暉峻義等, 『産業と人間－労働科学の回顧と展望』, 理想社, 1940, 292頁.

이 글은 총력전기 노동합리화와 개척과학이라는 두 측을 중심으로 데루오카가 견인한 노동과학 연구를 재조명하고자 한다. 데루오카와 노동과학연구소는 사회 위생학 혹은 노무관리 관련 연구사에서 종종 언급되기는 하지만, 전시기戰時期 일본 제국의 노동관련 서술에서 크게 주목받은 주제라고 볼 수는 없다. 노동과학연구소의 연구원 출신인 미우라 도요히코[三浦豊彦]는 일종의 내부자적 시각을 제공하는 듯한데, 그는 전쟁기 노동자의 건강을 개선하고자 한 데루오카의 '선한' 의도를 강조하면서 전시기 국가와의 협력을 노동과학 연구를 지속하기 위한 불가피한 선택으로 설명한다. 이에 반해 배부길[裵富吉]은 데루오카의 전시기 전향에 대해 비판적인 입장을 취하면서, 데루오카가 결국 노동과학의 궁극적 존재 이유를 포기할 정도로 전시동원에 굴복했다는 평가를 내린다.

데루오카와 노동과학연구소에 대한 두 연구자의 평가는 상반된 것임에도 불구하고, 전시기를 마치 그 내실의 규명이 필요치 않은 일종의 '암흑기'로 간주하는 시점은 공유하고 있는 듯 하다. 즉, 데루오카의 전시협력을 일생 노동과학 연구자로 살아온 그의 경력에서는 일시적 일탈 혹은 예외적 상황으로 해석하는 경향이 있다는 공통점을 보인다. 반면, 사회정책사의 관점에서 인구 문제를 서술한 스기타 나호[杉田菜穗]의 연구는 데루오카의 전시기 활동이 1920년대 이래 인구의 질적 개선을 위한 수단으로서 사회 위생학적 연구를 지향했던 데 그 뿌리를 두고 있다는 연속적 측면을 지적한다. 더 최근에는 에노키 가즈에[榎一江]가 전시기 노동과학이 수행한 역할을 대일본산업보국회 산하로 통합되는 과정과 조직 개편을 중심으로 논하는 등, 데루오카 개인의 '변절' 문제에 치우친 기존 연구 경향을 극복하려는 시도가 등장하기도 했다.[5] 이 글에서는 스기타와 에노키의 관점을 참조하면서, 데루오카와 노동과학연구소의 지식 생산

활동이 전시 노동력 재편성 및 개척 과학이라는 식민주의에 접속해 가는 지점을 드러내 보이고자 한다.

한편, 과학자의 전시 체제 협력 활동을 단순히 과학자 개인의 양심의 문제로 치환하는 인식틀에서 벗어나 고찰할 경우, 그 "협력"의 내실과 방향성을 살펴볼 것이 요청된다. 즉, 전쟁을 수행하는 국민국가와 과학 지식의 관계를 재검토하고 그것을 역사적 문맥에 위치시키는 작업이 필수불가결하다. 이 글은 이런 의미에서 노동과학의 역사를 살펴봄으로써 넓은 의미에서 총력전기 사회변혁과 그것의 전후적 연속성에 관한 기존의 논의에 동참하고자 한다. 중일전쟁은 국내전선의 대규모 동원을 필수 요건으로 하는 전면전 양상으로 전개되었고, 이에 따라 생산성을 극대화하기 위한 노동력 재편성이 요청되었다. 야마노우치 야스시[山之内靖]가 지적했듯이, "강제적 균질화Gleichschaltung" 정책은 전시라는 비상사태하에서 추진되었지만, 전쟁을 위해 인적·물적 자원이 총동원되는 시기에 요구되는 불가피한 사회변혁을 지원한다는 점에서 "합리화"를 촉진한 측면이 있다.[6] 국민총동원법(1938년)과 신노동령(1940년)을 통해 전례 없이 광범위한 노동력 동원이 추진되자 확대된 노동력을 어떻게 운용할지에 대한 지식과 기술의 중요성도 함께 부각되었다. 데루오카와 노동과학연구소가 전시 노동력 "합리화"를 위한 연구조사 활동에 적극적으로 참여한

5 三浦豊彦, 『暉峻義等: 労働科学を創った男』, リブロポート, 1991; 裴富吉, 『労働科学の歴史: 暉峻義等の学問と思想』, 白桃書房, 1997; 杉田菜穂, 『〈優生〉·〈優境〉と社会政策: 人口問題の日本的展開』, 法律文化社, 2013; 榎一江, 「第5章 戦時期の労働科学」, 『戦時期の労働と生活』, 法政大学出版局, 2018.

6 Yamanouchi Yasushi, "Total-War and System Integration: A Methodological Introduction," Total War and Modernization, Yamanouchi, Y., , et al., (eds.) Cornell East Asia Series 100, 3.

것은 이러한 역사적 맥락에서 이해할 필요가 있다.

그렇다면 노동과학이라는 지식 편제는 전시의 노동위기의 시대에 어떤 방식으로 쓰였을까? 노동과학의 관점에서 전시 노동의 합리화란 어떠한 정책 구상으로 구체화되었는가? 여기서 한 가지 유의할 점은 "합리화"라는 용어가 일본 및 기타 산업화된 사회를 휩쓸었던 1920년대의 과학적 관리법, 즉 테일러주의와 구별해 둘 필요가 있다는 점이다. 일본의 관료, 기업인, 지식인들이 효율성을 극대화하기 위한 노무관리 방법으로 테일러주의를 환영했을 때, 데루오카는 소수의 초기 비판자 중 한 명이었다.[7] 다음 절에서 설명하듯이 데루오카가 테일러주의를 비판한 근거는 그것이 인간의 생리적 원리를 무시한다는 점에서 결코 과학적이지 않다고 보았기 때문이었다. 데루오카는 노동 합리화가 경제적 효율성의 문제일 뿐만 아니라, 더 중요하게는 인간의 생리와 심리의 문제라는 점을 일관되게 주장했다. 이런 의미에서 데루오카가 구상한 전시 '노동 합리화' 계획은 이 개념이 전통적으로 이해되던 방식과 완전히 동일하지는 않았다.

이 글에서 살펴볼 두 번째 문제는 노동과학이 식민주의에 어떻게 관여하였고, 그것이 노동대중을 위한 지식이라는 지적 편제를 어떤 식으로 규정해 나갔는가 하는 점이다. 일본의 대륙 침략부터 패전까지의 기간은

---

7  William M. Tsutsui, *Manufacturing Ideology: Scientific Management in Twentieth-Century Japan*, Princeton University Press, 1998, pp. 42-43. 츠츠이는 1920년대 테일러주의의 비평가로서 데루오카를 소개하고 있는데, 그의 경력과 노동과학연구소 활동이 절정에 달했던 1930년대에 관한 서술에서 데루오카는 등장하지 않는다. 마찬가지로 히로미 미즈노는 1920년대 산업 합리화 운동의 맥락에서 데루오카를 이 운동에 반대하는 사례로 간략하게 언급하고 있다. Hiromi Mizuno, *Science for the Empire: Scientific Nationalism in Modern Japan*, Stanford University Press, 2009, p.40.

일본 제국의 영토확장이 그 어느 때보다 급속히 진행되던 시기이기도 했다. 전쟁이 진행됨에 따라 노동의 유동성과 이동성이 점점 더 중요해졌고, 따라서 이에 대응하기 위한 노동력 재편성이 주요 쟁점으로 떠올랐다. 데루오카는 식민지와 점령지를 오가는 노동자들의 이동 문제를 어떻게 인식했을까? 이 글의 후반부는 데루오카와 그의 연구팀이 전제로 삼은 인종-민족적 가정을 검토하기 위해 북만주의 농업 이민자들을 위한 개척과학연구에 초점을 맞추고자 한다. 이를 통해 이 글은 노동과학과 민족 위생 사이의 불가분의 관계를 조명할 것을 목표로 삼는다. 이어지는 1장에서는 데루오카가 구상한 노동과학의 사상적 핵심에 당시의 사회 위생 및 "유기적 생명공동체" 개념이 깊숙이 자리하고 있었다는 점을 논한다. 2장은 중일전쟁기의 노동 합리화에 노동과학이라는 지식 체계가 어떻게 개입하려고 했는지 서술하고, 마지막 3장에서는 정착민 식민주의에 적용된 노동과학의 사례를 들어 노동과학이 전제로 한 민족/국민적 경계선을 드러내 보이고자 한다.

## 1. "생명의 희생"에 대항하는 노동과학

1889년 효고현에서 태어난 데루오카 기토는 가고시마 제7고등학교를 졸업한 후 1910년 도쿄제국대학 의학부에 입학했다. 의학부 재학 중 결핵 치료를 위해 몇 년 동안 대학을 떠나기도 했던 데루오카는 1918년 졸업 직후 도쿄 경시청 산하 보건조사과의 기간제 연구원으로 도쿄 빈민가의 위생 실태를 조사하는 프로젝트에 참여했다.[8] 몇 년 후 데루오카는 이 조사를 통해 사회계급과 위생 상태의 상관관계를 예리하게 인식하게 되었고, 프롤레타리아의 위생 상태와 건강을 개선하는 데 일조할 연구에 평생을 바치기로 결심했다고 회상했다.[9] 데루오카는 1919년에 오사카에 설립된 오하라 사회문제연구소[大原社会問題研究所]의 위생 및 사회 사업 분야를 담당하는 연구원으로 입사했고, 해당 연구 부문은 2년 후 구라시키 공장 부지 내로 이전, 독립하게 된다.[10]

연구소 설립이 공식적으로 결정된 직후 데루오카는 젊은 연구원을 모집하기 시작했고, 이들은 훗날 연구소의 핵심 연구원이 되었다. 가령, 도쿄제국대학 의학부 생리학과의 이시카와 토모요시[石川知福](1891-1950), 기타사토 연구소의 야기 다카츠구[八木高次](1892-1944), 심리학자 기리하라 시게미[桐原葆見](1892-1968) 등이 초창기부터 입소했다.[11] 그 후 민간 유일의 노동과학 및 직업의학 전문연구소인 노동과학연구소는 수십 년 동안 이 분야의 연구를 왕성하게 이끌어 나갔다.

---

8   데루오카에 대한 기본적 인적사항은 대부분 정보는 대부분 미우라 도요히코[三浦豊彦]의 저서를 참조했다. 데루오카는 지도교수인 나가이 히소무[永井潜]의 추천으로 보건조사과에서 조사 작업에 참가했다고 한다. 나가이 히소무는 도쿄제국대학의 생리학 교수로 일본민족위생학회(1930년 설립)의 창립자였다. 노동과학연구소의 연표는 오하라 기념 노동과학연구소 웹 페이지를 참조할 것. https://www.isl.or.jp/about/history/history1.html.

9   暉峻義等,「労働科学について」, 2頁.

10  노동과학연구소가 독립출범하게 된 에피소드는 각종 연구소사(史)에서 빠짐없이 등장하는데, 그 개요는 다음과 같다. 구라시키 방직 회사의 사장 오하라 마고사부로(大原孫三郎)와 데루오카는 자정이 지난 어느 날 밤, 야간 근무의 작업 환경을 직접 관찰하기 위해 오카야마 구라시키에 있는 방적 공장에 잠입하여, 10대 여성 노동자들의 끔찍한 근무 환경을 목도하게 된다. 이에 충격을 받은 오하라와 데루오카는 공장 안에 연구소를 설립하자는 아이디어를 내었다. 三浦豊彦, 『暉峻義等男』, 96-103頁.

11  이시카와는 1938년 국립공중보건연구소로 옮겨 환경생리과 과장으로 일할 때까지 노동과학연구소에서 노동생리학 연구를 수행했다. 패전 후에는 노동기준법(제49호, 1947년 4월 7일) 제정에 참여했으며, 1948년 도쿄대학 의학부 신설 공중보건학과의 교수가 되었다. 기리하라는 생리학과 더불어 노동과학연구의 다른 한 축을 이루는 산업심리학 연구를 담당했으며, 전후에는 재단법인 노동과학연구소의 이사로 재직했다. 三浦豊彦, 『暉峻労働科学を創った男』, 102-103頁.

이러한 데루오카의 초기 경력과 당시의 저서들은 그가 어떠한 지적, 윤리적 지형 속에서 노동과학 연구에 뛰어들게 되었는가를 잘 드러내 준다. 당대의 많은 지식인이 그러했듯이, 데루오카 역시 날이 갈수록 착취적 성격이 강해지는 자본주의 체제 아래에서 노동자들의 삶이 희생되고 있다는 인식에서 출발했던 것이다.

> 여기서 나는 점점 더 확대되는 대규모 산업구조, 특히 점점 더 강력해지는 자본주의 경제체제하에서, 그 살과 뼈가 희생될 수밖에 없는 노동자계급을 위해 노동 합리화에 대한 의학적 근거를 얻고자 한다.[12]

여기서 "살과 뼈는 희생될 운명"이라는 문구는 비유가 아니라 생리학자인 데루오카가 당시 노동자들의 생활과 노동환경을 바라보면서 느낀 바를 표현한 것에 가까울 것이다. 데루오카는 마르크스주의 경제학자 가와카미 하지메의 용어인 노동자의 "생명의 희생"을 인용하며, 이러한 무의미하고 비참한 희생을 경감시키는 작업은 가와카미와 같은 경제학자뿐만 아니라 자신과 같은 의료 전문가들의 과제이기도 하다고 강조했다. 따라서 노동과학은 결코 학문적 성취만을 위한 학문이 아니라, 궁극적으로 사회변화를 목표로 한다고 다짐했다.

사실 1920-1930년대 일본에서 자본주의적 사회 위기가 특히 하층민의 건강 악화라는 형태로 나타난 문제에 대해 의료인의 적극적인 역할을 강조한 사례는 전혀 드물지 않았다. 이러한 주장을 지지하는 다양한 그

---

12  暉峻義等,「労働科学について」, 3頁.

룹으로는 도쿄제국대학 의대생들이 결성한 이론연구 그룹인 사회의학 연구회, 프롤레타리아트 진료소 운동, 저비용 또는 조합형 진료소 운동, 산아제한 운동 등이 있었다.[13] 이러한 운동에 참여한 사람들은 가난한 사람들은 의료비를 감당할 수 없는 반면, 개인 병원과 의사들은 무자비한 이윤 추구자로 변해 가는 불평등한 의료 시스템에 대해 강도 높은 비판을 가했다. 소위 '사회의학' 또는 '의학/의료의 사회화'라는 용어는 이러한 지향점을 표현하는 말이었다. 데루오카와 노동과학연구소의 연구 의제는 이렇듯 '의료 사회화'를 향한 광범위한 움직임 속에 위치시킬 필요가 있다.

다시 '생명의 희생' 문제로 돌아가서, 데루오카가 테일러주의를 비판할 때 동일한 논리를 사용했다는 점은 주목할 만하다. 그는 테일러의 작업계획이 작업 효율을 극대화하기 위해 생산 공정의 모든 요소, 즉 작업자, 자재, 도구, 작업자의 움직임과 동작을 모두 포함한다는 점에서 주목할 만하다는 평가를 내린다. 그럼에도 불구하고, 테일러주의의 결정적인 오류는 인간의 몸을 마치 기계와 같은 단순한 도구로 간주한 점이다. 그는 테일러의 실험 방법에 대한 줄스 아마르[Jules Amar]와 에드가 아츨러[Edgar Atzler] 등 다른 생리학자들의 비판을 인용하면서, 선철을 이용한 중노동 실험이 총 노동량을 상당히 증가시켰다고 설명했다. 다시 말해, 생리학자의 관점에서 볼 때 테일러의 실험은 과중한 작업으로 인해 발생하는 노동자의 혈액 내 노폐물로 인한 "피로"와 같은 생리적 문제를 완전히 무시하고 있다는 것이다. 바로 이런 이유로 생리학자 아츨러는 독일에서는

---

**13** 川上武, 『現代日本医療史』, 勁草書房, 1965, 362-396頁. 본서는 사회의학에 관한 장에서 산업의학의 일부로 데루오카와 노동과학연구소를 다루었다.

공장 근로자의 노동력이 40세(여성 근로자는 35세)부터 감소하기 시작한다면서, 노동자의 과로와 조기 노화현상에 대해 경고한 바 있다.

따라서 데루오카는 노동자가 수행할 수 있는 하루 최대 노동량은 일생 동안 노동자의 노동력을 "급속히 고갈"시키지 않는 범위 내에서만 과학적으로 측정할 필요가 있다고 결론지었다. 그런데 이러한 노동력의 급속한 고갈과 에너지의 조기 소진이란 관찰은 19세기 후반 맨체스터 공장을 시찰하던 위생 감독관의 눈을 통해 본 마르크스와 엥겔스의 인식과 공명하는 것처럼 보인다. 주지하다시피 마르크스는 "자본에 의한 노동력의 급속한 소비"와 그에 따른 노동자들의 기대 수명 단축에 대해 언급했는데, 데루오카의 우려 또한 아틀러와 같은 조기 노화에 대한 경고에 국한된 것이 아니라, 노동자의 장기적인 활력과 '생명력'에 미치는 영향까지 시야에 둔 것이었다.[14]

그럼에도 불구하고 데루오카는 노동자의 '생명 희생' 문제를 해결하기 위한 방법을 마르크스와 엥겔스와 같은 계급 투쟁이 아니라, 과학과 의학에서 찾고자 했다. 그에 따르면 '덜' 과학적인 테일러주의는 인간생리학에 기초하여 인체의 움직임과 피로를 정확하게 계산하려는 '더' 엄격한 과학적 노력에 힘입어 수정되어야 했다. 이런 의미에서 의학자로서 데루오카는 사회개혁가이자 과학주의 옹호자라고 볼 수 있다. 데루오카의 베를린 유학 시절 은사였던 막스 루브너Max Rubner가 계급 간 반목을 해소하기 위해 베를린 노동계급에게 '합리적 영양'을 제공하고자 했던 것처

---

14  "자본에 의한 노동력의 소모가 너무 빠르기 때문에 노동자는 인생의 절반 밖에 살지 않았을 때 이미 상당 부분의 자기 수명을 살아 버리게 된다. … 바로 대규모 산업에 종사하는 노동자들 사이에서 기대 수명이 짧아지는 일이 발생한다." Karl Marx, et al., *Capital: a Critique of Political Economy*, Penguin Books, 1990, p. 795.

2부 권위주의 국가와 신체 통제

럼, 데루오카는 과학적 지식의 창출과 적용이 사회개혁의 기본 원칙이라는 확고한 신념을 가지고 있었다.[15]

이런 의미에서 데루오카가 자신의 프로젝트를 "사회 위생"이라고 일관되게 표현한 것은 중요한 의미를 가진다.[16] 데루오카는 이전 시대의 의학이 개인의 건강에 영향을 미치는 조건을 개선하는 것을 목표로 한 '개인 위생'이었다면, 근대 사회의 사회경제적 구조 변화로 인해 많은 사람의 건강, 즉 사회 전체의 건강을 증진할 필요성이 대두되었다는 의미에서의 '사회 위생'을 일관되게 강조한다. 이러한 변화는 연구방법론상의 변화를 초래하기도 했는데, 기존의 실험적 생의학에 더해 통계학, 경제학, 심리학을 기반으로 한 사회과학적 분석을 도입할 필요가 생겨났다는 점이 특히 강조되었다. 데루오카는 19세기 후반 독일에서 일련의 사회 정책과 법안이 과학자들로 하여금 열악한 생활 및 노동 조건으로 인해 발생하는 질병에 대처하기 위해 실험실 밖의 사회적 요인을 고려해야만 했던 역사적 변화를 상세히 설명한다.[17]

여기서 데루오카는 사회경제적 변화에 따른 사회 위생학의 출현이 근본적으로 산업화에 의해 초래되었고, 일본도 그 역사적 궤적은 공유한다고 보았다. 즉, 사회 위생학의 기원이 산업화 과정에서 촉발된 것이며, 따라서 대다수 사람의 직업 활동, 즉 노동 위생에 대한 연구가 사회 위생의 중심적 내용을 구성한다는 것이다.[18] 스기타 나호는 데루오카의 연구

---

**15** Corinna Treitel, "Max Rubner and the Biopolitics of Rational Nutrition," *Central European History* 41(1), 2008, p. 14.

**16** 데루오카는 1927년과 1935년에 『사회 위생학』이라는 동일한 타이틀을 단 두 권의 책을 각각 출간했다. 暉峻義等, 『社会衛生学』, 吐鳳堂書店, 1927; 暉峻義等, 『社会衛生学』, 岩波書店, 1935.

**17** 暉峻義等, 『社会衛生学』, 1927, 56-58頁.

의제가 인구와 사회 위생 문제에서 산업 위생으로 초점을 옮겼지만, 인구의 '질' 향상 문제에 대한 관심은 평생의 문제의식를 일관되게 포괄하고 있다고 지적했다.[19] 그렇다면 여기서 사회 위생의 대상이 되는 '인구'는 누구이며, '누구의 건강과 삶'이 사회 위생의 주제가 되는가?

반박할 여지없이 데루오카의 '사회' 개념에는 인종 위생 사상, 특히 독일적 개념 Rassenhygiene이 깊이 스며들어 있었다. 그는 사회구성원들이 유기적·생물학적으로 상호작용하는 것으로 추정되는 사회 전체를 지칭하기 위해 저명한 인종 위생학자 프리츠 렌츠 Fritz Lenz의 '유기적 생명공동체 (생명의 유기적 전체)'라는 표현을 차용했다.[20] 데루오카가 "유기적 생명공동체"라고 부르는 인간 집단의 단위는 그의 저서 전반에 걸쳐 반복적으로 등장하며, 때로는 단순히 "사회", "민족", "사회공동체"와 혼용되어 사용되었다. 여기서 "유기적 생명공동체"의 경계는 당시 제국의 경계선을 확장하는 가운데 과연 '제국민'을 구성하는 주체가 누구인가 하는 문제가 일부 제기되고 있었음에도 불구하고, 어디까지나 '일본 민족'을 중심으로

---

18  暉峻義等, 『社会衛生学』, 1935, 2頁.
19  杉田菜穂, 『〈優生〉・〈優境〉と社会政策』, 31-53頁. 각주 4번 참조.
20  독일어 원문으로는 "Die organische Gemeinschaft des Lebens"로, 렌츠의 다음의 글을 인용했다. "Menschliche Auslese und Rassenhygiene Bd. II" in *Grundriβ der menschlichen Erblichkeitslehre und Rassenhygiene*, Erwin Baur, et al., (eds.) J. F. Lehmanns Vlg. 1921(暉峻義等, 『社会衛生学』, 1927, 62頁). 그는 이 용어를 일본어로는 "생명의 유기적 전체"로 번역하여 대부분의 저서에서도 사용했다. 이 글에서는 의미상 더 직관적인 '유기적 생명공동체'라는 한국어 번역을 사용한다. 여기서 데루오카는 독일어 'Gemeinschaft'의 흔한 일본어 번역인 '공동체(共同体)'가 아닌, '전체(全体)'라는 단어를 썼다는 점에 주목할 필요가 있다. 1930년대 의학, 생물학 담론에서 '전체'라는 용어가 '생명의 총체성' 또는 '사회유기체의 응집력'이라는 의미를 담아 사용한 것은 그리 드문 일은 아니었다. 생리학자 하시다 구니히코[橋田邦彦](1882-1945)와 우라모토 마사사부로[浦本政三郎](1891-1956)가 가장 눈에 띄는 사례다. 후자의 경우를 다룬 필자의 후속연구는 다음과 같다. 홍수경, 「'민족생명력'을 위한 과학과 의료─생리학자 우라모토 마사사부로의 "전체원리"를 중심으로」, 『일본역사연구』 58, 2022, 205-234쪽.

2부 권위주의 국가와 신체 통제

그어진 것으로 보인다.

데루오카는 독일 사회 위생학의 창시자인 알프레드 그로트얀[Alfred Grotjahn](1869-1931)의 영향을 받으면서도, 동시에 당시 독일에서는 사회 위생학이 유전학에 기반한 인종 위생학에 점점 더 가까워지는 것을 목도했다. 그는 베를린과 뮌헨에 기반을 둔 의학자 그룹들이 각각 이 두 가지 성향을 대략적으로 대표하며, 특히 인종적 퇴화 문제와 관련해서는 상당 부분 서로 교차하게 되었다고 지적했다. 데루오카는 선택적 번식을 통해 인종을 개량할 수 있는 새로운 가능성을 제공하는 유전학은 사회 위생학에서 필수불가결한 것으로 보았다. 하지만 유전학에 기반한 인종 위생에 대한 대체로 호의적인 입장에도 불구하고, 데루오카는 유전적 결정론이라는 개념을 전적으로 받아들이지는 않았다. 그보다 데루오카의 주된 관심사는 사회경제적 조건과 반복되는 노동 패턴이 특정 집단에서 어떻게 독특한 정신적, 신체적 성향을 점진적으로 형성하는가 하는 문제였다.[21]

또한, 그는 프리츠 렌츠의 중산층 중심 접근법이 그러했던 것처럼, 인종 위생학이 특히 하층계급에 대한 비선별적 사회 위생적 적용과 모순될 수 있다는 점도 분명히 이해했다.[22] 따라서 데루오카가 인종 위생을 수용한 방식은 광범위한 사회 위생 프로그램 내에서 그것을 적용하는 방

---

21 데루오카는 노동생리학의 전문지식을 기반으로 오랜 기간 동안 반복적인 움직임, 적응, 훈련의 결과로 나타나는 인체의 변화에 특히 주의를 기울였다. 오랫동안 같은 일을 하는 노동자 집단은 점차 비슷한 신체적 특성을 갖게 되고 특정한 '직업적 체격'을 갖게 된다고 주장했다. 그는 인체측정학(Biometrics)이 이러한 변화된 신체를 측정하는 데 유용한 도구가 될 수 있으며, 이를 통해 개인의 신체적 특성과 적성에 따라 최적의 근로자를 선발하는 데 사용할 수 있다고 제안했다. 暉峻義等, 『社会衛生学』, 1935, 68-69頁.

22 독일 남성 중산층 가치를 '북유럽 인종(Nordic race)'에 투영한 프리츠 렌츠의 인종 위생학에 대해서는 다음을 참조하라. Sheila Faith Weiss, "The Race Hygiene Movement in Germany, 1904-1945," *The Wellborn Science: Eugenics in Germany, France, Brazil, and Russia*, M. B. Adams (Ed.), Oxford University Press, 1990, p. 30-33.

식에 가까웠다. 이러한 관점에서 데루오카는 인종 위생의 위치를 사회 위생에 추가되거나 확장된 것으로 자리매김하는 입장을 더 강조하기 위하여, 영어의 우생학eugenics보다는 독일어 'Rassenhygiene'을 채택하고 번역한 '민족 위생' 개념을 제안했다.[23]

요컨대, 데루오카가 원용한 렌츠의 "유기적 생명공동체"라는 표현은 개혁주의적 함의를 담고 있다고 볼 수 있다. 자본주의 체제 생산의 착취적 힘으로 인해 공동체[全體]의 건강과 복지가 저해된다면, 가장 취약한 사회 집단에 더 많은 관심을 기울이는 것이 요청된다. 예를 들어, 데루오카는 여성 노동자의 야간 근무가 건강에 미치는 부정적인 영향 때문에 노동자 계급 가정의 영아 사망률이 4-5명 중 1명꼴로 높다는 점을 강조했다. 노동계급의 경우 임산부와 태아의 생명권이 심각하게 위협받고 있다고 판단했던 것이다. '유기적 생명공동체'란 과거, 현재, 미래를 잇는 종적인 시간축을 전제로 한다는 점에서, 데루오카에게 노동계급 임산부의 건강 문제는 현재와 미래 세대가 모두 관련된 중요한 문제였다. 그렇기 때문에 노동과학연구소는 초창기부터 노동자의 모성, 출산과 관련된 문제를 중요 연구의제로 삼았다.[24]

데루오카가 공언한 노동과학의 사명은 그 지적 계보와 방법론에 있어서 독일 인종 위생학 및 사회 위생학을 수용하는 형태로 추구되었다.

---

**23** 暉峻義等,『社会衛生学』, 1927, 77-78頁.

**24** 오하라 사회문제연구소 시절 및 구라시키 연구소 초기부터 여성 노동자의 모성 및 출산 문제는 주요 연구 분야 중 하나였다. 모유수유와 영아 사망률의 관계, 여성 근로자의 피로, 빈혈, 산업 노동이 사춘기 소녀의 신체적, 심리적 발달에 미치는 영향, 생리 주기와 업무 능력, 출산 휴가, 출산 후 재취업 등이 주요 연구테마였다. 暉峻義等,『産児調節論』, 春秋文庫, 1930; 暉峻義等,「婦人勞働に關する生物學的見解」, 暉峻義等, 桐原葆見,『労働科学論』, 巖松堂書店, 1933 등을 참조할 것.

이는 또한 데루오카 및 당대 지식인들이 가장 윤리적인 형태의 인간 공동체로 구상한 사회생물학적 실체로서의 '유기적 생명공동체'를 전제로 했다는 특징이 있다. 이와 같이 노동과학의 핵심적 사상적 특질을 고려한다면, 데루오카의 전시 연구 활동은 단순히 "무해한" 사회 위생에서 "위험한" 파시즘으로 이행한 것이 아니라, 총력전하에서 사회 위생학적 지향이 더욱 강화된 것이라 해석할 수 있을 것이다. 아이러니하게도, 다름 아닌 대량 학살의 시기인 총력전 시기에 노동과학은 '생명의 희생'에 반대하는 제도적·공공정책적 개혁에 개입할 수 있을 정도로 탄력을 받게 되었다.

## 2. 전시 노동의 '합리화'를 위한 노동과학

1937년 1월 노동과학연구소는 데루오카의 주도로 일본노동과학연구소로 재출발하고, 사무실은 구라시키에서 도쿄로 이전했다. 이제 구라시키 방적회사로부터 완전히 이탈한 노동과학연구소는 노동생리학, 산업심리학, 직업적성과 교육, 도시/농촌 노동자의 의식주, 산업재해와 질병, 기혼 여성 노동자 및 연소자 노동 등 11개 부문의 분과를 두는 독립 연구기관으로 확장되었다. 재편된 노동과학연구소의 소장으로 취임한 데루오카는 다양한 행정 및 군사 위원회의 위원 또는 자문으로 위촉되었다. 중일전쟁 발발 두 달 후인 1937년 9월, 데루오카는 20명의 연구원 및 직원들과 함께 필드워크에 나섰다. 나고야, 오사카, 고베, 주고쿠 지역, 규슈 북부의 공장 및 광산을 방문하여 생산현장에서의 실태조사에 착수하여, 근시일 내에 예상되는 전시 노동력 부족사태에 대비하기 위한 것

이었다. 조사 결과는 데루오카가 저술한 보고서로 정리되었다.[25]

이 보고서에서 데루오카는 전시 경제의 압박에 직면한 일본 정부가 즉각적으로 해결해야 할 몇 가지 대책을 제안했다. 우선 최대의 문제로 노동력 부족과 노동력의 질적 저하를 진단했다. 전시 군수산업이 상당수의 노동자를 빠르게 흡수하면서 일반 노동력 공급이 수요, 특히 숙련 노동자에 대한 수요를 충족시키지 못하는 상황이었다. 그 결과 비숙련 노동자가 대량 유입되었고, 지역 간 이동성 및 직종 간 노동 유동성도 증가했다. 이러한 상황에서 데루오카 팀은 기계공과 광부를 위한 교육 프로그램이 매우 불충분하며 임기응변적이라 지적하며, 과학적이고 체계적인 교육 프로그램을 수립할 것을 제안했다.

한편, 이 보고서는 무분별한 여성 노동자 고용에 대해서도 경고했다. 데루오카는 특히 기계, 군수, 광산 등 과거에는 여성에게 거의 개방되지 않았던 산업에서 여성 노동력에 대한 수요가 증가하고 있음을 관찰하면서, 이러한 현상이 지난 몇 년 동안 목격해 온 추세를 반영한다고 보았다. 그러나 여성 노동자의 성과가 남성의 그것보다 열등하지 않은 경우에도 임금 격차가 존재하며, 게다가 고용주는 여성 노동자를 쉽게 고용했다가, 더 이상 필요하지 않을 때 쉽게 "집으로 돌려보낼 수 있다"고 여기는 고용 행태가 만연하다고 지적한다.[26] 데루오카는 이러한 임시방편적인 전략에 비판적인 태도를 취하며, 각 사업장은 여성 노동자의 생

---

25  暉峻義等,「非常時局における労働力の現状について」,『労働科学』12(2), 1938, 2頁.

26  여성 노동자를 일회용 예비노동력으로 취급하는 이러한 측면은 패전 직후 대규모로 현실화되었다. 후생성은 퇴역군인과 남성 귀환자의 취업을 촉진하기 위해 300만 명의 여성 노동자에게 "고향으로 돌아가라"고 독려했다. 鹿野政直,『現代日本女性史』, 有斐閣, 2004, 7頁.

물학적·심리적 특성에 따라 특별히 설계된 다양한 근무 조건을 마련해야 한다고 촉구했다.[27] 요컨대 이 보고서는 전시 노동의 근본적인 문제, 즉 전반적인 노동의 질 저하에 대해 강한 우려를 표명했으며, 이는 단순히 노동 시간이나 노동자의 수를 늘리는 것만으로는 해결될 수 없는 문제로 보았다.

이후 전황이 확대되어 간 수년간, 데루오카와 노동과학연구소의 연구조사 활동은 전성기를 맞이했다. 1940년 6월에 발간된 현황보고서에 따르면, 노동과학연구소는 14명의 전문가, 42명의 연구원, 50명 이상의 조교 및 직원의 인력을 갖추고, 총무, 교육 및 출판, 연구 등 3개 부서로 인력과 조직 구조를 확장했다. 연구부서는 12개 분야, 33개 연구실로 세분화되었고, 보고서 말미에는 각종 정부위원회, 지방자치단체, 민간기업 등 다양한 기관으로부터 의뢰받은 연구 프로젝트의 목록이 첨부되어 있다. 이 시점에서 노동과학연구소는 전시 노동력 부족으로 촉발된 노동력 재편성에 대처하기 위해 연구소가 더 큰 임무를 맡게 되었다고 선언했다.

근로에 종사하는 사람이 그 가진바 능력을 주어진 일에 가장 잘 활용하고, 그럼으로써 그 생활을 한층 향상시키고, 그 인격을 높여, 국민으로서 훌륭하게 봉사하는 것은, 그 사람이 근로 그 자체에서 즐거움과 기쁨으로 체득할 때만 그러하다는 것을 노동과학은 매우 중요시합니다. 따라서 산업 종업원이 일상에서 수행하는

---

27　예를 들어 월경은 노동과학연구소가 초창기부터 다룬 주요 테마 중 하나였다. 기리하라 시게미는 1920년대에 월경과 월경이 업무 효율성에 미치는 영향에 대해 연구한 내용을 1943년에 단행본으로 재간행했다. 이와 관련한 내용은 다음 논문의 5장을 참조할 것. Izumi Nakayama, "Periodic Struggles: Menstruation Leave in Modern Japan," Ph.D. diss., Harvard University, 2007.

모든 종류의 근로는 단순히 밥벌이로서의 일이 아니라, 또한 고통을 주는 노동이 아니라, 기쁨을 주는 근로로서 체득되고 생산의 개가凱歌로서 실천될 수 있어야 합니다. 이를 위해 우리는 작업장을 정비하고, 작업방법에 적절한 순서와 조직을 세워 종업원을 훈련하고 지도할 필요성을 주장하며, 이에 관한 과학적 근거를 제공하기 위해 노력합니다.[28]

여기서 연구 활동의 목표가 개별 노동자의 희망과 필요에 응하고자 한다는 어조는 주목할 만하다. 일본 제국 전체에 걸쳐 대규모 노무동원이 진행되던 시대적 배경을 고려한다면, 이는 터무니없게 들릴 수 있기 때문이다. 수십만 명의 청년과 여성이 전쟁터에 파견된 노동자들을 대신하기 위해 동원되었고, 많은 노동자에게 '일의 즐거움'이란 상상조차 할 수 없는 일이었으리라 쉽게 짐작할 수 있다. 이 성명서는 실제로 작업장에서 벌어진 일을 서술한 것이기라기보다는, 노동과학연구소가 수행해야 할 새로운 임무에 가까웠다. 데루오카는 전시 노동 재편성이 이윤추구가 아닌 인간 중심 원칙에 입각하여 수행되어야 한다고 주장해 왔다. 데루오카는 수단과 방법을 가리지 않고 이윤을 극대화하려는 산업계의 경향을 '공리주의'로 규정하고, 궁극적으로 전쟁 수행을 뒷받침할 수 있는 '공익성'이 강화된 새로운 노동 개념을 정립해야 한다고 주장했다.

이와 관련하여 위의 인용문은 데루오카가 두 가지 다른 유형의 일을 구분하는 용어를 사용했음을 보여 준다. 즉, "기쁨을 주는 근로"와 "고통을 주는 노동"이 그것이다. 전시 동원의 공식 이데올로기가 짙게 배어 있

---

28 暉峻義等, 『日本労働科学研究所の現状』, 日本労働科学研究所, 1940, 1-2頁.

는 '근로'라는 용어는 새로운 노동체제와 윤리관을 전달하는 것이었다. 데루오카가 선언한 노동과학의 목표는 노동자의 '생명 희생'이 당연시되던 기존의 '착취적' 생산 방식과의 관계를 끊도록 기업가들과 정책 입안자들을 설득하는 것이었다. 그러나 동시에 윤리적 강령의 옷을 입은 '근로' 사상은 노동자 스스로가 노동 규율을 내면화할 것을 요청하는 더욱 강력한 이데올로기로서의 힘을 갖는 것이기도 했다. 이러한 근로윤리는 노동경제학자 오코우치 가즈오[大河内一男]가 주장한 노동자의 자율성 및 노동력의 질적 제고를 주장하는 '신경제윤리'와 완벽하게 공명했다.[29]

데루오카의 '공리주의'와 자유방임적 자유주의에 대한 비판은 고노에 내각의 프로그램인 경제신체제와도 궤를 함께하는 것이었기 때문에, 이 시기에 그가 국가적 연구조사 사업에 적극적으로 참여하게 된 것도 결코 우연이 아니었다. 1940년 11월, 내각은 '근로신체제확립요강'을 채택하고 대일본산업보국회를 설립했다. 데루오카가 노동자들이 기꺼이 자발적으로 근로에 참여하도록 장려한 것처럼, '요강'은 새로운 노동이념을 제시하면서, 이 시대의 '근로'란 기존의 고된 '노동'과는 달리 천황에 대한 봉사임과 동시에 근로자들이 창의성과 자율성을 발휘할 수 있는 고매한 행위라고 추켜세웠다.

노동사 연구자인 사구치 가즈로는 새로운 노동 이데올로기가 노동자의 생활비를 기준으로 한 필요 기반 '생활 임금'이라는 개념과 논리적

---

**29** 전후 '경제윤리' 담론과 그 전후 지속에 대해서는 다음의 문헌을 참조할 것. J. Victor Koschmann, "Total war and subjectivity: "Economic ethics" as a trajectory toward postwar," *The Politics of Culture: Around the Work of Naoki Sakai*, Richard Calichman and John Namjun Kim (eds.), Routledge, 2010; 山之内靖, 『日本の社会科学とヴェーバー体験』, 筑摩書房, 1999.

으로 연결되었다고 다음과 같이 지적했다. "노동자의 '명예'가 존중받을 가치가 있는 한, 노동자의 생계가 안정되는 것이 필요하게 되었다. 이로 인해 노동 공급에 대한 모든 고려 사항을 제외하고 노동자의 생계를 보장할 수 있는 급여 개념이 생겨났다."[30] 각의에서 '요강'을 제정하기 몇 달 전, 후생성 노동과는 노동과학연구소에 임금 결정 기준을 조사해 달라고 의뢰했다. 노동과학연구소는 근로자의 작업, 휴식, 수면, 출퇴근 시 대사율과 600여 직종의 업무 강도 계산에 대한 광범위한 조사를 실시하였다. 이 데이터는 다양한 업무 유형과 강도에 따른 근로자의 영양 요구량을 추정하여, 그것을 총 영양소 및 칼로리 섭취에 필요한 화폐 가치로 환산하여 생활임금을 추산하기 위한 것이었다. 노동과학연구소는 이러한 노동생리학 연구 외에도 도시 노동자와 농업가구의 생활비를 세밀하게 항목별로 분류하여 최저임금을 추정하는 연구도 수행했다.[31] 이듬해인 1941년 6월, 데루오카는 대일본산업보국회 전무이사로 취임했고, 10월 노동과학연구소는 대일본산업보국회의 중앙 연구기관으로 통합되었다.

중앙 정부의 정책 입안자 및 주요 관계자들과 거리를 좁혀 가면서 활동하던 이 시기에, 데루오카는 실제로 얼마만큼 그의 '인간 중심 접근법'을 노동력 재편성 과정에서 관철시킬 수 있었을까? 노동과학연구소나 대일본산업보국회는 전시 노동력 재편에 얼마나 큰 영향을 미쳤을까? 실질적인 연구조사 활동의 전성기를 맞이했음에도 불구하고, 데루

**30** Saguchi Kazurō, "The Historical Significance of the Industrial Patriotic Association: Labor Relations in the Total-War State," *Total War and Modernization*, Yamanouchi, Y., et al. (eds.), Cornell East Asia Series, 272-279頁.

**31** 暉峻義等 外,「賃金算定に関する労働科学的見解」,『労働科学』18(5), 1941, 5頁. 暉峻義等 編,『最低生活費の研究』, 大阪屋号書店, 1943.

2부 권위주의 국가와 신체 통제

오카와 노동과학연구소의 연구 결과가 얼마나 현실에 반영되었는지 가늠하기는 쉽지 않다. 총력전이라는 전시 상황이 '인간 중심'의 경제 재편을 환영할 만한 상황이 아니었다는 것은 어렵지 않게 짐작할 수 있기 때문이다. 대체로 생산성 향상을 위한 노동과학연구소의 과학적 제안은 노동 시간 단축과 임금 인상으로 노동의 질을 높이는 것이 시급하다는 점을 일관되게 주장했다. 데루오카는 노동과학이라는 프로젝트를 일개 기업경영을 위한 지식 체계를 넘어선, 국가적 과제로 추진하면서 노동자의 '생명 희생'을 최소화하는 계급 없는 '유기적 생명공동체'를 만들고자 한 지향성을 분명히 드러냈다. 이것이 노동과학이 전시 노동체제를 '합리화'하기 위해 노력한 방식이었다.

## 3. 정착민 식민주의에 대한 노동과학의 개입

데루오카가 "유기적 생명공동체"의 구성원으로 상상한 인간 집단은 의심할 여지없이 "일본 민족"이었다. 고노에 후미마로 총리가 동아신질서를 외쳤을 때 당대의 많은 지식인이 "일본 민족"과 "일본 국민"을 개념적으로 구분하려고 시도했음에도 불구하고, 데루오카의 경우는 국민과 민족에 대한 엄밀한 개념적 정립을 시도한 것으로 보이지는 않는다. 그럼에도 전쟁 수행과 함께 노동력 부족이 심화됨에 따라 제국 내 노동하는 사람들의 민족 구성은 더욱 다양해졌다. 이에 노동과학연구소의 연구 프로젝트 목록에는 공장과 광산에서 일하는 식민지 조선 출신 이주 노동자 및 중국 북부의 바토우 노무 관리 시스템뿐만 아니라, 만주국의 농업 정착지에 대한 조사도 추가되었다.

만주 정착민에 대한 조사 활동을 살펴보기 전에 데루오카의 "유기적 생명공동체"라는 개념과 관련하여 이주 문제를 어떻게 바라보았는지 확인해 둘 필요가 있다. 그는 이주민의 송출과 유입의 중요성을 그것이 인구의 전반적 질에 미치는 영향에 초점을 두어 설명한다. 우선 해외 이민이 국내 인구 압박을 완화하기 위한 수단으로 여겨져 왔지만 그 효과에는 논란의 여지가 있다고 보면서, 경험적으로 더 중요한 경제적 효과는 이민자 커뮤니티가 본국의 제품을 구매함으로써 모국 산업에 기여하는 것이라 지적한다. 반면 해외 이민의 유입, 특히 계절 노동 이민자들에 대한 부정적인 견해를 숨기지 않았는데, 일본 내지로 유입된 재일 조선인 계절 노동자와 만주국으로 유입된 중국 "쿨리" 노동자들이 가져오는 "열등한 문화"가 모국의 문화와 사회를 방해하고 악화시키는 경우가 많다고 주장했다.[32]

게다가 영구 이주민의 유입은 더욱 우려스러운 현상으로 이민지의 인구 성격과 질을 크게 변화시킬 수 있다고 보았다. 가령, 19세기 후반 미국 이민자의 출신지가 북유럽에서 동유럽으로 바뀌면서 미국 인구에서 "지능이 낮은" 사람들의 비율이 증가했다는 것이다. 이와 유사한 유전적 "악화"의 사례로 동시대 만주국으로의 중국인 "쿨리" 노동자들의 정착현상을 들면서, 이는 만주국의 사회경제적 문제일 뿐만 아니라 문화와 활력의 문제이기도 하다는 분석이다. 이와 같이 이민자 유입에 관한 데루오카의 견해는 문명 단계에 따른 위계질서라는 당시에 통용되던 전형적인 인종관이 짙게 그림자를 드리우고 있었다. 같은 논리는 일본인의 남미, 만주 및 기타 식민지로 이주한 상황을 설명하는 데도 적용되었다.

---

**32** 暉峻義等, 『社会衛生学』, 1935, 140-141頁.

일본인의 해외 및 식민지로의 이주현상은 "문화적으로 우월하고", "의욕적인" 일본 젊은이들이 해외로 이주하는 경향을 보인 사례로 간주하면서, 일본 내지로 이주하는 조선인 일용직 노동자와는 달리, 이들은 사회의 건강과 생산성을 높여 정주지에 긍정적인 영향을 미친다는 것이다. 데루오카는 이러한 인종적 편견 위에서 개척과학 연구조사 활동에 착수하였다.

일본의 만주 농업이주는 일본 제국주의의 결과물로 1932년 만주국수립 직후부터 시작되었지만, 1936년에 이르러서야 척무성이 농림성의 적극적인 지원을 받아 대규모 이주 프로젝트를 본격적으로 추진하였다. 1939년 1월 남만주철도주식회사(이하 만철)는 데루오카를 만주국의 수도 신경(현 창춘)으로 초청해 일본인 농업정착민에 대한 체계적이고 과학적인 연구가 시급하다는 점을 논의했다. 데루오카는 자금과 물류 지원에 대한 만철의 제안을 수락하여 노동과학연구소의 현지 분원으로 만철 개척과학연구소를 설립하기로 결정했다.

개척과학연구소는 연구 목표를 "북만주 제 민족의 일상생활과 농업운영에 대한 조사"로 설정하고, 조사의 세 가지 축으로 기후, 생리학, 농업 노동과학으로 세웠다. 데루오카는 현지 농민들의 생활보다는 주로 일본인 정착민의 위생 상태와 생활에 중점을 기존의 조사 패턴을 비판하면서, 타민족의 정착 생활을 연구할 필요성을 강조했다. 개척과학연구소의 출장소는 인근 정착촌으로 이동하기 편리하도록, 무단장성牡丹江省 헝다오허쯔의 만철병원 내에 설치되었다. 데루오카는 직접 소장을 맡아 1939년 9월부터 1941년 7월까지 도쿄에서 6명의 연구원과 7명의 직원을 데려와 현장 조사와 생리 실험을 수행했다.[33] 연구소는 격월간 보고서 『개척과학開拓科學』, 일본인 정착민을 위한 교육용 리플렛 3종, 총 3권의 삽화집 『개척과학生活도설[開拓科学生活図説]』 등을 발간하는 한편, 조사가 종료된 후에는 신경, 펑톈[奉天](현재의 선양), 도쿄에서 전시회를 개최하기도 했다. 연구소의 현지조사 대상은 로마노프카의 백계 러시아인 마을, 베이안의 중국인 마을, 그리고 몇몇 일본인 정착촌이었다. 『개척과학생활도설』 1-3권에 따르면 백계 러시아인과 한족에 대한 조사 항목은 다음과 같이 구성되었다. 1) 계절별 노동 투입량과 생산성, 농사 기술 및 도구, 가정경제 등 농업 관행의 특성, 2) 의식주, 특히 주택 난방 및 냉방 시스템, 3) 여성의 농사 및 가사노동, 4) 공동시설, 관습 및 종교 등 방면의 추가 정보 등.

이러한 조사 방식은 한편으로는 농업경제, 라이프스타일, 건강에 대한 지식을 종합적으로 파악하려고 한 사회 위생학적 조사 방법론을 차용하고 있어, 노동과학연구소가 종래에 수행해 왔던 일본 농촌 위생조사의 전례를 따르는 것이었다. 그러나 개척과학이라는 지식생산에 있어서는 즉각적인 목표와 구체적인 수익자가 고려되고 있었다. 즉, 현지 정착민에 대한 정보는 "지도민족"인 일본 입식자들이 안정적인 농업 운영에 성공하여 새로운 개척지에서 건강하게 생활하는 데 기여할 수 있도록 신중하게 선택되고 수집되었다. 보고서에는 페치카나 온돌을 이용해 적절한 실내 온도를 유지하는 방법, 걸이 요람의 이점과 제작방법, 중국인의 죽이나 러시아인의 스프와 같은 액체 음식의 장점 등 북만주의 기후와 환경에 적응한 부산물로 여겨지는 "현지인으로부터 배우자"는 사례로 넘쳐났다.

하지만, 이러한 세부사항들은 사실상 연구조사의 서술상의 모순을

---

**33** 테루오카는 도쿄와 헝다오허쯔를 오가며 활동하는 동안 다른 연구자들이 후자에 머물면서 연구 활동을 이어 나간 것으로 보인다. 개척과학연구의 성과 및 개요는 다음의 자료를 참조했다. 暉峻義等 編, 『開拓科学生活図説』 1-3, 1942-1943.

그대로 드러내 보이는 것이기도 했다. 보고서의 서론은 현지 민족들이 일본 문화를 동경하여 "우리에게 흥미를 느끼고 인도받을 준비가 되어있다"고 하면서, 일본 개척 이민자들의 사명은 성실함과 존경심을 바탕으로 그들을 번영시키는 것이라 선언했다. 그러나 현지조사를 통한 연구자들의 '과학적'이고 세밀한 기술은 오히려 일본 개척민들이 현지 생활에 제대로 적응하지 못했다는 사실을 드러낼 뿐이었다. 즉, 로컬의 '지혜'를 더 많이 보도할수록 독자들은 일본 개척민들의 실패와 부족함을 더 많이 떠올릴 수밖에 없는 것이다.

예를 들어, 백계 러시아인, 중국인, 일본인 가옥의 겨울철 실내온도의 시계열 데이터는 일본 정착민의 가옥이 한랭한 지역에서 실내의 열을 제대로 보존하지 못했다는 점을 분명히 보여 주었다(그림 1-3). 각각의 실험가옥에서 수집한 데이터에 따르면 일본인 가옥은 실내 온도가 0°C로, 백계 러시아인 가옥의 12°C, 중국인 가옥의 8°C보다 훨씬 낮았을 뿐만 아니라, 온화한 기상 조건하에서도 후자들에 비해 실내 온도 변동폭이 두드러지게 컸다. 실내 난방에 관한 보고서의 결론은 일본 정착민들이 난방 시스템 개선에 더 많은 노력을 기울어야 한다면서, 단열효과가 좋은 백계 러시아인의 천장과 바닥을 효율적으로 데우는 중국인의 온돌난방을 배울 것을 제언했다.

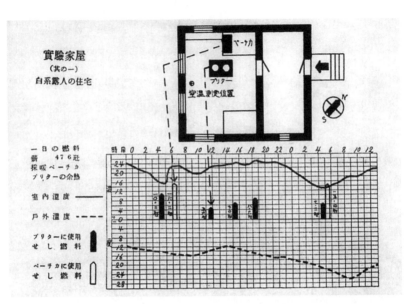

**그림 7-1** 실험 주택, 사례 1: 백계 러시아인 주택. ⓒ 국립 중앙 도서관 디지털 데이터베이스
실내 온도(실선)와 실외 온도(점선) 비교; X축, 하루 중 시간(대략 38시간); Y축, -28℃~+24℃ 범위의 온도.

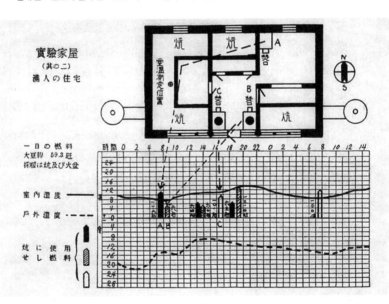

**그림 7-2** 실험용 주택, 사례 2: 중국인 주택. ⓒ 국립 중앙 도서관 디지털 데이터베이스
실내 온도(실선)와 실외 온도(점선) 비교; X축, 하루 중 시간(대략 40시간); Y축, -28℃~+24℃ 범위의 온도.

2부 권위주의 국가와 신체 통제

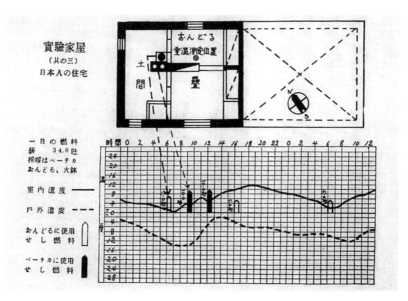

**그림 7-3** 실험 주택, 사례 3: 일본인 주택. ⓒ 국립 중앙 도서관 디지털 데이터베이스
실내 온도(실선)와 실외 온도(점선) 비교; X축, 하루 중 시간(대략 38시간); Y축, -28℃-+24℃ 범위의 온도.

이러한 서술 구조는 오키나와, 대만, 조선 등에서 이루어진 이른바 구관조사가 점령지 혹은 식민지 현지인들의 일상생활에 대해 수집한 정보를 그들의 인종적 열등성의 지표로 삼았던 것과는 상당히 다른 패턴을 보인다. 이런 점에서 데루오카 팀의 연구는 일본 제국의 식민지 동화주의보다는 만주국의 공식 이데올로기인 '민족협화'에 부합하는 연구였다고 볼 수도 있다. 하지만 만주국 내의 모든 민족과 지역 문화가 중요시되거나 참고사항이 되었던 것은 결코 아니었다. 애초에 연구조사 대상으로 선택한 마을은 만주국의 통치와 행정 조치 아래에서 평화롭게 영위되는 농촌생활을 보여 줄 수 있는 지역으로 신중하게 선택된 것이었다. 중국인 정착지인 베이안은 투롱산에서 남쪽으로 300km 떨어진 곳에 위치해 있었는데, 투롱산 부근은 1934년 토지 취득 문제로 일본 개척민에 대항하여 중국인 농민들이 대규모 무장 봉기를 일으켰던 곳이었다. 그러나 베이안 마을에 대한 연구서의 묘사는 어디까지나 목가적이고 평화로운 농촌마을을 그리고 있어, 이곳에서는 폭력이나 분쟁과는 거리가 먼 듯한 인상을 준다. 보고서는 이 마을 사람들의 관습과 신념이 유교에 확고하게 뿌리를 내리고 있기 때문에 충성심과 세속주의적 특성을 기대할 수 있고, 또 장려되어야 한다고 강조하는 등, 문화관습의 서술에 있어서 매우 선택적인 해석을 가했다.

개척과학은 '지도민족'인 일본 농민들을 북만주 일대에 성공적으로 정착시키는 것을 활동 목표로 삼았다. 이는 향후 20년에 걸친 장기이주 프로젝트로 기획된 "백만호이민계획"이 1937년에 국책으로 확정된 이후 이를 측면 지원하기 위한 지식 편제였다고 볼 수 있다. 개척과학연구소를 이끌었던 데루오카에 따르면 이주와 국민공동체의 건전성은 상호 밀접한 관계를 가진다는 점에서, 이러한 대규모 농민 입식의 성공 여부는 일본 민족의 "유기적 생명공동체"의 진화에 결정적인 의미를 가질 터였다. 이런 의미에서 만주 개척과학은 일본인 이주자들이 물리적으로 생존하고 적응하며 번영할 수 있도록 하기 위한 지식 생산이라는 전형적인 생명정치 프로젝트를 수행했다. 이는 한편으로는 '변경'의 열악한 환경에서 하층민, 즉 토지를 소유하지 못한 농업 노동자들의 입식 환경을 개선하고자 했던 노동과학연구소의 사회 위생학 연구의 연장선상에 놓을 수 있다. 또한 동시에 누구의 몸과 생명이 보호할 가치가 있는지를 결정하는 인종적·민족적 경계를 명확히 내포한 노동과학의 민족 위생적 접근 방식을 노정하는 것이기도 했다.

노동과학이라는 학문은 빈곤, 사회적 불평등, 인간의 정신과 육체에 대한 자본주의적 착취 현상에 대한 생생한 관찰과 치열한 토론이 이루어진 시대의 산물이었다. 데루오카 기토는 제국적 국민국가, 즉 "유기적 생명공동체"의 건강을 향상시킨다는 사회 위생에 기반한 노동과학을 통해 일하는 자들의 "생명의 희생"에 대한 해결책을 찾으려 했던 사람 중 한 명이었다. 전시 정권이 총력전 수행을 위한 생산성을 극대화하는 방향으로 사회를 재편성하고자 했을 때, 데루오카는 '인간 중심의 노동'을 통해 무분별한 노동 착취를 억제하는 방식으로 노동 재편성 과정에 개입하고자 했다. 과학주의에 대한 확고한 신념을 가지고 있던 데루오카는 과학적 증거를 통해 노동자들이 더 적은 시간 동안 더 많은 임금을 받고 더 영양가 있는 음식을 섭취하여 업무 성과와 질을 향상시킬 수 있다고 확신했다.

일본 민족 전체를 양적·질적 측면에서 향상시키고자 한 민족 위생적 이상을 받아들인 그의 연구가 대상으로 삼은 인간 집단은 좁은 의미의 산업 노동자라는 '노동자'에 국한되지 않고 농부, 주부 같은 무급 노동자, 심지어 어린이와 아기 같은 미래의 노동자까지 포함했다. 그러나 계급 없는 '유기적 생명공동체'라는 주장에는 의심의 여지가 없는 인종-민족적 경계가 존재했다. 노동과학연구소의 만주 개척과학 프로젝트에서 볼 수 있듯이, 일본 농민이주자들의 '생명 희생'을 막기 위해 모든 과학적 연구와 세심한 조사가 수행되었다. 이 경우 인간 중심의 노동과학은 일본 제국의 인종적 위계질서에서 최상위에 있는, '일본 민족'의 구성원으로서 자격을 갖춘 사람들에게 적용되었다.

데루오카는 총력전기 '신질서' 건설에 적극적으로 참여했고, 특히 대정익찬회에 참여한 것을 이유로 1948년 GHQ의 공식 추방 대상자로 지정되었다. 1948년 말, 데루오카는 노동과학연구소를 사임했지만 어업 노동자에 대한 생리학 연구를 계속했고, 1950년대에는 전국의 보건전문 가들을 소집해 전후 농촌 및 도시 공중보건 재건을 논의했다. 아울러 다른 아시아 국가의 노동과학 분야의 전문가들과 네트워크를 형성하기 위해 힘써, 1956년부터 아시아 산업보건 컨퍼런스를 조직하는 형태로 결실을 맺었다. 데루오카는 사회주의 국가의 공중보건 시스템에 대해 비상한 관심을 기울였고, 1954년에는 소련을, 1957년에는 중국을 방문하여 공중보건, 위생시설을 시찰하기도 했다.

데루오카의 노동과학 프로젝트의 대부분은 전쟁 후기에 접어들수록 좌절되는 경우가 많았다. 그럼에도 불구하고 일부 '개혁적' 측면은 사실상 전후 일본의 고도 경제성장기의 노동체제를 예고하는 측면을 가진다. 더 높은 임금, 더 짧은 노동 시간, 사택과 같은 직원 복리후생은 이미 노동과학이 제안한 전시 프로그램에 포함되어 있었다. 어떤 의미에서 '유기적 생명공동체'를 위한 노동과학은 전후의 냉전구도 속에서 아시아와의 관계가 시간적·지리적으로 단절되고 열도로 축소된 상황과 더 잘 맞아떨어지는 듯하다.

한편, 노동과학연구소의 사회 위생관을 계승하고 발전시킨 또 다른 전후 유산은 예상치 못한 곳, 북한에서 찾아볼 수 있지 않을까. 1930년대 도쿄제국대학 의과대학 학생이었던 최응석은 식민지 조선 남부에 위치한 농촌마을 달리에서 단기 농촌 위생조사를 실시했다. 최응석은 데루오카의 농촌 위생조사 방법론을 도입했고, 국가 보건의료 체계에 대한 그의 아이디어는 1930년대 일본의 사회의학 및 사회 위생담론에 큰 영향을 미쳤다. 경성대학교 내과 교수였던 최응석은 1945년 조선 해방 이후, 조선산업의학회를 설립했고, 1946년부터는 북한으로 건너가 김일성종합대학 의과대학 및 병원 원장을 역임하며 북한에 소련식 국가 보건의료 체계의 토대에 일정 정도 영향을 끼쳤으리라 추측할 수 있다.[34] 1930년대 사회의학 담론의 후예인 그는 사회주의 보건의료 시스템의 구축에 있어서 '유기적 생명공동체'와 민족 위생 사상을 도입했을까? 이 문제에 대해서는 차후 연구의 과제로 남겨 놓고자 한다.

---

34  신영전·김진혁, 「최응석의 생애: 해방직후 보건의료체계 구상과 역할을 중심으로」, 『의사학』 23(3), 2014.

# 3부
## 가부장 국가와
## 여성의 몸

# 8장

# 조선 백성의 절반, 여성 건강에 대한 국가의 대응

이꽃메

## 1. 머리말

조선시대 국가는 여성의 건강에 관하여 인지하고 대응하는 보건의료체계를 가지고 있었을까? 보건의료체계의 구성요소 중에 가장 기본이라고 할 수 있는 보건의료자원은 크게 인력, 시설, 장비와 물자, 지식 등 네 가지로 이루어진다. 이 중 시설이나 장비와 물자의 측면에서 살펴보면 여성의 건강이나 질병을 전문으로 하는 것이 뚜렷이 나타나지 않는다. 예를 들어 국가에서 운영한 의료시설은 한양에 위치한 내의원內醫院, 전의감典醫監, 혜민서惠民署의 삼의사三醫司를 중심으로 구축되었고 궁궐에 거주하는 왕가와 한양에 거주하는 지배층을 주요 대상으로 하였다. 지방에는 각 도의 감영과 병영, 군현에 약방이 있었고 의생 또한 딸려 있었지만 지방의 의생은 수가 적어 약재의 진상과 관리, 그리고 소속 관리나 군인의 질병 관리를 중심으로 활동하였고,[1] 어지간한 사람은 그들의 도움이나 혜택을 받기가 어려웠다. 즉, 조선의 의료시설은 궁궐의 왕을 중심으로 구성되어 물리적으로 사회적으로 멀어질수록 이용이 어려웠으며 그 중에 여성의 건강이나 질병을 전문으로 한 것은 뚜렷이 드러나지 않는다. 장비와 물자의 측면에서도 마찬가지이다.

그렇지만 보건의료자원 중에 인력과 지식을 중심으로 살펴보면, 국가에서 여성을 대상으로 육성, 운영한 의료 전문가와 지식체가 나타난다. 먼저 조선의 독특한 의료 전문가인 의녀醫女이다. 의녀는 여성을 대상으로 의료 활동을 하도록 조선 정부가 선발하여 교육하고 운영한 여성 의료 전문가이다. 또한 지식의 측면에서는 조선 정부에서 출간하여 보급한 관찬의서官撰醫書 중에 『언해태산집요』 등 여성 건강 분야의 전문 의서가 있다. 의녀와 여성 건강 분야 관찬의서의 존재는 조선 정부에서 여성 건강을 별도로 주목하고 관리의 대상으로 삼았다는 것을 보여 준다. 그렇다면 의녀 외에 조선 정부에서 선발, 교육한 의료 전문가인 의관醫官은 어땠을까? 이들에게는 여성이 대상자로 상정되지 않았는가? 또는 의관에게는 여성 건강 분야에 대한 전문적 지식과 기술이 요구되지 않은 것인가? 다른 관찬의서에서는 여성 건강을 다루지 않은 것인가? 관찬의서에서 여성 건강을 다루었다면 어떤 내용과 특징을 갖고 있는가?

본 글에서는 먼저 조선 후기 여성의 수명과 주요 건강 문제를 살펴보겠다. 그리고 조선 정부에서 선발하여 교육, 운영한 의료 전문가인 의녀와 의관이 여성 건강에 관하여 어떠한 교육을 받고 활동했는지를 살펴보고, 특히 의료 전문 관원이었던 의관이 여성 건강에 대한 전문성을 포

---

1   신동원, 『조선의약생활사』, 들녘, 2014, 797쪽.

괄하면서, 이것이 일반적인 의료 전문가였던 의원 전체에게 미친 영향을 짚어 보고자 한다. 또한 궁극적으로 의료 혜택이 조선 백성 전반에 미치게 하고자 정부 주도하에 편찬, 간행, 보급된 관찬의서의 내용 가운데 특히 여성 건강에 대하여 다룬 내용을 살펴보겠다. 이를 통하여 조선 정부가 육성한 의료 전문가와 의학 지식의 대상에 여성을 포함함으로써 국가적으로 여성 건강을 인지하고 대응하는 보건의료자원을 갖추고자 했음을 짚어 보겠다.

## 2. 조선 여성의 수명과 건강

조선 사람은 대개 오래 살지 못했고 건강했다고 보기도 어렵다. 일단 다양한 영양소를 충분히 섭취하고 좋은 환경에서 지내는 것이 건강과 장수의 기본 조건인데, 매년 춘궁기를 중심으로 곡식이 부족했고, 자연재해나 전쟁 등에 따라 매년 그리고 수년마다, 심하면 수년에 걸쳐 흉년이 있었다. 따라서 일부 부유한 계층을 제외하고는 주기적으로, 그리고 일정 주기 없이 영양 불량에 시달렸고, 그때마다 건강이 나빠졌다. 환경적으로는 연교차와 일교차가 심해 더위와 추위를 견뎌야 했으며, 쥐나 파리, 모기, 이 등 건강에 해로운 동물과 곤충이 흔했다. 마시는 물과 먹는 음식의 위생적 처리와 보존의 어려움으로 기생충 감염이 흔했고 상하거나 오염된 음식 섭취가 자주 발생하였다. 그리고 두창 등 호흡기계나 이질 등 음식물을 통하여 전파되는 다양한 급성 감염병이 자주, 그리고 대규모로 유행하였다.

18, 19세기 조선 사람의 평균수명은 23세, 양반으로 한정할 경우, 그

보다 2세 많은 25세에 불과했다.[2] 평균수명이 짧은 이유 중에 가장 큰 것은 영유아기의 높은 사망률이었다. 태어난 아이가 무사히 성장하여 십대 후반 결혼할 때까지 살아남는 비율은 양반 가문의 경우에도 약 절반이었고,[3] 노비 등 사회경제적 조건이 그보다 못한 경우는 더 낮았다. 이문건 李文楗(1494-1567)이 1535년부터1567년까지 32년에 걸쳐 기록한 『묵재일기』에 나오는 가내 사환비의 출산 19회 중에 영유아기 사망이 11회이고,[4] 정약용(1762-1836)의 3녀 6남 중 6자녀가 3세 이전에 사망했으며, 『규합총서』를 지은 빙허각 이씨(1759-1824)의 4남 7녀 중에 8명이 어릴 때 사망하였다.

영유아 사망의 주요 원인은 감염병이었다. 감염병이 주요 사망 원인이었던 것은 『조선왕조실록』의 역병 유행과 이로 인한 사망에 관한 수많은 사례에서 나타난다. 또한 이문건의 『묵재일기』에 나오는 총 129 사례의 사망 중 역병疫病이 33건, 두창痘瘡이 16건으로 이 두 감염병만 합해도 49사례로 사망 원인의 40%에 달한다.[5] 이렇게 감염병이 유행하면 면역력이 좋지 못한 영유아부터 희생되기 마련이었다.

2    차명수, 「조선후기의 출산력, 사망 및 인구증가: 네 족보에 나타난 1700-1899년간 생몰 기록을 이용한 연구」, 『한국인구학』 32(1), 2009, 113-137쪽.
3    김두얼, 「행장류 자료를 통해 본 조선시대 양반의 출산과 인구 변동」, 『경제사학』 52, 2012, 3-27쪽.
4    신동원, 『조선의약생활사』, 340쪽.
5    신동원, 『조선의약생활사』, 410쪽.

그림 8-1 백동자도(百童子圖)<br>화폭에 담은 다자손(多子孫)의 소망 ©서울역사박물관

여성의 수명과 건강은 어땠을까? 조선 후기 양반계층 미성년 사망자의 남녀 성비는 1.05로 남녀 간 차이가 거의 없었다고 한다. 그렇지만[6] 남자아이를 귀하게 여기는 문화에서 여자아이가 더 훌륭한 음식이나 돌봄을 받았을 리 만무하고, 아플 때 돈을 들여 의원에게 보이고 약을 먹이는 적극적 행위도 남자아이에 비하여 적었기 때문에[7] 여자아이가 남자아이보다 건강이 좋았을 리는 없다. 여아로 태어나 상대적으로 불리한 여건에서 두창이나 홍역 같은 급성 감염병, 온갖 사고와 병치레, 그리고 회

---

6 김두얼, 「행장류 자료를 통해 본 조선시대 양반의 출산과 인구 변동」, 17-18쪽.
7 이꽃메, 「《역시만필》의 사례로 재구성한 조선후기 여성의 삶과 질병」, 『의사학』 24(2), 2015, 497-532쪽.

충 같은 만성 감염병 등을 이겨 내고 자라 결혼까지 한다 해도 그 이후의 삶은 더욱 만만치 않았다.

조선 후기에는 보통 십대 후반에 혼인을 했는데, 여성의 초혼 나이는 평균 17.5세였고 양반 여성의 경우 더 어린 15.8세였다. 배우자의 나이는 양반일수록 비슷했다. 그런데 혼인한 다음에는 여성의 수명이 남성보다 짧았다. 행장류 등의 기록을 남길 정도의 사대부가에서도 혼인한 여성의 약 절반이 50세 이전에 사망했으며, 평균수명은 45.3세로 58.1세인 남성 배우자보다 13년이나 짧았다.[8]

혼인한 여성의 평균수명이 남성보다 짧았던 가장 큰 이유는 출산 관련 사망이었다. 혼인 여성의 사망원인 1위는 출산 및 그 후유증으로 사망원인 2위인 감염병의 배에 달하였다[9]. 혼인 여성은 임신 중은 물론 출산한 이후에도 영양 불량이나 과로로 건강을 해치는 경우가 많아 질병에 취약했고, 임신성 고혈압 등 임신으로 심각한 문제가 발생해도 뚜렷한 예방이나 해결책이 없었으며, 출산은 매우 위험했고, 무사히 아기를 낳는다 해도 산후 출혈, 감염 등으로 목숨까지 잃는 경우가 많았기 때문이다.

영조 때 어의를 지낸 이수귀(1664-1743)의 의안醫案인 『역시만필』(1734)에 나오는 결혼 이후 가임기 여성의 질병과 치료 사례 53건 중에 절반이 넘는 28건이 산부인과 영역으로 대부분 임신 및 출산과 관련된 것이다. 임산부의 나이는 17세로부터 45세까지 걸쳐 있으며, 20세 이전의 출산과

---

8  김건태, 「18세기 초혼과 재혼의 사회사」, 『역사와 현실』 51, 2004, 195-224쪽; 김두얼, 「행장류 자료를 통해 본 조선시대 양반의 출산과 인구 변동」, 3-27쪽; 박희진, 「양반의 혼인 연령: 1535-1945 — 혼서를 중심으로」, 『경제사학』 40, 2006, 3-20쪽.

9  김두얼, 「행장류 자료를 통해 본 조선시대 양반의 출산과 인구 변동」, 3-27쪽.

3부 가부장 국가와 여성의 몸

노산은 더욱더 조심스러운 것으로 간주되었다. 임신 중에 가장 크게 문제가 된 것은 하혈과 유산이었으며 출산으로 위험했거나 사망한 사례도 여럿 나온다.[10] 양반가 여성은 결혼한 이후 평균 5명의 자녀를 낳았는데, 결혼한 부부가 해로하지 못하는 경우가 많았기 때문이고, 여성이 출산 도중 사망한 경우는 자녀가 4명 정도였으며, 여성의 가임기가 끝나기까지 부부가 모두 생존한 경우에는 6-7명이었다. 양반이 아닌 경우에는 자녀 수가 더 많아 8명 정도였다. 그렇지만 성장기에 사망하는 경우가 많았기 때문에 혼인할 정도까지 성장하는 자녀의 수는 대개 두 명이나 세 명이었다.[11]

결혼한 부부가 해로하지 못하고 부인이 출산으로 먼저 사망하여 남편이 두 번, 세 번 혼인하는 경우가 많았는데, 예를 들어 조선 후기 무관으로 68년간 일기를 남긴 노상추盧尙樞(1746-1823) 삼부자가 그랬다. 아버지 노철盧哲(1715-1772)은 첫 번째 부인이 25세에 출산하고 며칠 만에 그 후유증으로 사망했고 두 번째 부인은 44세에 여섯째 아이를 낳은 지 7일 만에 사망하여 세 번 혼인하였다. 노상추도 첫 번째 부인은 22세에 첫아이를 낳은 지 한 달여 만에 사망하고, 두 번째 부인도 세 번째 아이를 낳다 사망하여 세 번 혼인하였다. 동생 노상근은 첫 번째 부인이 출산 17일 만에 사망하여 재혼하였고, 두 번째 부인은 결혼 15년 만에 사망하여 39세에 다시 홀아비가 되었다.[12]

양반이 아닌 경우, 특히 천민 여성은 임신 전이나 임신 중 영양 상태

---

**—** 10  이꽃메, 「《역시만필》의 사례로 재구성한 조선후기 여성의 삶과 질병」, 497-532쪽.

11  김두얼, 「행장류 자료를 통해 본 조선시대 양반의 출산과 인구 변동」, 3-27쪽.

12  문숙자, 『조선의 일상사, 68년의 나날들―무관 노상추의 일기와 조선후기의 삶』, 너머북스, 2009, 40-72쪽.

가 좋지 않음에도 불구하고 계속 일을 하게 됨에 따라 건강도 나빠졌을 것이고, 출산 과정이나 출산 후에 문제가 있을 때 의원을 부르거나 제대로 약재를 복용하기도 힘들었을 테니 출산 및 그 후유증으로 인한 사망이 더 많았을 것이다. 그 밖에도 같은 조건이라면 남성을 여성보다 중요시했기 음식 등의 자원 공급에 여성이 남성보다 불리하고, 아플 경우 의원에게 보이고 약을 먹여서 낫게 하는 적극적인 의료행위에 대한 보장이 부족했던 점[13] 또한 여성의 평균수명이 남성보다 적은 데 기여하였을 것이다.

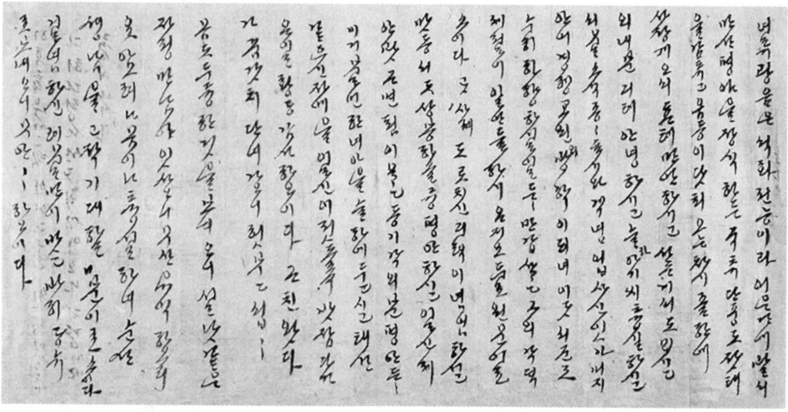

그림 8-2 친정어머니가 딸의 시어머니에게 보낸 한글 편지로, 딸이 아들을 순산하기 바란다는 내용 ©국립한글박물관

13 이꽃메, 「《역시만필》의 사례로 재구성한 조선후기 여성의 삶과 질병」, 497-532쪽.

3부 가부장 국가와 여성의 몸

## 3. 의료 전문가 양성

### 1) 의녀의 교육과 역할

조선이 건국하고 14년 만에 의녀제도를 만든 것은, 조선 여성이 내외內外라는 성리학 규범을 지키기 위하여 여성 의료 전문가를 요구해서라기보다는, 여성이 의료를 포함한 생활 전 영역에서 내외라는 규범을 관철하기를 바란 지배층 남성의 요구를 반영해서였다. 실제 의녀제도는 조선 전체 여성의 의료 요구를 충족시키는 형태로 운영되기보다는 왕가와 고위 관리 가문의 여성을 대상으로 운영되었다.[14]

조선 사회에서 신분에 있어서나 성별의 측면에서나 가장 열등했던 관비官婢 중에 선발된 의녀는 역설적이게도 정부의 인정과 권장하에 조선 여성 중에 가장 높은 수준의 전문 교육을 받을 수 있었다. 의녀가 본격적 의학 교육을 받으려면 한글, 한자 교육과 성리학 소양 교육부터 받아야 했다. 이는 의녀가 비록 관비일지라도 조선 백성 모두에게 요구되는 유교적 소양을 갖추고 자신의 존재 기반인 내외內外를 이해하며 주 대상인 왕실을 비롯한 지배층의 품격에 걸맞은 언행을 갖추도록 하기 위해서였을 것이다.[15]

의녀의 의학 교육은 여성의 신체를 직접 접촉하여 맥을 짚고 침과 뜸을 놓는 데 관한 것, 출산에 관한 것, 그리고 의녀의 주요 업무였던 약에 관한 것으로 구성되었다.[16] 성종 9년(1478) 예조에서 정한 '의녀권과

---

14 김영희 외, 『한국의 과학기술과 여성』, 들녘, 2020, 245-247쪽.
15 신동원, 『조선의약생활사』, 248-249쪽.
16 박인순, 『혜민서연구』, 교육아카데미, 2014, 150쪽.

조'에서 정한 의녀가 읽을 서책은 맥으로 환자 상태를 판단하는 데 관한 『인재직지맥仁齋直指脈』, 침과 뜸을 놓는 데 알아야 할 혈자리에 관한 『동인침혈침구경銅人鍼穴鍼灸經』, 약에 관한 『가감십삼방加減十三方』과 『태평혜민화제국방太平惠民和劑局方』, 그리고 산부인과 전문 의서인 『부인문산서婦人門産書』 등 5종이었다.[17] 의녀 교육은 이후 한자와 유학적 소양교육, 여성 환자가 내외를 지킬 수 있도록 남성 의원을 대신하여 역할하는 맥, 침과 뜸, 약, 산부인과 위주로 내내 유지되었다.

여성이 전문적 의술의 대상이 될 때 내외를 지킬 수 있도록 만들어진 의녀제도였지만 실질적인 의료행위의 대상은 내외의 준수에 모범이 되어야 했던 왕실과 소수의 지배층 여성이었지 일반 조선 여성이었다고 보기는 어렵다. 그것은 의녀제도의 실제 운영이 한양의 왕실 여성을 중심으로 했던 것에서 나타난다. 1866년에 편찬된 육전조례에 따르면 한양의 의녀는 내의원 소속 22명, 혜민서 소속 31명 등 50여 명에 불과했다.[18] 내의원 소속 의녀는 내명부 여성에 대한 문안, 진맥, 침구 치료, 호산護産, 왕비의 의약청 대령, 탕제의 미품味稟, 거동진참擧動進參의 시위侍衛 등의 업무를 담당하였다. 실제 조선왕조실록 등 정부의 공식 사료에 나타난 의녀 활동에 관한 통계를 보면, 전체 259건 중 243건이 궁중 여성을 대상으로 하였고 나머지는 왕 등 궁중남성 진료가 7건, 사족여성이 5건, 사족남성이 1건, 기타 2건에 불과하다.[19]

혜민서 소속 의녀의 경우 지속적으로 교육을 받으면서 내의원 등의 약 짓는 일을 돕고 대민 의료를 했지만, 혜민서의 대민 의료는 조선 후기

▬  17  『成宗實錄』券89, 成宗 9年 2月 16日 己酉.
    18  신동원, 『조선의약생활사』, 703쪽.
    19  신동원, 『호열자 조선을 습격하다』, 역사비평사, 2004, 204쪽.

로 갈수록 축소되었다.[20] 숫자로 보아도 19세기 한양 인구 약 20만 명 중에 절반인 10만 명 가량이 여성이었을 텐데, 혜민서 31명 의녀 한 명당 한양의 여성 수가 3,200명이 넘어 의료적 도움이 필요할 때 실제적 도움을 받았다고 보기 어렵다. 그런데다가 조선 후기로 갈수록 정부는 교육 수준이 높고 정부에서 자유롭게 활용할 수 있는 의녀를 왕실의 의례나 사신 접대 등 본래의 의료 업무 이외에 다양한 역할을 하도록 하였다. 특히 의학적 지식이나 활동이 필요한 경우 적극 활용했는데, 예를 들면 임신 여부나 처녀성 확인, 여성화된 남성의 성기 검사, 여성 신체의 상처에 대한 조사, 양반가 여성의 질병 유무 확인 등을 하게 한 것이다.[21]

조선 정부에서는 지방에 의녀를 보내기도 했지만, 매우 소수였으며 한양의 내의원과 혜민서 소속 의녀와 달리 제도화되었다고 보기도 어렵다. 다만 한양에 비하여 의원이 부족했던 지방에서 의녀는 지방 사족을 대상으로 보다 넓은 범주의 의료 활동을 했기에 진찰과 침구, 처방 전반을 책임졌으며, 부인과 질환 이외의 영역에서도 능숙한 실력으로 치료를 하기도 하였다. 특히 약재를 구하기 힘든 지방의 상황을 반영하여 단방약을 활용한 다양한 간이요법을 진료에 이용하였다.[22] 그렇지만 이렇게 지방의 의녀가 활동한 것은 소수의 예외적인 상황이었다. 지방에 거주하는 여성이 의녀를 만나고 도움을 받는 것은 의원로부터 도움을 받는 것보다 훨씬 드물고 어려운 일이었다.

---

20  박인순, 『혜민서연구』, 124쪽.
21  홍세영, 「조선시대 의녀의 정체성 고찰」, 『민족문화』 34, 2010, 355-394쪽.
22  홍세영, 「조선시대 의녀의 정체성 고찰」, 355-394쪽.

현종 명성왕후 가례도감 의궤의 의녀 ⓒ규장각한국학연구원

## 2) 의관의 교육과 역할

의녀가 있다고 의관醫官이 여성 건강을 도외시한 것은 아니었다. 의관 양성을 위하여 삼의사三醫司 중 전의감과 혜민서에서 의학생도를 뽑아 교육했는데, 교육과정에 여성의 건강과 질병에 관한 내용을 포함시킴으로써 이들이 갖추어야 하는 전문가적 자질에 여성의 건강과 질병에 대한 이해와 활동을 포함하였다. 이것은 조선 초기부터 의학생도가 공부해야 하는 의서에 여성 건강에 관한 전문 의서를 포함시킨 것에서 명백하게 드러난다. 세종 12년(1430)에는 의원의 사맹삭취재四孟朔取才에 『산서産書』를 포함시켰을 뿐 아니라 세조 8년(1462)에는 의서습독관의 임문습독서로 지정했으며, 동 10년(1464)에는 의원 취재시의 임강의서로 정할 정도로 중시하였다.[23]

『경국대전』에서 규정한 의학생도 시험서에도 여성 건강 분야의 전문 의서가 포함되었다. 『찬도맥』, 『동인경』, 『직지방』, 『득효방』, 『부인대

---

23  김신근, 『한의약서고』, 서울대학교출판부, 1987, 81-82쪽.

전婦人大全』, 『창진집』, 『태산집요』, 『구급방』, 『화제방和劑方』 등 9종의 시험서
는 각각 진맥법, 경혈과 경락의 위치 및 침구시술법, 내과잡병, 각종 질
병, 부인과 질환, 두창과 홍역, 임신과 출산, 구급상황, 제제약 처방전을
중심으로 다루었다. 이중에 『부인대전』과 『태산집요』 등 2종이 여성 의
서인데, 먼저 『부인대전』은 송나라의 진자명이 부산과婦産科의 각종 질병
에 대하여 병인, 증후, 치료법을 24권의 분량으로 다룬 여성 전문 의서이
고, 『태산집요』는 유의儒醫 임원준이 지은 산과 전문 서적이다. 다른 시험
서에서도 여성 건강에 관한 부분을 다루었는데, 예를 들어 『구급방』에서
는 임신양태, 난산, 포의불하, 사태복중, 잉부신사孕婦身死, 음정하탈陰挺下脫,
산후혈훈産後血暈, 부인음양婦人陰痒, 유종乳腫, 월수불통月水不通 등을 다루었고[24]
『화제방』의 방제 분류 14문 중 하나가 '부인제질'이었다.

조선 후기에는 의학 이론에 관심이 커지면서 부분별이었던 전기의
시험 의서가 종합 의서의 성격으로 바뀌어 『찬도맥』, 『동인경』, 『직지방』
은 유지되었지만, 나머지는 『본초本草』, 『소문素問』, 『의학정전』, 『동원십서東
垣十書』, 『의학입문』 등으로 변경되었다.[25] 그렇지만 종합 의서의 성격을 띤
각 의서에 여성에 관한 부분이 포함되었기 때문에 여전히 여성 건강에
관한 이해와 전문성은 의관의 주요 영역이었다. 예를 들어 암송해야 하
는 매우 중요한 서적이었던 『의학입문』은 중국에서 명나라 때인 1575년
경 간행된 9권으로 된 종합 의서로 부인과의 증상과 치료법, 구급법을 포
함하였다.

의관의 교육과 선발에 여성 건강에 관한 내용이 포함된 것은 의원이

---

24  김신근, 『한의약서고』, 108-111쪽.
25  신동원, 『조선의약생활사』, 823쪽.

의료 전문가로서 알고 익혀야 하는 내용에 여성 건강에 관한 것이 포함된다는 것을 의미했다. 이것은 문무과 과거시험에 유교경전을 포함함으로써 양반은 누구나 유교경전을 익혀야 하는 풍토가 된 것과 유사하다. 고유한 의료 대상자로서 여성에 대하여 공부해야 했던 의원은 여성을 대상으로 의료를 펼쳤고, 이것은 성리학이 사회 전반에 확산된 조선 후기에도 마찬가지였다. 여성이 건강상의 위기 상황에서 내외라는 규범을 지키기 위하여 의원으로부터 도움을 받지 않아 건강을 해치거나 죽음을 초래한 사례는 찾기가 어렵다. 여성 환자가 남성 의원에게 진료를 받지 못하는 주된 이유는 경제적으로 어렵다거나 인근에 의원이 없다거나 하는 사회경제적인 면이었다. 여건이 되면 내외가 엄격한 양반가의 여성도 의원을 만났고, 의원은 시진視診, 문진問診은 물론 필요에 따라 직접 진맥하여 여성의 건강 상태를 판단하고 문제를 해결하는 기초로 삼았다. 의원은 여성의 일반적 건강 문제뿐 아니라 임신 및 출산과 관련한 문제, 유방이나 자궁의 문제에도 적극적으로 개입하여 치료하였다. 영조의 어의로도 활동한 의관 이수귀가 지은 『역시만필』에서 환자의 성별이 구별되는 152사례 중에 남성이 78사례, 여성이 74사례로[26] 남녀의 비가 비슷하다. 이것은 어의까지 지낸 가장 인정받는 의관이라 할지라도 의술의 대상으로 특별히 남녀를 가리지는 않았음을 뜻한다. 또한 전체 154사례 중에 152사례에서 남녀를 구분했는데 비하여 여성 환자의 나이를 대략이라도 언급한 경우는 약 40%에 불과한 30사례밖에 되지 않아, 환자를 파악하는 데 있어서 남성인지 여성인지를 우선시했다는 것을, 즉 여성의 고유성을 인식하고 있었다는 것을 반증한다고 할 수 있다.

---

**26** 이수귀 외, 『《역시만필》 조선어의 이수귀의 동의보감 실전기』, 들녘, 2015, 717-725쪽.

다만 신분, 상황 등에 따라 여성 환자와 남성 의원 사이에 도움을 구하고 받는 데 어느 정도 내외의 제약을 받느냐는 다양했다. 예를 들어 출산의 경우 의원이 약을 처방하고 분만을 유도하는 방법에 관하여 조언을 하여도 직접 출산하는 장소에 들어가서 아기를 받지는 않았다. 특히 양반가 여성은 병의 진단과 치료를 위하여 필요한 범주를 벗어나는 경우 남성 의원과 어느 정도의 내외를 지켰던 것으로 보인다.[27] 그렇지만 하층민 여성의 경우는 내외에서 훨씬 자유로워서 직접 의원을 찾아가 도움을 구하기도 했으며, 의원이 여성 환자에게 직접 침을 시술하기도 하였다. 16세기에 문신을 지냈고 유의儒醫로 활동한 이문건의 『묵재일기』에는 여종의 종기를 치료하는데 의원을 불러 침을 놓거나 째도록 한 기록이 여러 번 나오고 그중에는 유방에 생긴 종기도 있었다.[28] 양반들 사이에서도 친척 간에는 엄격한 내외의 규정이 비교적 자유롭게 적용되었으므로 퇴계 이황(1501-1571)은 며느리의 유종乳腫이 재발하자 남자 친척의 시술을 용인하였으며, 선조 때 의서습독관을 지낸 이정회는 자신의 누이에게 침을 놓았고, 형수의 유종에도 침을 놓았다.[29]

## 4. 관찬의서와 여성 건강

관에서 왕명 또는 신하의 주청에 의하여 엮은 책을 뜻하는 관찬서官撰書는 삼국시대부터 조선시대까지 광범위하게 생산되었으며, 주제는 역

---

27  이꽃메, 「《역시만필》의 사례로 재구성한 조선후기 여성의 삶과 질병」, 506-515쪽.
28  신동원, 『조선의약생활사』, 354-383쪽.
29  신동원, 『조선의약생활사』, 535쪽.

사·지리·정법·어문학·천문·역서·의약·농업·음악·군사 등 다양하다. 조선의 서적 정책은 통치체제 정비 및 유지를 위하여 유학이념을 심화하고, 의례와 교화 체계를 정립하며, 중화적 문화를 인식하고, 왕권 내지 정권 유지, 문화 창달, 산업과 과학의 발달, 대외관계의 발전 등에 영향을 미쳤다.[30] 그중 의약 분야의 관찬서인 관찬의서는 의학 발전을 집대성하거나 간추려 백성에게 도움이 되게 한다는 점에서 유학의 인정仁政사상을 바탕으로 조선시대 내내 활발히 편찬되었다. 태조 7년(1398) 제생원에서 김희선, 조준, 권중화, 김사충 등이 편찬한 『향약제생집성방鄕藥濟生集成方』 30권에서 대한제국 광무 10년(1906) 이준규가 칙명을 받아 편찬한 『의방촬요醫方撮要』 1책에 이르기까지 수십 종이 알려져 있다.

관찬의서는 직접적 대상에 따라 의가醫家를 수신자로 상정하는 것과 백성을 수신자로 상정하는 의서로 나눌 수 있다. 전자는 가능한 모든 자료를 취합한 방대한 분량의 의서로 『의방유취』, 『향약집성방』, 『동의보감』 등을 예로 들 수 있고, 후자는 백성이 직접 활용할 수 있는 방법을 중심으로 간략화한 『구급방언해』, 『창진집』, 『구급간이방』, 『창진집언해』, 『속벽온방』, 『구급이해방』 등을 예로 들 수 있다.[31] 본 글에서는 전자를 전문가용 종합적 관찬의서, 후자를 일반인용 실용적 관찬의서라고 구분하여 각각 여성 건강을 별도로 다루고 있는지, 다루고 있다면 어떤 내용을 포괄하고 있는지를 살펴보았다. 특히 언해본 여성 건강 전문 관찬의서인 『언해태산집요諺解胎産集要』를 검토했는데, 일반인용 실용적 관찬의서 중에 언해본은 한자와 의학에 조예가 깊지 않은 일반 백성, 그리고 여성

---

30 신양선, 『조선중기 서지사 연구―16세기 관찬서를 중심으로』, 혜안, 2012, 170-174쪽.
31 김태우, 「의료체계로서의 조선 의서: 인류학적 시선으로 읽는 의서 발간의 의미」, 『한국의사학회지』 28(1), 2015, 1-10쪽.

을 대상으로 했다는 점에서 각별히 의미가 크기 때문이다.

## 1) 전문가용 종합적 관찬의서와 여성 건강

관찬의서 중에 내용과 형식에 있어서 이론에서 임상 적용까지의 완결성과 전문성을 갖춘 것으로는 『향약집성방鄕藥集成方』(1433), 『의방유취醫方類聚』(1445), 『동의보감東醫寶鑑』(1610), 『제중신편濟衆新編』(1799)을 들 수 있다. 이 중 가장 먼저 나온 전문가용 종합적 관찬의서인 『향약집성방』은 85권 분량으로 내용상 크게 성인, 여성, 아동, 약제의 네 부분으로 나누어진다. 1권에서 53권까지는 일반적 성인 대상이라고 할 수 있으며 풍병문風病門에서 제구급문諸救急門까지 문門으로 분류한 다양한 문제를 다루고, 54권에서 66권까지는 부인과婦人科로 분류되어 있고, 67권부터 75권까지는 소아과小兒科로 분류되어 있으며, 76권부터 85권까지는 향약본초를 다루었다. 분량은 성인이 53권으로 전체의 62%를 차지하고, 여성이 13권으로 15%, 아동이 9권으로 11%, 약제가 10권으로 12%이다. 부인과는 조경문調經門, 붕루문崩漏門, 부인제병문婦人諸病門, 여음문女陰門, 구사문求嗣門, 태교문, 임신질병문, 좌월문坐月門, 산난문産難門, 산후문産後門으로 구성된다.[32] 즉 여성의 생리와 자궁출혈, 다양한 질병, 음문의 이상, 임신 준비, 태교, 임신 중의 질병, 출산 준비와 출산, 산후 관리로 이루어져 있다.

『의방유취醫方類聚』는 세종 27년(1445) 시작되어 세종 30년 365권으로 편성했다가 성종 8년(1477) 264책 30질帙을 인출한 방대한 의서이다. 『의방유취』의 총목을 보면 권지1에서 권지3까지는 총론이고, 권지4의 오장

---

**32** 김신근, 『한의약서고』, 41-81쪽.

문五臟門부터 시작된 문門 분류가 총 355문으로 끝까지 이어진다. 그중 권지206에서 권지238까지가 부인문婦人門으로 전체의 약 10% 분량인데 52권 분량인 소아문의 절반이다. 부인문은 조경, 통치通治, 제풍諸風, 제허虛, 노채勞瘵, 상한傷寒, 해소, 구토, 곽란癨亂, 혈병血餠, 적취積聚, 두통, 심복통心腹痛, 요각腰脚, 각기脚氣, 대소변, 제림諸淋, 제리諸痢, 유옹乳癰, 수종水腫, 음종陰腫, 구사, 태교, 임신, 좌월坐月, 난산, 산후로 구분되어 있다.33 구성의 흐름은 여성의 생리, 각종 이상, 임신 준비, 임신, 출산 준비, 출산, 산후 관리로 이어져 『향약집성방』과 유사하다.

『동의보감』은 광해군 5년(1613) 태의 허준이 왕명을 받아 찬撰한 것을 내의원에서 간행한 25권 25책이다. 『동의보감』의 목차는 크게 내경편, 외형편, 잡병편, 탕액편, 침구편의 다섯으로 구분되어 있고, 내경편은 권지1卷之一에서 권지4, 외형편은 권지1에서 권지4, 잡병편은 권지1에서 권지11, 탕액편은 권지1에서 권지3으로 이루어져 있으며, 침구편은 단권이다.34 잡병편 권지10이 '부인婦人'으로 그 다음권인 '소아'와 분량이 같다.

『동의보감』의 '부인'은 목차가 매우 자세한데, 구사求嗣, 태잉胎孕, 임신맥, 시월양태十月養胎, 변남녀법變男女法, 쌍태품태雙胎品胎, 오조, 상녀법相女法, 험태법驗胎法, 전녀위남법, 임신금지, 약물금기, 임신장리법姙娠將理法, 맥법, 태루태동胎漏胎動, 최생의용활리약催生宜用滑利藥, 외첩법外貼法, 산전제증, 자간子癎, 자번子煩, 반산半産, 수태령역산瘦胎令逆産, 하사태下死胎, 포의불하胞衣不下, 자종子腫, 찰색험태생사察色驗胎生死, 욕산후欲産後, 맥법, 보산保産, 십산후十産後, 교골불개난산交骨不開難産, 자림子淋, 자수子瘦, 자현子懸, 아침통兒枕痛, 육혈衄血, 산후불

— 33 김신근, 『한의약서고』, 85-104쪽.
34 김신근, 『한의약서고』, 174-305쪽.

어<sup>産後不語</sup>, 산후유현증<sup>産後乳懸證</sup>, 하유즙<sup>下乳汁</sup>, 울모<sup>鬱冒</sup>, 산후풍질<sup>産後風疾</sup>, 자리<sup>子痢</sup>, 감한<sup>感寒</sup>, 혈훈<sup>血暈</sup>, 해역<sup>咳逆</sup>, 산후견귀제망<sup>産後見鬼諸妄</sup>, 산후음탈<sup>産後陰脫</sup>, 산후두통, 산후심복요협통, 자창<sup>子瘡</sup>, 잉부불어<sup>孕婦不語</sup>, 아재복중곡<sup>兒在腹中哭</sup>, 잉부복중종명<sup>孕婦腹中鐘鳴</sup>, 산후제증, 혈붕<sup>血崩</sup>, 천수<sup>喘嗽</sup>, 산후발열, 산후구역<sup>産後嘔逆</sup>, 산후임력유뇨<sup>産後淋瀝遺尿</sup>, 산후치법<sup>産後治法</sup>, 산후허로, 과부사니지병이호처첩<sup>寡婦師尼之病異乎妻妾</sup>, 월유태살소재<sup>月遊胎殺所在</sup>, 일유태살소재, 방중일유신소재<sup>房中日有神所在</sup>, 소아초생구급십팔조, 산후설리<sup>産後泄痢</sup>, 산후유종, 과월불산, 장조증<sup>臟燥症</sup>, 임산예비약물, 안산실<sup>安産室</sup>, 안산방위도, 안산장태의길방<sup>安産獎胎衣吉方</sup>, 최생부<sup>催生府</sup>, 체현자차지법<sup>體玄子借地法</sup>, 추부인행년법<sup>推婦人行年法</sup>, 침구법, 산후대변비결, 산후맥법, 임신통치<sup>姙娠通治</sup>, 단산<sup>斷産</sup>, 부인잡병, 단방 52종으로 이루어져 있다. 내용의 흐름은 임신 준비, 임신, 임신 중 이상, 출산, 산후 관리, 출산 준비, 기타 질병과 단방으로 이어진다고 할 수 있다.

『동의보감』은 잡병편 권지10 '부인' 이외에도 곳곳에서 여성에 관한 내용을 다루었다. 예를 들어 내경편 권지2의 '언어<sup>言語</sup>' 중에 '부인산전산후불어<sup>婦人産前後不語</sup>'가 있고, 내경편 권지3에서 오장육부에 이어서 '포<sup>胞</sup>'를 다루었으며, 외형편 권지3에는 '유<sup>乳</sup>'가 있는데 '남녀유신위근본<sup>男女乳腎爲根本</sup>', '남녀유질부동<sup>男女乳疾不同</sup>', '유현증<sup>乳懸症</sup>' 등 여성 유방과 남성 유방을 모두 다루었다. 또한 외형편 권지4의 '모발'에서 '부인무수<sup>婦人無鬚</sup>'가 있고, '전음<sup>前陰</sup>'에서는 '부인음문제질<sup>婦人陰門諸疾</sup>'이, 잡병편 권지1의 '변증<sup>辨證</sup>'에는 '남녀병인<sup>男女病因</sup>'이, '진맥'에는 '노소남녀이맥<sup>老少男女異脉</sup>'이, 잡병편 권지3의 '한<sup>寒</sup>'에서는 '잉부상한<sup>孕婦傷寒</sup>'이 있으며, 잡병편 권지6에 '유종<sup>乳腫</sup>'이 있다. 이렇게 『동의보감』은 잡병편의 한 권 분량을 '부인'에 할애했지만, 책 전체를 내경편, 외형편, 잡병편, 탕액편, 침구편의 다섯 부분으로 나눈 논리에 따라 각각의 부분에서 여성 건강에 해당하는 내용을 포함하였다.

『제중신편濟衆新編』은 정조 23년(1799) 내의원 수의首醫 강명길이 왕명을 받아 편술한 관찬의서로서 8권 5책으로 되어 있다. 권지1에서 풍한서습 조화를 다루고, 권지2에서 권지5까지는 '내상內傷'에서 '잡방雜方'까지 다양한 이상을 다루며 권지6이 '부인婦人'과 '포胞'로 이루어지고, 권지7은 소아, 두진痘疹, 마진痲疹, 양로養老를 다루고 권지8은 약성가藥性歌이다. 권지6의 '부인'은 맥법, 구사求嗣, 교합피기交合避忌, 시월양태, 임신맥, 변남녀법, 변남녀맥, 전녀위남법, 오조, 임신금기, 임신장리姙娠將理, 태루태동, 반산, 찰색험태생사, 육산후, 맥법, 보산保産, 자간子癇, 자번子煩, 자종子腫, 자림子淋, 잉부전포孕婦轉胞, 자수子瘦, 자리子痢, 자담子瘖, 자현子懸, 임신감한, 임신불어, 아재복중곡, 십산후十産後, 교골불개난산, 최생의활리약催生宜滑利藥, 하사태, 포의불하, 산후맥, 아침통兒枕痛, 혈훈, 혈붕, 뉵혈衄血, 천수喘嗽, 해역咳逆, 산후견귀섬어産後見鬼譫語, 산후발열, 산후유즙불행, 유옹乳癰, 내암嬭巖, 내두파열嬭頭破裂, 유현증乳懸症, 산후음탈, 울모鬱冒, 산후풍질, 계조풍鷄爪風, 산후두통, 산후혈가産後血瘕, 산후구역, 산후임력유뇨産後淋瀝遺尿, 산후설리, 산후대변비결, 산후부종, 산후국법産後國法, 산후허로, 산후통치産後通治, 과월불산, 과부사니지병이호처첩寡婦師尼之病異乎妻妾, 장조증臟燥症, 부인잡병, 부인음문제병婦人陰門諸病으로 이루어진다. 즉, 권지6 '부인'의 내용은 임신 준비, 임신, 임신 중 이상, 출산, 산후 관리와 이상, 기타 부인 질병으로 이어진다.

이어지는 '포胞'는 맥법脈法, 포위혈실胞爲血室, 월후형색月候形色, 화혈치법和血治法, 월후부조月候不調, 혈폐血閉, 통혈치법通血治法, 실녀월경불행室女月經不行, 혈결성가血結成瘕, 붕루치법崩漏治法, 적백대하, 오색대하, 한입혈실열입혈실寒入血室熱入血室, 경단복행經斷復行으로 이루어져 여성 생리에 관하여 중점적으로 다루었다. 또한 권지6 이외의 부분에서도 여성에 관하여 다루었는데, 예를 들어 권지4에서 '유乳'로 분류하여 산후유즙불행, 유옹乳癰, 결핵구성내

암<sup>結核久成嫉巖</sup>, 내두파열<sup>嫉頭破裂</sup>, 유현증<sup>乳懸症</sup>을 다루고, 전음<sup>前陰</sup>에서 부인음문제질<sup>婦人陰門諸疾</sup>을 다루었다.[35] 이상 전문가용 종합적 관찬의서의 여성에 관한 부분과 주요 내용을 요약하면 아래 표와 같다.

**표1** 전문가용 종합적 관찬의서의 여성에 관한 주요 부분과 내용

| 서적 | 주요 여성 부분 | 내용 |
|---|---|---|
| 『향약집성방』<br>(1431) 85권 | 54권-66권<br>'부인과' | 여성의 생리와 자궁출혈, 다양한 질병, 음문의 이상, 임신 준비, 태교, 임신 중의 질병, 출산 준비와 출산, 산후 관리 |
| 『의방유취』<br>(1445) 264책 | 206권-238권<br>'부인문' | 여성의 생리, 각종 이상, 임신 준비, 임신, 출산 준비, 출산, 산후 관리 |
| 『동의보감』<br>(1613) 25권 25책 | 잡병편 권지12<br>'부인' | 임신 준비, 임신, 임신 중 이상, 출산, 산후 관리, 출산준비, 기타 질병과 단방 |
| 『제중신편』<br>(1799) 8권 5책 | 권지6 '부인<sup>婦人</sup>'<br>'포<sup>脬</sup>' | '부인<sup>婦人</sup>'은 임신 준비, 임신, 임신 중 이상, 출산, 산후 관리와 이상, 기타 부인 질병<br>'포<sup>脬</sup>'는 여성 생리. |

이상 전문가용 종합적 관찬의서는 공통적으로 대상자를 크게 성인, 부인, 아동으로 분류하고 부인 부분에서 여성 건강에 관한 부분을 따로 다루었다. 그리고 월경, 임신 준비, 임신과 임신 중 이상, 출산 준비와 출산, 산후 관리와 산후 이상, 기타 부인 질병을 포괄적으로 다루었으며 기타 태아의 성 구별과 여아를 남아로 바꾸는 법, 신생아 관리 등도 포함하였다. 특히 여성의 생리는 여성 건강관리의 주요 요인이자 임신을 위한 준비로서 여성 분야의 앞부분에서 다루거나 별도의 목차를 두고 다루었다. 이렇게 여성 부분이 따로 분류되어 있다는 것은 여성을 별도의 의학 대상으로 보았다는 것이며, 이것은 일찍부터 중국 의학에서도 나타나는 모습이다. 그리고 임신, 출산, 산후에 발생할 수 있는 다양한 문제에 관

---

35  김신근, 『한의약서고』, 456-487쪽.

하여 자세히 분류하고 있어 산전·산후의 위험을 심각하고 주요한 문제로 인지하고 대처하고 있었음을 알 수 있다. 또한 여성 건강만을 다룬 부분이 아닌 곳에서도 책의 구성에 따라 임신기의 문제, 유방의 이상 등을 다루기도 하여 여성 건강을 고유한 특성을 가진 분야로 인식하고 있었음과 동시에 의학의 전체 구성 논리 안에서 이해하고 있었음을 알 수 있다.

### 2) 일반인용 실용적 관찬의서의 여성 건강

조선 정부는 일반인이 필요할 때 간편하게 참고하고 활용할 수 있도록 실용성을 중심으로 하는 대중용 의서를 민생 구제와 직결되는 분야로 매우 중시하여 조선 초부터 잇달아 간행하였다. 일반인용 실용적 관찬의서는 급성 전염병에 관한 의서, 많이 발생하는 주요 문제를 포괄적으로 다룬 의서, 그리고 여성 건강 전문 의서 등 크게 세 가지로 나눌 수 있다. 급성 전염병에 관한 것으로는 『창진집瘡疹集』(1460?), 『언해벽온방』(1518), 『언해두창집요』(1608), 『벽온신방』(1653) 등이 있으며, 흔한 문제에 대한 대처를 포괄적으로 다룬 것으로는 『구급방언해救急方諺解』(1466), 『구급간이방救急簡易方』(1489), 『구급이해방救急易解方』(1499), 『언해구급방諺解救急方』(1608) 등이 있다. 여성 전문 의서로는 세종 때 편찬된 『산서産書』와 『태산요록胎産要錄』(1434), 선조 때 나온 『언해태산집요諺解胎産集要』(1608)가 있다.

세조 12년(1466) 간행된 최초의 한글 의서인 『구급방언해』를 살펴보면, 언해 대중용 의서의 특징이 잘 나타난다. 『구급방언해』에서는 흔하고도 심각한 건강 문제 36가지 각각에 대하여 해결책을 제시했는데, 소개된 처치용 재료와 방법은 계절 또는 상황에 따라 주변에서 바로 구할 수 있는 것이고, 약 처방도 3가지 이내의 약재만으로 단순하게 이루어진 것이 많으며, 문제에 따라 효과적인 침, 뜸, 물리요법 등을 제시하여 실용적으로 널리 쓰일 수 있도록 하였다[36]. 그리고 이 구급방언해에서 제시된 36가지 구급방 목록 중에 34번째가 잉부역생난산孕婦逆生難産, 35번째가 태의불하악혈주심胎衣不下惡血湊心, 36번째가 혈훈血暈으로[37] 난산과 태반불출, 산후 출혈 등 출산 관련 가장 위급한 상황 세 가지를 다루었다.

　　임신과 출산은 임산부와 태아의 생명을 위협하는 심각한 문제를 발생시키는 경우가 많았으므로, 흔히 경험하는 건강 문제를 폭넓게 다룬 소위 구급서들에서 이를 주요하게 다루었다. 성종 20년(1489) 9권 9책으로 나온 『구급간이방언해』의 경우 권1에서 권6까지 따로 분류하지 않고 중풍에서 치반흔治瘢痕까지 각종 질병과 치료법이 제시되어 있고 권7은 부인문, 권8은 소아문이다. 권7 부인문에서는 임신중독, 임신심복통, 임신대소변불통, 임신해소, 아재복중곡兒在腹中哭 자사복중子死腹中, 난산, 태의불하, 산후장출産後腸出, 유종, 유즙불하[38]의 항목을 두고 임신, 출산, 산후 관리의 주요 문제를 다루었다. 또한 연산군 5년(1499)에 1책으로 간행된 『구급이해방』은 중풍에서 창진瘡疹까지 총 76가지 위급상황을 제시했는데, 그중 부인조경婦人調經, 유옹乳癰, 임신, 난산부포의불하難産附胞衣不下, 산후産後가 있어[39] 각각 생리와 임신, 출산, 산후 관리의 주요 문제를 다루었다. 1607년에 허준이 선조의 명을 받아 2권 2책으로 간행한 『언해구급방』은 69개의 병증과 혈자리, 속방약, 음식 금기, 학질약, 약주방문 등 5개 부록으로 구

---

**36** 김태우, 「의료체계로서의 조선 의서: 인류학적 시선으로 읽는 의서 발간의 의미」, 2015, 1-10쪽.
**37** 『역주 구급방언해 상』, 김동소 역, 세종대왕기념사업회, 2003, 1-2쪽.
**38** 김신근, 『한의약서고』, 123-129쪽.
**39** 김신근, 『한의약서고』, 115-122쪽.

성하였다. 서술방식은 병의 성격에서 시작하여 증상, 원인, 치료방법의 순으로 기술하였으며, 치료방법으로는 약, 동종요법, 민간요법, 뜸, 침 등을 다양하게 제시하였다. 『언해구급방』은 분량이 많지 않고 참고하기 편하도록 구성되었지만, 실제 활용할 수 있는 치료법이 거의 모두 망라되었으며 전문성과 깊이가 얕은 것은 결코 아니었다는 점에서 일반인이 갖추고 활용한 의학적 지식의 범주가 상당한 정도였다는 점을 알 수 있다.[40] 『언해구급방』에서 기술한 병증 중에 난산難産과 포의불하胞衣不下가 여성 건강에 해당한다.

급성 전염병에 관한 의서에서도 각별히 여성의 경우를 언급하기도 했는데, 예를 들어 선조 41년(1608) 2권 2책으로 나온 『언해두창집요』의 상권에서는 두창의 원인, 예방법, 해독법을, 하권에서는 다양한 증상, 음식 금기, 욕법, 양법, 두후잡병, 발진 등을 다루면서[41] 마지막 부분에 잉부두창孕婦痘瘡을 두어 임신부가 두창에 걸린 경우의 대처를 포함하였다.

이들 일반인용 실용적 관찬의서 중에 특히 언해되어 나온 것들은 의미가 각별하다. 의서를 아무리 간략하고 요점 중심으로 만든다 하여도 한자로 쓰인 이상 한자를 잘 알아야 하고, 또한 의서에 사용된 한자나 표현은 전문적인 것이 많기 때문에 어느 정도 의학 지식도 있어야 읽을 수 있다. 따라서 완전 내지는 부분 언해된 관찬의서는 일반인용 실용적 관찬의서라는 대상과 목적에 더욱 적합하였다. 즉, 한자와 한의학을 배우고 익히는 데 많은 시간을 할애할 수 없는 일반인, 특히 활발한 한글 향유자였던 여성에게 의학 지식이 보급되고 활용되는 데도 적극 이용될 수

---

40  김신근, 『한의약서고』, 1-10쪽.
41  정순덕 외, 「許浚의『諺解救急方』에 관한 研究」, 『한국의사학회지』 16(2), 2003, 105-140쪽.

있었다. 주요 일반인용 실용적 관찬의서에서 담고 있는 여성 건강에 관한 주요 내용을 요약하면 아래 표와 같다.

**표 2** 주요 일반인용 실용적 관찬의서의 여성에 관한 내용

| | 구성 | 여성 건강에 관한 주요 내용 |
|---|---|---|
| 『구급방』<br>세조 12년(1466) | 2권 2책. 상권은 주로 내과內科, 하권은 주로 외과外科 | 하권 외과外科 중 난산, 포의불하胞衣不下 |
| 『구급방언해』<br>세조 12년(1466) | 36가지 구급방 제시 | 34, 35, 36에서 각각 잉부역생난산孕婦逆生難産, 태의불하악혈주심胎衣不下惡血湊心, 혈훈血暈으로 난산과 태반불출, 산후출혈 등 출산 관련 가장 위급한 상황을 다룸 |
| 『구급간이방언해』<br>성종 20년(1489) | 9권 9책 | 권7 부인문에서 임신중독, 임신심복통, 임신대소변불통, 임신해소, 아재복중곡兒在腹中哭, 자사복중子死腹中, 난산, 포의불하, 산후장출産後腸出, 유종, 유즙불하 |
| 『구급이해방』<br>연산군 5년(1499) | 1책. 위급상황 총 76가지 | 부인조경婦人調經, 유옹乳癰, 임신, 난산難産, 부胕, 포의불하胞衣不下, 산후産後 |
| 『찬도방논맥결집성』<br>선조 14년(1581) | 4권 4책 | 권4의 진임부診妊婦에서 진임부도부診妊婦손상, 진산난생사맥, 진임부상한 |
| 『언해두창집요』<br>선조 41년(1608) | 2권 2책 | 하권에 잉부두창 |
| 『언해구급방』<br>선조 41년(1608) | 2권 2책 | 69개의 병증 중에 난산, 포의불하 |

언해본 의서들의 주요 대상이 여성이라는 것은, 선조의 명으로 허준이 저술하여 1608년 한꺼번에 간행된 『언해구급방』, 『언해두창집요』, 『언해태산집요』에서 분명히 나타난다. "정성으로 방약을 언해하여 그 오묘함을 다하여 깊숙한 규방의 부녀자라도 모두 얻어 증상을 살펴보고 처방을 찾는 데 자유자재로 쓰게 하라"[42]고 여성들까지 편리하게 사용하도록 언해 의서를 만들라는 선조의 명에 따라 허준이 이 책들을 저술했기 때

문이다. 이 3종의 언해의학서적은 각각 조선시대 대중용 의서의 세 가지 주요 흐름인 구급의학, 급성전염성질환, 산부인과 영역을 대표한다고 할 수 있으므로, 조선 사회의 여성은 조선 백성이 알아야 한다고 여겼던 주요 의학 내용을 망라하는 의술 적용의 주체로 간주되었던 것이다.[43]

### 3) 『태산요록』과 『언해태산집요』

조선시대의 관찬의서이면서 여성 건강을 전문으로 다룬 것으로는 세종 때 『산서』와 『태산요록』, 선조 때 『언해태산집요』가 나온 것으로 알려져 있다. 그중 제일 먼저 나온 『산서』는 의관과 의녀 교육에도 활용되었지만 망실되어 내용이 확인되지 않는다.

『태산요록』은 세종16년(1434) 판전의감사判典醫監事 노중례가 찬한 것으로 상하2권 1책이다. "노중례에게 명하여 태산요록을 편찬하게 하니 상권에는 포태의 교양법敎養法을 상세하게 논하고 하권에는 영아의 보호, 육성법을 구체적으로 기록"하였다고 한 것처럼 상권은 임신과 출산, 하권은 신생아 관리를 중심으로 다루었다.[44] 상권 태산문胎産門은 태교론, 전녀위남법, 양태근신법養胎勤愼法, 임신축월십이경맥양태장식신호법姙娠逐月十二經脈養胎將息愼護法, 식기론食忌論 등으로 이어지면서 산후피기産後避忌로 끝나 임신부의 주의점, 순산하기 위한 준비와 주의점, 산후의 주의점이 열거되어 있다. 하권 영아장호嬰兒將護에서는 거아법擧兒法, 식구법拭口法, 치불제법治不啼

— 42 허준, 『의성허준저작집 5-국역 《언해구급방》, 《언해태산집요》, 《언해두창집요》』, 안상우 역, 2014, 보건복지부, 457쪽.
  43 김영희 외, 『한국의 과학기술과 여성』, 225쪽.
  44 김신근, 『한의약서고』, 83쪽.

法, 단제법<sup>斷臍法</sup>, 초생세아법<sup>初生洗兒法</sup> 등으로 이어지면서 소아행지<sup>小兒行遲</sup>로 끝나 신생아 관리와 탯줄과 배꼽처리, 유모 선택, 신생아 이상 시 대처, 육아에 대한 내용이 담겨 있다. 『태산요록』의 내용은 의학적으로 전문적이라기보다는 산모와 주변 사람들이 알아야 할 지식과 실천할 수 있는 행동지침을 위주로 하고 있다. 의학적인 내용은 분만 때 갖춰야할 약물이나 신생아의 병에 대한 단방 위주의 처방이 대부분이고, 좀더 전문적인 의학적 처치가 필요한 경우에는 『산서집록』 또는 『산서』를 참고하라면서 구체적인 내용은 생략하고 있다.[45] 이것은 비슷한 시기에 나온 『산서』와 『태산요록』에서 『산서』는 좀 더 전문적인 내용을, 『태산요록』은 좀 더 대중적인 내용을 담는 식으로 두 서적의 소용을 다르게 했음을 짐작하게 한다.

『언해태산집요』는 선조 41년(1608) 허준이 임신과 출산에 관하여 찬한 의서로 1권 1책으로 이루어져 있다. 내용은 자식을 얻는 법인 구사<sup>求嗣</sup>부터 시작하여 잉태, 태맥<sup>胎脈</sup>, 임신 여부를 시험하는 방법인 험태<sup>驗胎</sup>, 변남녀법<sup>辨男女法</sup>, 전녀위남법, 오조<sup>惡阻</sup>, 금기, 장리<sup>將理</sup>, 통치<sup>通治</sup>, 안태<sup>安胎</sup>, 욕산후<sup>欲産後</sup>, 보산<sup>保産</sup>, 반산<sup>半産</sup>, 임산부 얼굴을 살펴 태아의 생사를 아는 법인 찰색험태생사<sup>察色驗胎生死</sup>, 하사태<sup>下死胎</sup>, 하포의<sup>下胞衣</sup>로 이어지면서 임신 준비에서 임신 확인, 태아의 성 구별과 변경, 임신부의 섭생과 금기, 출산까지를 다룬다. 그리고 산전제증<sup>産前諸症</sup>에서는 자간<sup>子癇</sup>에서 복중종명<sup>腹中鐘鳴</sup>까지 12가지 산전 이상을 다루고, 산후제증에서는 아침통<sup>兒枕痛</sup>에서 하유즙까지 12가지 산후 이상을 다룬 후 임산예비약물<sup>臨産豫備藥物</sup>, 첩산도법<sup>貼産</sup>

— **45** 정은아·김남일, 「허준의 언해태산집요에 대한 연구」, 『한국의사학회지』 15(2), 2002, 83-99쪽.

圖法, 그리고 초생소아구급으로 끝난다.[46]

『언해태산집요』는 구성은 간결하지만 임신 준비에서 임신, 분만과 산전·산후 관리 등 제반영역을 다 포괄하고 있으며 각각의 영역에서 필요한 의학지식과 처방을 적절히 제시하여 여성을 포함하여 일반인의 임신, 출산 관련 의료지식을 넓히고 활용하는 데 크게 활용될 수 있었던 책이다. 『언해태산집요』를 다른 대중용 실용적 관찬의서와 비교하면, 편저자가 같은 허준이고 같은 해에 나온 『언해구급방』에서도 임신과 출산 관련 문제를 다루었지만 난산과 포의불하 등 출산의 위급상황에 초점을 둔 데 비해, 『언해태산집요』는 그보다 훨씬 넓은 범주를 포괄하였다. 즉 『언해태산집요』에서는 아이를 갖기 위한 부부의 준비에서 시작해서 임신 여부의 확인, 태아의 성별을 아는 법과 바꾸는 방법, 임신 시 섭생과 금기를 포함한 주의점, 임신중의 여러 문제, 출산 준비, 출산 시의 여러 문제, 신생아 구급 등을 포괄하였다. 여성 건강 전문이라는 점에서 같은 부류인 『태산요록』과 비교를 하면, 간편한 내용으로 대중에게 도움을 준다는 면에서는 성격이 비슷하지만 책의 구성과 내용 면에서는 『언해태산집요』가 더욱 의학적 처방을 중심으로 하였다. 그러면서도 일반적인 태산문화도 포함되어 있다. 예를 들어 산모의 음식금기, 태아를 죽이는 방향 피하기, 출산할 곳의 방위, 안전한 출산을 위한 주문 등이 실려 있다.

같은 저자인 허준이 전문가용 종합적 관찬의서로 쓴 『동의보감』과 비교해 보면, 전문적인 의학적 지식이 필요한 위급하거나 중한 병증은 『언해태산집요』에 빠져 있고 『동의보감』은 병리학적 설명과 치료의 논

---

**46** 김신근, 『한의약서고』, 169-172쪽; 『역주 언해태산집요』, 정호완 역, 세종대왕기념사업회, 2010, 32-255쪽.

리, 다양한 처치를 기술하였다.[47] 『언해태산집요』는 증상과 처방에 집중하여 일반적으로 발생할 수 있어 사람들이 대처법을 알아야 하는 '대중용 실용서'라는 측면에 집중한 책이었다.

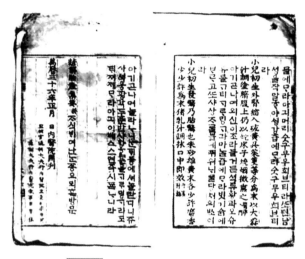
그림 8-4 언해태산집요 ⓒ한독의약박물관

\* \* \*

조선시대 여성은 대부분 오래 살지 못했다. 태어나서 십대 후반 혼인하기까지 절반 이상이 사망했고 성장기의 가장 주요한 사망원인이 전염병이라는 점에서는 남녀가 비슷했다. 혼인하면 임신과 출산 관련 사망이 늘어 여성이 남성 배우자보다 평균 10년 이상 일찍 사망하였다. 조선

---

47  정은아·김남일, 「허준의 언해태산집요에 대한 연구」, 83-99쪽.

정부는 여성의 건강 문제를 인지하여 의관과 등 전문인력의 양성과 활용, 그리고 관찬의서의 발행과 보급을 통하여 이에 대처할 수 있도록 하였다.

　의녀제도는 여성이 의료에 있어서도 내외內外를 지키게 하기 위하여 만들어져 교육에 있어서도 진맥, 침구, 산과가 주요하게 포함되었다. 그러나 주로 한양의 왕실과 지배층 여성을 대상으로 활동하였고 수가 적어 일반인 여성이 도움을 받기는 어려웠다. 조선 정부에서는 의녀뿐 아니라 의관 교육과 선발에도 여성 건강에 관한 내용을 포함하였다. 이렇게 의녀뿐 아니라 의관의 교육과 활용에서 의료의 대상자로서 여성의 고유성과 주요 문제에 대한 대처를 포괄함으로써 일반 의원 등 조선의 의료 전문가는 여성 건강의 고유성과 주요 문제를 알고 대처할 수 있어야 한다는 것을 당연하게 하였다. 실제로 어의 출신 의원이라 할지라도 여성은 주요한 대상자였으며, 여성을 대상으로 적극적으로 의술을 펼쳤다.

　조선 정부에서는 지속적으로 관찬의서를 펴냄으로써 의학이 발전하고 백성에게 도움이 되도록 하였다. 관찬의서는 전문가용 종합적 관찬의서와 일반인용 실용적 관찬의서로 나눌 수 있는데, 전문가용 종합적 관찬의서인 『향약집성방』, 『의방유취』, 『동의보감』, 『제중신편』에서는 각각 '부인과', '부인문', '부인', '부인'과 '포' 분류를 두어 여성 건강 분야를 다루었으며 생리와 임신 준비, 임신, 출산, 산후 관리, 기타 부인과 질병을 포괄적으로 다루어 여성 건강의 고유성에 대한 이해와 대처 수준이 높아질 수 있도록 하였다.

　일반인용 실용적 관찬의서도 대부분 여성의 건강에 관한 문제를 다루었는데, 특히 일반적으로 많이 발생하는 문제에 대한 실용적 대처를 다룬 관찬의서인 『구급방언해』, 『구급간이방』, 『구급이해방』, 『언해구급방』 등에서는 출산을 중심으로 관련 문제에 대한 대처를 다루었고, 책에 따라 임신, 출산, 산후 관리의 주요 문제를 폭넓게 다루었다. 일반인용 실용적 관찬의서 중에도 언해의서는 조선 의학의 대중성을 확장하면서 여성을 주요 독자로 했다는 점에서 의미가 매우 크다.

여성 건강 전문 관찬의서로는 일반인용 실용 의서로 세종 때 편찬된 『산서』와 『태산요록』, 선조 때 나온 『언해태산집요』가 있다. 비슷한 시기에 나온 『산서』와 『태산요록』은 각각 좀더 의학적 내용과 좀더 대중적 내용을 담당함으로써 상호보완적인 역할을 하였다. 특히 『태산요록』은 임신과 출산뿐 아니라 초기 육아까지 포괄하였고, 후대에 나온 『언해태산집요』 역시 임신 준비, 임신, 출산, 신생아 구급 등을 포괄하였다. 이렇게 전문가용과 일반인용 관찬의서에서 모두 여성 건강에 관한 내용을 주요하게 다룬 것은 여성 건강 문제에 대한 조선 정부의 인식과 해결 노력을 보여 주는 것이었다.

일반인용 실용적 관찬의서에서 다룬 여성 건강에 관한 내용은 출산의 위기를 중심으로 하였고, 여성 건강 전문 관찬의서에서도 임신, 출산, 산후 관리를 중심으로 하였다. 이것은 출산이라는 극적인 사건으로 표출되는 재생산의 과정이 여성에게 큰 위기였기에 정부의 관심 대상이었다는 것, 그리고 여성에 대한 조선 정부의 관심이 재생산하는 존재로서의 여성에 초점이 주어졌다는 것을 보여 준다.

# 9장

# 식민지 조선의 '낙태' 담론과 국가[1]

이영아

"어듸가 아프시오?"/엘니자벳트는 대답을 못하엿다. --제일 엇지 대답할 지를 몰낫고, 셜혹 대답할 말을 아랏라도 대답할 용기가 업섯고, 용기가 잇다 하더래도 붓그러움이 '대답'을 허락지 아늘 터인다./"그런 거시 아니라." 남작이 엘니자벳트의 대신으로 대답하려다가, 이 말만 하고 뚝곳첫다--/의사는 대답을 요구치안는 드--시 약병을 노코 청진기를 드럿다. 엘니자베트는 갑자기 붓그러움도 의식치를 못하리만큼 머리가 어즈러워지기 시작하엿다(김동인, 『약한 자의 슬픔』, 창조, 1919. 2.-3.).

---

1  이 글은 이영아, 「1920-30년대 식민지 조선의 '낙태' 담론 및 실제 연구」, 『의사학』 22(1), 2013을 바탕으로 재구성하여 작성한 것이다.

김동인의 첫 소설 『약한자의 슬픔』은 남작의 집에서 가정교사로 일하던 '강엘리자베트'가 유부남인 남작의 유혹에 넘어가 원치 않는 임신을 한 순간부터 낙태를 하기까지 겪는 심적 고통과 갈등을 그린 작품이다. 위 대목은 '강엘리자베트'가 낙태를 하기 위해 병원에 가서 의사와 마주한 장면이다. 그녀는 '어디가 아프시오?'라는 의사의 말에 대답을 어떻게 해야 할지 몰라 말문이 막힌다. 그녀는 지금 어디가 '아픈' 것일까, 아프지 않은 것일까?

임신은 사실 질병은 아니다. 오늘날에는 대부분 임신을 하면 정기적으로 병원에 출입하기는 하지만, 그것은 질병을 치료하기 위해서가 아니라 모성과 태아의 생명과 건강을 보호하고 안전하게 자녀를 출산하기 위해, 즉 '모자보건母子保健'을 위한 것이다. 그러나 '원치 않는' 임신을 한 당사자의 입장에서라면? 그것은 '질병'에 가까워진다. 신동원이 정리한 병 개념의 요소에 따르면 첫째, 병은 신체의 고통, 손상 등과 관련이 있고, 둘째, 치병 행위가 따르며, 셋째, 예방 행위와 불가분 관계가 있고, 넷째, 인구 집단을 대상으로 하는 방역과 밀접한 관련이 있는 경우가 많으며, 다섯째 사회적 개입이 동반된다고 한다.[2] '원치 않는 임신'은 신체에 고통과 손상을 가져오고, 그 상태에서 벗어나기 위한 처치 방법이 존재하며, 피임이라는 예방 행위도 있고, 임신, 출산, 낙태를 다루고 규정하는 데에 국가의 개입, 사회적 윤리 등이 작동한다는 점에서, '질병'의 요건에 대체로 일치한다. 낳아 기를 수 없을 상황-맥락에서 잉태된 태아는 모체에게 신체적·정신적 고통과 손상을 유발하기 때문에 제거되어야 할 일종의 '신생물'인 셈이다. 어쩌면 가임기의 젊고 건강한 여성의 입장에서는 가

---

2  신동원, 『호환 마마 천연두─병의 일상 개념사』, 돌베개, 2013, 28-32쪽.

장 두려운 '질병' 중 하나가 원치 않는 임신일지도 모르겠다.

원치 않는 임신 상태에 처한 여성들이 끝내 출산을 할 수 없다고 판단한다면 낙태<sup>落胎</sup>를 고려하게 될 것이다. 그러나 '낙태'에 대한 사회적·법률적 시선은 시대에 따라 변해 왔다. 가장 사적 영역에 속하는 성, 생식, 재생산의 문제가 사회와 국가의 요구에 의해 합법/불법으로 규정된다는 점에서 '원치 않는 임신-낙태'에는 '질병-치료'의 특수성이 있다. 낙태는 원치 않는 임신을 한 모체의 입장에선 매우 시급하고 절실한 '치료' 방법일 수 있지만, 모체가 아니라 태아의 관점에서 접근하면 '치료'로 간주할 수 없는 생명윤리적 측면을 지닌다. 그런데 근대 국가는 이러한 낙태의 이중성에 대해 어떤 일관된 입장을 갖기보다는 인구의 증식이 필요할 때는 범죄로, 인구의 감소가 필요할 때는 애국행위로 취급했다. 그만큼 낙태는 당사자가 아닌 '국가'에 의해 그 의미가 규정되는 사안이 되었다.

낙태뿐 아니라 출산과 관계된 여성의 신체적 행위, 변화, 질환들 모두가 근대 이후 국가의 관리에 의해 규정되어 왔다고 할 수 있다. 한국에서는 전통적으로 다산<sup>多産</sup>이 곧 풍요이며 특히 '가문<sup>家門</sup>'의 번창을 의미했다. 그런데 근대화 과정에서 '국가'의 생존을 위해 인구증가를 권장하는 사회적 캠페인이 대두되었다. 근대 국가의 중요한 통치 기술 중의 하나는 재력 인구, 노동력 인구, 그리고 인구증가와 식량 자원과의 관계 등을 고려하여 '인구'를 통제, 관리하는 것이다.[3] 인구 혹은 성에 관한 정치적·경제적 문제를 해결하기 위해 국가권력은 출생률, 결혼연령, 합법적인

---

3  푸코는 『성의 역사』에서 사회 전체를 포괄적으로 감시하고 조절할 수 있는 권력 메커니즘이 '국민의 육체'와 관련된 문제, 즉 출생률, 사망률, 노동력, 주거환경, 보건 상태 등에 관한 지식을 축적하는 과정 속에서 형성되었음을 지적하였다. 미셸 푸코, 『성의 역사(La Volonté de Savoir: Histoire de la Sexualité)』, 이규현 역, 나남, 1990.

3부 가부장 국가와 여성의 몸

출생, 혹은 비합법적인 출생, 성적 조숙 혹은 성관계의 빈도, 그 성관계들을 임신으로, 혹은 불임으로 이끄는 방법, 독신 및 금욕의 결과, 피임 성행위 등을 분석대상 또는 간섭의 표적으로 삼기 시작했으며, 인구경제학을 통해 국민의 성을 관찰하는 렌즈를 마련했다. 이 과정에서 자녀 생산이 한 '가문'의 문제보다 '국가' 차원의 문제로 인식되었으며, 국가는 인구문제에 대한 체계적인 개입의 방법과 제도들을 고안해 내기 시작했다.

한국에서는 1900년대가 인구에 대한 국가의 생체권력이 작동하기 시작한 기점이라 할 수 있다. 이 시기 대한제국의 인구에 대한 정책의 방향은 '인구증식'쪽에 있었다. 우등한 국민을 최대한 많이 생산하는 것이 곧 '우승열패優勝劣敗'의 제국주의적 세계질서 속에서 쇠망의 길에 들어선 조선이 생존하는 방법이라 믿었기 때문이다.[4] 생존이 아닌 식민화로, 목표 지점에는 변화가 있었지만 인구증식 장려라는 기조는 1910년 일제강점 이후 조선총독부의 시책에서도 달라지지 않았다. 그런데 1920-1930년대를 거치면서 세계적 산아제한론의 유입으로 이러한 기조에 균열이 생기기 시작했고, 이후 조선인들은 국가의 출산통제 방침에 때로는 순응하고 때로는 저항하면서 낙태 문제에 대해서도 논쟁했다.

이 글에서는 식민지 조선에서 낙태에 대한 국가와 사회의 시선이 어떠했는지를 1920-1930년대의 담론들을 살펴봄으로써 추적해 보고자 한다. 당시 어떤 낙태방법을 선택하였고, 낙태의 동기는 무엇이었을까? 낙태에 대한 국가와 사회의 반응은 어떠했을까? 그것이 당대 사회에서 가지는 함의는 무엇이었을까? 이에 대한 실마리를 찾기 위해 1920-1930년대 식민지 조선의 '낙태' 문제를 다룬 신문, 잡지, 문학작품 등을 살펴보았다.

---

4    이에 대한 자세한 논의는 이영아, 『육체의 탄생』, 민음사, 2008의 3부 참조.

# 1. '구르기'부터 '뢴트겐 요법'까지: 낙태의 방법과 의학

앵거스 맥래런<sup>Angus McLaren</sup>의 말대로 역사 속에서 '생식'을 조절하려는 사회구성원이 존재하지 않은 시대는 없다.[5] 달라지는 것은 단지 동기와 방법이다. 생식을 조절할 수 있는 의학적·과학적 방법이 존재하면 좀 더 손쉽고 안전할 수 있지만, 까다롭고 위험한 방법이더라도 그러한 시도는 중단된 적이 없다. 원치 않는 임신을 했을 때 여성들이 가장 즉각적으로 생각할 수 있는 낙태의 방법은 물리적인 힘을 가하여 낙태를 유도하는 것이었다. 높은 곳에서 굴러 떨어지거나,[6] 배를 직접 때리는 등[7]의 자해<sup>自害</sup> 행동을 취해 복중 태아에 물리적 충격과 압박을 가하는 것이다. 이 충격으로 유산이 되는 것이 가장 '조용히' 낙태에 성공할 수 있는 길이며, 누구에게도 추궁을 받지 않을 수 있는 방법이었다.

> 그가 뱃속에 애 든 것을 알게 되었을 때 유산시키려고 별짓을 다 하여보았다. 배를 쥐어박아도 보고 일부러 칵 넘어지기도 하며 벽에다 배를 대고 탕탕 부딪쳐도 보았다. 그러고도 유산이 되지를 않아서 나중에는 양잿물을 마시려고 캄캄한 밤중에 그 몇 번이나 일어앉았던가(강경애, 『소금』, 신가정, 1934. 5.-10.).

강경애의 소설 『소금』에서 주인공 '봉염 어머니'는 만주에서 중국인

---

**5** 앵거스 맥래런, 『피임의 역사』, 정기도 역, 책세상, 1998.
**6** 「19세처녀 포태(胞胎)코 자살」, 『동아일보』, 1934. 9. 20.
**7** 「간부(姦夫)와 공모하고 타태하야 암장(暗葬) 약으로 안되어 배를 뚜드려」, 『동아일보』, 1934. 6. 16.

지주에게 겁탈을 당해 임신을 하게 된다. 그녀는 이 아이를 유산시키기 위해 배를 쥐어 박고, 일부러 넘어지고 배를 부딪쳐 보는 등의 행동을 하지만 낙태시키는 데 실패한다. 그러자 봉염 어머니는 양잿물을 마시는 방법으로 또다시 낙태를 시도한다.

1920-1930년대 신문 기사를 통해 발견되는 낙태의 방법들 중 가장 대표적인 것은 약물이나 음식물을 복용하는 방법이었다. 신문 기사에 실린 대부분의 조선인 여성의 낙태에는 '(낙태/타태)약'이 쓰였다. 한 잡지에 실린 세태를 풍자하는 좌담회에서 일본에서 확산되고 있는 산아제한 허용 논의에 대해 익명의 의사가 찬성하면서 낙태약이 의사들에 의해 밀매되고 있음[8]을 털어놓는다.

그때 사용했던 약물이 어떤 것이었는지는 불분명하다. 보통 신문 기사에서는 그저 '약을 먹고'라는 표현으로 그 약의 성분, 실체에 대해서는 대부분 언급을 하지 않는다. 다만 몇몇 기사의 경우에는 낙태를 초래한 약물이 무엇이었는지를 밝혀 주는 사례가 있고, 문학작품의 낙태 장면에서 사용된 약물의 이름이 적혀 있는 경우도 있다. 그러나 이러한 약물들은 '낙태'를 직접적인 목적으로 해서 제조된 약은 아니며, 극약류로서 모체에 강한 자극을 주어 낙태를 유도했던 약물들로 보인다. 그 예로는 양잿물, 쥐약, 자단향紫檀香, 피마자기름과 위산, 금계랍, 아편, 공업용 염산 등이 있었다. 또한 약물이라고 볼 수는 없지만 식품류에 가까운 가물치, 비단개구리 등을 통해 낙태가 되는 경우도 신문에 보도되었다.[9]

---

8  좌담회, 「대대풍자 신춘지상좌담회」, 『별건곤』, 1930. 2.
9  염상섭, 「조그만 일」, 『문예시대』, 1926. 11; 「남편을 독살하려 자기도 태연음독」, 『동아일보』, 1926. 8. 11; 「불의아(不義兒) 타태하려다 산모마저 죽어」, 『동아일보』, 1934. 9. 29; 「비밀한 관계로 자식을 배고 남이알까봐 낙태식힌 여자」, 『동아일보』, 1923. 11. 13; 이

또 서양 의학에 의한 낙태수술 방법도 적은 비율로나마 시행되고 있었던 것으로 보인다. 1920-1930년대에 불법적인 낙태로 처벌받은 대상에는 낙태수술을 담당한 의사도 포함되었는데, 이로 인해 검거된 의사는 대부분 일본인이었다.[10] 그리고 신문상에서 낙태수술을 상습적으로 해온 일본인 의사가 검거되는 것은 1920년대의 경우 대부분 일본에서 일어난 사건이지만 1930년대에 들어서면서부터는 조선 내 거주하는 일본인 의사들인 경우[11]가 등장한다.

① <u>복강현福岡縣 소창검사국小倉檢事局</u>에서 심의중이든 약송병원若松病院 부원댱의학박사안달헌이副院長醫學博士安達憲二三九와 그 병원 간호부 산촌 정자看護婦山村靜子2二四의 타태사건墮胎事件은 십사일밤에 이르러 령장을 집행하야 모다소환되얏는데 만일 유죄로 결명되면 박사호도 톄포될 모양이라더라(「타태하고 잡힌 의학박사, 박사호 톄탈될듯」, 『동아일보』, 1923. 9. 18.).

② 원산부행정元山府幸町의사 제등청조齊藤淸造(五五)에 관한 타태사건墮胎

---

효석, 「계절」, 『중앙』, 1935. 7; 「지상병원」, 『동아일보』, 1930. 3. 21; 「잡신」, 『동아일보』, 1928. 8. 18; 「병곳치려다 낙태한 부인」, 『동아일보』, 1930. 12. 11; 「약이 병이되여, 가물치먹고 락태」, 『동아일보』, 1923. 12. 17; 「독와(毒蛙)를 먹고 낙태를 도모」, 『중외일보』, 1928. 6. 11.
10 「타태하고 잡힌 의학박사, 박사호 톄탈될듯」, 『동아일보』, 1923. 9. 18; 「타태독약밀매로 상습삼는 악의사」, 『동아일보』, 1923. 12. 28; 「삼십년간에 일천육백명타태」, 『동아일보』, 1924. 9. 20; 「방미테 백골산적, 이십년동안 업을 전문하야 태아는 구어서 약으로」, 『동아일보』, 1926. 2. 16; 「병원전정에서 태아시 다수굴출」, 『동아일보』, 1926. 5. 24; 「타태사건 속출」, 『동아일보』, 1926. 6. 6.
11 「일년역구형바든 타태상습의사」, 『동아일보』, 1931. 8. 5; 「부산타태사건확대 지원병원장 수(遂) 구검(拘檢)」, 『동아일보』, 1938. 1. 18; 「부산타태사건 좌하(佐賀)의사로 발각」, 『동아일보』, 1940. 7. 27.

事件…. 피고제등은 소화이년 십일월부터 자기 병원에서 일보는 간호부 견습생 목도도시에牧島トシエ(二0)와 정을 통하기 시작하다가 이래 첩과 가티 계속하여 오든중 소화 사년 칠월경 도시에가 회임懷妊하게되자 그 처치에 곤난을 밧다가 두사람이 상론하야 타태약을 사용하야 유산케한것이 발각된 것으로 …(일년역 구형바든 타태상습의사, 원산서 개업중 범행한 사실」,『동아일보』, 1931. 8. 5.).

위의 인용문에서처럼 1920년대의 기사①는 일본福岡縣(후쿠오카 현)에서 있었던 사건을 보도한 것이지만, 1930년대에는 일본인 의사더라도 조선(원산)에서 행한 낙태수술의 경우가 보도②되고 있다. 의사의 '수술'을 통한 낙태는 1920년대까지는 조선 내에선 거의 없었을 것으로 보이고, 1930년대에 들어서는 조선 내에서도 낙태수술이 있었으며, 주로 일본인 의사에 의해 시행됐을 것으로 추정된다.[12] 1920-1930년대에는 낙태수술을 할 수 있었던 조선인 의사도, 의사에게 낙태수술을 받으러 가는 조선여성도 많지 않았을 것이다.[13] 낙태수술은 수치심, 죄의식, 불안, 경제적 형편 등 때문에 여성들이 쉽게 택할 수 있는 방법은 아니었다. 그러나 법률상으로 "모체가 약하여 도저히 생명의 위험하다고 출산할 수 없다고 인정되면" 의사 2명의 합의하에, 경찰의 허가 없이도 낙태수술을 할 수 있다는 예외 조항이 있었기 때문에 의사들을 찾아가서 수술을 받는 방법도 불가능하지는 않았다.

---

12 「인술(仁術)을 악용 부녀와 관게코 임신되자 타태수술하고 피착(被捉)」(『동아일보』, 1935. 6. 27.)은 조선인 의사가 낙태수술을 한 경우로 조선인에 의한 낙태수술도 없지는 않았던 것으로 보인다.
13 「해내해외에 헛허저 잇는 조선녀의사 평판기」,『별건곤』, 1927. 3.

기자＝그래 엇더케 합니까. 차저오는 여성을 상대하여 의사들은
엇더케 이를 처리합니까.

정석태＝의사법에 이렇게 있어요. 가령 모체가 위험할 때는 회임
을 타태할 수는 있는데 다만 의사 두 사람의 합의가 있어야 하지요.

기자＝일일히 그때마다 경찰의 허가를 맞는가요.

정석태＝아녀요. 의사의 독단으로 하지요(의사 박창훈, 정석태, 장문경
대담, 「심야에 병원문을 두다리는 「산아제한」의 신여성군」, 『삼천리』, 1937. 5.).

조선 사회 내에서 의사에게 낙태수술을 받으러 갈 수 있는 여성이란
중상류층 여성이다. 실제로 1940년 부산의 대규모 타태전문 병원이 적
발되면서 수사가 이루어졌는데 이 사건의 조사 결과 '중류 이상의 유한
계급 부인들'이 대다수였다는 점이 신문에 보도되기도 했다.[14] 결혼 전의
여성의 임신이나 부정에 따른 임신, 기생이나 여급 등의 임신과 같이 "도
덕적 죄를 가진 사람은 겁이 나서 차마 병원으로 찾아오지 못한다. 와도
거절당할 줄 아니" 수술을 통해 낙태를 할 엄두를 못 낸다.[15] 나이가 많은
큰 재산가의 부인과 같은 이가 나이 들어 "며느리 보기 부끄럽다고" 낙태
를 할 때 찾게 되는 곳이 오히려 병원이라는 것이다. 이럴 경우 의사들은
'모체의 건강' 등을 이유로 낙태수술을 해 주었다고 한다. 이 외에도 여
성이 자신의 기억에 없는 임신을 한 경우, 이는 남성이 마취 등의 방법을
써서 강제로 성교를 한 것으로 간주하여 낙태를 허용했다.[16]

---

14 「부산타태용의자 중류부인이 다수」, 『동아일보』, 1940. 7. 31.
15 의사 박창훈, 정석태, 장문경 대담, 「심야에 병원문을 두다리는 〈산아제한〉의 신여성군」.
16 "여자가 아모러한 자기이 기억이 업는 受胎를 하엿다든가(이것은 남자가 마취약을 써가
   지고 강제로 성교를 한때가 만슴니다.)하는 것은 정당한 수속을 밝어 락태를 식힐 수가

그렇다면 의사들에 의한 낙태수술은 어떤 방식으로 이루어졌을까? 이에 대한 실마리는 다음과 같은 산부인과 의사의 신문 기고 글을 통해 짐작할 수 있다.[17] 아래 글의 의사는 자녀가 너무 많아 생활이 곤란한 환자는 어린 자녀에게 자기 배를 발로 차게 하거나 배 위에 올라 앉게 하는 등의 물리적 방법으로도 낙태가 안 되었다고 낙태수술을 청하러 오지만, 불법적인 낙태는 의사면허장을 빼앗기고 징역까지 사는 일이라며 거절했다고 한다. 그러나 모체와 태아의 생명이 모두 위태로운 경우에는 불가피하게 낙태수술을 하게 되는데 그때는 다음과 같은 방식으로 이루어진다고 설명하고 있다.

끔찍끔찍한난산 태아를 죽여서 기게로 꺼내, 부민병원산부인과장 윤태권尹泰權 … 아이는 물론 구하지못하게되나 산모도 구하지못하게되어 두생명이 없어지게됩니다 이리되면 아모조록일즉이아이를 잡아빼내지 안흐면 안됩니다. 아이는 허리에서 반으로 접히여 머리하고 발하고는 거의붙게되는때입니다.
이때에는 먼저배와 가슴에 구멍을 내여서 창자, 간, 폐, 심장 같은 것을 먼저짤라내여서 배속과 가슴속을 비게하야 가슴과배는 납

잇슴니다" (「부인의 법률상식」, 『별건곤』, 1930. 3.).

17 피임, 낙태, 산아제한 등에 관한 전문적인 지식을 소개하는 데에 앞장 선 의사로는 정석태, 유상규, 윤태권, 이갑수 등을 꼽을 수 있다. 정석태는 독일에서 1920년대에 세균학을 전공하고 귀국하여 평양에 지성내과의원을 개업한 독일 의학박사로서 낙태, 피임뿐 아니라 의학지식과 관련해 자주 인터뷰나 기고를 해 언론에 자주 노출되던 의사였다. 유상규는 경성의전 출신으로 3·1운동 직후 상해에 망명하여 안창호의 비서생활을 하기도 한 열렬한 흥사단원이었다. 경성의전 외과 의국원을 지냈으나 1936년 사망했다. 이갑수 역시 경성이전 출신으로 독일 유학 경험(내과 전공)이 있으며 일본 교토대에서 의학박사를 받았으며 1938년부터 경성여의전 교수, 해방 후 수도의대학장 등을 역임했다.

작하게됩니다. 그리하야 기계를 사용하거나 그러치안흐면 손을 집어너허서 아이를 잡아당깁니다 이때에 머리가 너무 커저서 잘 나오지를 안흐면 머리에다가 구멍을 뚜러서 골을 전부씨서내여 서 잡아당기면 용히하게나오게됩니다. 이와같이하게되면 산모는 물론 전신몽혼을 하지안흐면 산모는 아픈것을 못익이여서 도리 어실신하게되는것입니다. 그후에는 후산을 하여야만 됩니다. 만 일후산이아니되면 소독을 잘하야 손을 집어너어 태를잡아내여서 후산을하게합니다. 아이가 나온후 후산이아니되면 보통은태줄에 다가 끈을도여매여 산모의허리나 혹은 발에다 동여매둡니다. 이 리하면 태가배속으로 드러가지를 안는다하나 태가배속으로드러 가는일은 없읍니다. 즉자궁속과 배속은 통하야잇지안흔까닭입니 다. 다만 자궁의수축이 심하면 태가자궁속에 잇는대로 자궁이오 그라들게되며 이리되면 다시 자궁을 벌이여서 기계로 태를잡아 내지안흐면 안될경우가 잇는까닭입니다(「산부인과의사가 본 임신과 분 만(3)」, 『동아일보』, 1935. 3. 7.).

그런가 하면 '임신중절'의 방법으로 X광선(뢴트겐 요법)을 조사照射하는 것이 소개된 경우도 간혹 있다. 방사선에 노출되는 것은 태아에 심각한 영향을 끼쳐 현재의 임신 상태를 중단시킬 뿐 아니라 영구적으로 임신이 불가능하게 할 수도 있는 방법이었다. 그래서 뢴트겐 요법이라 불리었던 이 방법은 '낙태'라기보다 '불임시술' 요법의 하나로 취급받았다.[18]

— **18** 뢴트겐 요법으로 임신중절, 피임, 산아제한을 언급하는 글로는 위 인용문 외에 「지상이동 좌담회, 해학속에 실정」, 『별건곤』, 1930. 5; 정석태, 「산아조절소(3)」, 『삼천리』, 1931. 5.

3부 가부장 국가와 여성의 몸

박창훈＝그렇치요. 그러한 불완전한 방법보다 <u>렌도겔 요법 같은 임신중절의 방법이 잇지요.</u> 그렇나 이것은 가령 의사법에 허락되여 잇는 모체 위험같은 특수한 경우에만 쓰게 되지요(의사 박창훈, 정석태, 장문경 대담, 「심야에 병원문을 두다리는 〈산아제한〉의 신여성군新女性群」, 『삼천리』, 1937. 5.).

이학적 방법이지요. 그것은 첫재 엑쓰 광선을 쏘이는 법과 둘재 수술하는 법이 잇지요. 그러나 <u>X광선을 한 번만 보인다면</u> 그 때는 비단 아해 낫는 것을 제한하는 것이 아니라 아조 양임불가능하게 만드니까 산아의 영영방지지요(정석태, 「산아제한의 절규!! 의학상 사대 방법」, 『삼천리』, 1930. 4.).

1920-1930년대 낙태 담론에서는 극단적 상황에 처한 다급한 여성들이 태아에게 해로운 약물이나 물리적 자해를 통해 유산이 되기를 바랐지만, 그 방법은 때때로 모체에도 해를 끼치거나 낙태에 실패하는 결과로 이어지기도 했다. 의사에게 낙태수술을 받는 방법도 있기는 했으나 일반 여성들로서는 원치 않는 임신을 했다는 이유로 의사를 찾아가는 일은 현실적으로 쉽지 않았고, 병원에서의 낙태가 가능할 정도의 사회적 지위, 경제력, 명분 등이 갖춰진 소수의 상류층 부인들 정도만이 의사를 통해 합법적으로 임신중절술을 받을 수 있었다.

## 2. '음란'과 '범죄'로서의 낙태: 낙태금지의 시선과 국가의 통제

그러나 '합법적'인 낙태는 극소수에 불과했고, 낙태 담론의 대부분은 해서는 안 되는 낙태가 '발각'된 것이었다. 낙태가 발각되면 어떤 일이 일어났을까? 조선시대에는 부녀의 자낙태<sup>自落胎</sup>를 처벌하지 않았다. 타낙태<sup>他落胎</sup>의 처벌규정이 있었으나 상해죄의 일종으로 인식되었다.[19] 그러다가 구한말의 형법 초안에서는 자낙태의 처벌도 예정되어 있었으나,[20] 형법대전 제5편 율례하<sup>律例下</sup> 제9장 살상소우률<sup>殺傷所于律</sup>, 제21장 타태죄에서는 전통에 입각하여 부녀 자신의 낙태는 처벌하지 않고 다른 사람의 낙태 행위만 규제하였다. 그리고 자낙태까지 처벌되기 시작한 것은 1912년 조선형사령<sup>朝鮮刑事令</sup>에 의하여 일본형법이 의용되면서부터였다. '조선형사령'에 의하여 의용된 일본형법에서는 ① 회태한 부녀가 약물을 쓰거나 또는 기타의 방법으로써 타태한 때는 1년 이하의 징역에 처하고, ② 부녀의 촉탁 또는 승낙으로 타태한 자는 2년 이하의 징역, 이로 인해 부녀를 사상<sup>死傷</sup>에 이르게 한 자는 3년 이상 5년 이하의 징역, ③ 의사·산파·약제사 또는 약제상이 부녀의 촉탁이나 승낙으로 타태에 이르게 한 때는 3월 이상 5년 이하의 징역에 처하고 이로 인해 사상에 이른 경우 6월 이상 7년 이하의 징역, ④ 부녀의 촉탁이나 승낙 없이 타태한 자는 6월 이상 7년 이하의 징역, ⑤ 이로 인해 부녀를 사상에 이르게 한 자는 상해죄와 비교해 무거운 것으로 처단한다(212-216조)고 되어 있었다.[21]

---

19  전효숙·서홍관, 「해방 이후 우리나라 낙태의 실태와 과제」, 『의사학』 12(2), 2003.
20  신동운, 『형법개정과 관련하여 본 낙태죄 및 간통죄에 관한 연구』, 한국형사정책연구원 편, 1991, 53-54쪽.
21  산구급일(山口及一), 『개정조선제재법규전』, 조선도서출판주식회사, 소화 14년(1939),

이처럼 식민지기에 이르러 낙태가 좀 더 엄격한 처벌의 대상이 되면서 식민지 조선 사회에서는 자의에 의한 것이건 타의에 의한 것이건 낙태라는 결과를 초래한 모든 일은 범법행위로 간주되었다. 낙태라는 범죄사건을 다루는 대표적인 매체는 신문이다. 신문에 실린 낙태 관련 기사들은 ① 낙태아로 의심되는 태아의 시신을 발견했다는 기사, ② 낙태를 한 여성을 검거하며 그녀의 부정不貞에 대해 폭로하는 기사, ③ 여성을 임신시킨 뒤 낙태를 종용하거나 여성과 공모한 남성 혹은 그녀의 주변인(여성의 부모나 여성이 성매매를 하고 있을 경우 악독 매음업자)을 체포했다는 기사들, ④ 낙태수술을 해 온 의사를 검거한 사례 등과 같이 범죄 사건으로서 낙태를 다룬 경우가 가장 많다.[22]

태아의 시체를 발견했다는 기사의 경우 자주 눈에 띄는 것은 발견된 시체를 검시하여 사인, 사망 시각, 태아의 월령 등을 파악하는 절차이다.[23] 경찰에서 발견한 태아의 시신은 의사를 통해 검시를 하고 이에 따라 자연유산인지 인공낙태인지를 먼저 확정지었다. 예를 들면 "이원재의사에게 검시한 결과 자연타태시로 판명되엇는바 … 얼마전 물을 깃다 너머저 유산하야 내어버린 것"「유산시流産屍 발견코 용산경찰 헛수고」, 『동아일보』, 1934. 1. 14.]이라거나 "한강인도교 하류에 배인지여섯달쯤된 계집아해 쌍태를 유지油紙에 싸서내여버린것이발견되엿슴으로 소관룡산 경찰서에서 출장검시한바 락태된것을 내여버린것으로 인뎡하고 범인을 수색중"「낙태한 쌍

―  346쪽; 신동운, 『형법개정과 관련하여 본 낙태죄 및 간통죄에 관한 연구』, 한국형사정책연구원 편, 1991, 55쪽에서 재인용.

22  낙태 관련 기사에 대한 정리는 이영아, 「1920-30년대 식민지 조선의 '낙태' 담론 및 실제 연구」, 『의사학』 22(1), 2013을 참조.

23  「청계천에 아시(兒屍)」, 『동아일보』, 1923. 6. 3.

어아<sup>孼女兒</sup>」,『동아일보』 1922. 6. 26.]이라고 밝히는 과정이 신문에 보도되는 것이다. 태아라 하더라도 의사를 통해 사인을 밝히는 절차를 가지고 있었고, 의사가 검시를 통해 낙태의 자연/인공 여부를 판별할 수 있었다.

동서양을 막론하고 근대 초기에는 여성들의 범죄 연루에 관한 진위 파악이 쉽지 않았다. 근대적인 사건처리와 법체계의 정비가 미비했기 때문이라기보다, 여성들의 범죄가 가족에 의해 보호되거나 은폐된 경향이 많았기 때문이다.[24] 서구의 경우에도 여성이 재판을 받고 범죄에 관한 기록까지 남긴 경우는 대개 가족의 보호를 받지 못하는 독신여성, 그 가운데에서도 가정부나 방직공장 노동자와 같은 독신의 하층계급이었다. 조선에서도 영유아를 살해 및 유기했거나 낙태했던 범인들은 '불의의 씨앗'으로 추정되는 아이를 임신한 하층계급 여성들이었을 가능성이 높다. 가정이라는 테두리를 갖지 못한 여성들에게 임신은 생계를 위협하는 장애물이자 자신의 목숨을 바꿀 만큼 심각한 위기였기 때문에 그들은 불가피하게 불법적으로 낙태가 가능한 약물을 먹거나 영아 살해 및 유기 등의 범죄를 저질렀던 것이다.

그런데 신문에서 기사화되는 낙태범죄 여성의 경우 낙태를 했다는 사실 자체보다, 낙태를 할 수밖에 없는 '나쁜 임신'이 비난의 초점이 된다. 그들이 어떠한 남성과 관계를 맺어 임신과 낙태를 하게 되었는지에 대한 보도를 상세히 다룸으로써 여성들의 성적인 방종을 부각시킨다.

---

**24** 조르주 뒤비·미셸 페로 편,「여성 범죄자들」,『여성의 역사 3』, 조형준 역, 새물결, 1999, 677-683쪽.

3부 가부장 국가와 여성의 몸

근일 안주경찰서에서는 현재 그 경찰서에서 근무하는 모순사의 처 리성녀李姓女(二四)를 호출하야 타태墮胎하얏다는 혐의로 취조중 이라는대 자세한 내용은 취조중임으로 확실히알수 업스나 이사 건에 대하야 이전부터 전하는말을 듯건대 전긔 모순사와 리성녀 가 서로부부되기전부터정을통하야오며 갓치살기를 약속하얏스나 리성녀는 전일에또한엇던자와 관계되야 잉태가된고로 모순사 는 그것을 실타하야 부부되기를 거절함으로 리선녀는 순사모와 어대까지 부부가 되기를 원하야 고의로 자기 배속에 잇든 아해를 락태식히고 방금 서로 갓치살님을 한다는 말도 잇고 지나간삼월 중에 엇던경관도 이사실을 탐지하고 안주경찰서 촌정村井서 에게 보고하얏스나 그 경찰서 순사와 관계된 일인고로 우금 삼사 삭이 지내도록 아모처치가 업시 파무더 둔것이라 하야 안주경찰서에 대한 일반의 주목이 심하얏던 바 안주경찰서에서는 일주일 전부 터 취조를 시작하얏다더라(안주)(「낙태식힌 혐의로 순사의 처를취조중」, 『동아일보』, 1922. 8. 27.).

위와 같이 여성이 낙태를 하게 되기까지의 경위를 설명하면서 여성 을 문란하거나 부정한 인물로 묘사하기 위해 그녀의 임신하게 되기까지 의 경위를 낙태행위 자체보다 훨씬 더 상세하게 다룬다. 그리하여 이러 한 신문 기사들은 '낙태가 죄'라는 인식보다는 '낙태를 해야만 하는 임신 이 죄'라는 인식을 확산시키는 데에 치중하고 있다. 또한 낙태된 태아 시 체로 여성 인물의 부정한 행실을 암시하는 문학적 장치는 『장화홍련전』 이래로 지속되어 온 전통이기도 하다.[25] 동물 가죽을 벗긴 핏덩이라는 조 작된 증거물을 이용해 여성 주인공의 음란성을 증명하려 하는 장면들은 낙태의 사회적 이미지가 어떠하였는지를 단적으로 보여 주는 것이다.

이는 매체들이 상업적인 의도로 '추문醜聞'과 결합된 낙태 사례들에 편중된 보도를 했기 때문일 가능성이 크다. 또한 이러한 사건이 발생하는 데 대한 가부장적 남성들의 여성 통제 욕구도 작동했을 것이다. 낙태나 피임에 대해 남성들이 가지는 가장 큰 거부감 혹은 공포 중의 하나는 그것이 여성들에게 성생활과 출산에 대한 자율권을 부여한다는 것이었다. 그래서 산아제한론이 신문, 잡지 등을 통해 대두되었을 때에도 막상 신여성들이 이를 지지하는 경우 가난에 의한 산아제한과 달리 "돈 많고 잘 사는 집 가정에서도" 여성들이 보다 자유로운 성생활을 위해 행하는 '향락적인 산아제한론'으로 치부하며 비판했다.[26] 자낙태 행위로 검거된 여성들에 대해 위와 같이 사생활 폭로형의 기사로 비난을 하는 이유도 같은 맥락이다. 즉, 낙태를 하게 된 이유를 언급하는 경우 대부분 '부정', '불의', '문란'의 결과로 인한 임신이어서 아이를 낳을 수 없었다는 주장에 치우쳐 있다.

한편 1935년 『개벽』에 실린 「"미까도"의 지하실」이라는 글에서 낙태는 남녀 모두의 문란, 타락한 생활의 상징으로 쓰인다.[27] 이 글에서는 다음과 같이 낙태수술을 위해 은밀히 마련된 수술실의 정경이 구체적으로 묘사되어 있다.

— 25 이미숙, 「고소설에 나타난 음모소재 연구」, 건국대 석사학위논문, 1992.
26 소현숙, 「일제 식민지기 조선의 출산통제 담론의 연구」, 한양대 석사학위논문, 1999, 19쪽.
27 강남거사(江南居士), 「남해절도(南海絶島)에 잇는 자유연애의 평화촌」(『삼천리』, 1930. 4.)에서도 성적인 분방함을 위한 전제조건으로 낙태의 용이성을 언급하고 있다. 성적으로 자유로운 한 섬나라(평화촌)에서 낙태에 직효가 있는 약초가 있다는 점을 소개하는 것이다.

따라 드러서며 나는 놀라지 안을 수 업섯다. 「스모킹룸」은 외관뿐이오 그 내부-에는 한 개의 수술실<sup>手術室</sup>이 들어안젓다. 수술대 「메스」장 소독긔 약품은 물론이오 네 귀에 전기 「스토-브」와 가운대 천정에 수술할 때에 수술당처를 밝히는 「아-크」전등까지 잇섯다. … 나는 하도 엄청나는 일에 내가 잡혀온 포로의 「따라지」 목숨인 것도 이저버리고 시찰객의 감상으로 「이건 무엇에?」 하고 그 용도를 물엇다. 말끗은 미처 엽의기 전에 나는 내 정신을 차리고 말을 뭇다가 말앗더니 그 자는 황망하지 아는 태도로 나에게 친절 (?)히 설명하야 주엇다.

「흥! 이것? 알고보면 기가 맥히지 … 이것은 우리가 즉 우리 구락부원들이 도덕과 전통과 법률의 이 세 가지 질곡을 떠나 자유로히 노는데 남녀의 교제가 되고 보니까 때로는 원치 안는 결과<sup>結果</sup>를 가지게 된단 말이야. 즉 화분에 심은 화초는 꼿을 보는 것이 목적이고 열매가 맷는 것은 긴치 안은 일이란 말이야. 그러니까 꼿만 보기 위한 화초는 씨가 안드래도 따버리지 안느냐 말이야. 가량 여름게 보는 「냉초」 소위 「아사가오」[<sup>朝顏</sup>]말이야. 그것은 꼿을 크게 보랴면 씨를 안찌 못하에 하드시 우리도 그와 가튼 방법을 쓰거든. 그래서 그 작업(?)을 하는 곳이라 하는 말이다. 쉽게 말하면 타태<sup>墮胎</sup>식이는 수술실이야 …」(신경순, 「실화 "미까도"의 지하실」, 『개벽』, 1935. 1.).

이 글은 제목에 '실화'라는 말이 붙어 있기도 하고, 저자인 신경순<sup>申敬淳</sup>이 조선일보 기자였던 점 등으로 보아 실제 사건을 바탕으로 작성된 논픽션 내지 추리소설로 추정된다.[28] '나'는 '이재훈'이라는 의학박사의 죽음에 대해 취재하게 되면서 그를 독살한 사교모임에 대해 알게 되는데, 그들은 끽다점喫茶店 '미까도'라는 곳의 지하실에 모여 '나이트클럽'이라는 이름의 '난교亂交'를 하는 비밀 모임을 운영해 왔고, '도덕과 전통과 법률의 이 세 가지 질곡'에서 벗어나 자유로운 성생활을 누리기 위해 그곳에 자체적인 낙태수술실까지 갖추어 두었던 것이다. 그들은 이곳에 이박사를 끌어들여 낙태수술의 기술을 전수받았으며, 이 기술의 전수가 끝난 뒤 자신들의 조직을 보호하기 위해 이 박사를 독살한 것이라고 하였다. 위의 설명은 당대 현실에서 원치 않는 임신-낙태에는 도덕, 전통, 법률의 질곡이 드리워져 있음을 역으로 보여 주는 대목이라 할 수 있다. 그리고 낙태가 자유분방한 교제와 쾌락 추구에 필연적인 요소가 될 수 있다는 말의 다른 표현이기도 하다.

다음의 글은 다양한 낙태의 원인들을 집약적으로 잘 정리하면서 성도덕의 표준이 달라지고 빈궁자들이 낙태(산아제한)를 하지 않을 수 없는 사회 사정의 변화가 낙태 사건이 자주 발생하게 된 원인이라고 말하고 있다.

이것은 시대사조가 변천됨에 따라서 성도덕의 표준이 달너저감과 사회사정의 변환으로 말매아머서 근래에는 빈궁자들이 산아제한을 하지 아니치 못하는 그러한 사실이 잇게 되는 것을 보는 까닭입니다.
그러나 타태에 관한 범죄를 통계적으로 고찰한다면 성적으로 불의한 관계에서 기인된 것이 만코 질병, 빈궁 등으로 기인된 것이

---

28 박광규, 「사실인듯 사실 아닌 사실 같은 거짓말」, 『주간경향』, 2015. 2. 17.

잇스나 젊은 미망인의 내면 성생활의 결과, 미혼자들의 성적 유희의 여폐餘弊와 유부녀의 간통 등 - 으로도 타태를 감행하는 일이 만습니다.

물론 질병으로 인하야 생명에 관계되는 때나 산시産時 비상한 난산으로 산모의 생명이 위급할 경우에 의사가 책임지고 타태를 시키는 것은 법률이 허용하는 범위에 속하는 것이나 임신한 부녀가 약품을(상단으로 계속) 사용하야 비밀히 타태를 하거나 임부로 하야금 타태케 하거나 의사나 산파, 약제사 등을 금전을 주고 타태를 하는 등 모다 타태죄가 구성되는 것이니 이러한 모든 점은 주의하십시요(「여인법률상담」, 『삼천리』, 1931. 11.).

## 3. '우생'으로서의 '산아제한': 낙태허용론의 대두

1920-1930년대에는 낙태에 대해 많은 경우 혼외관계, 성적 방종, 방탕한 교제 등에 의해 임신한 것으로 보아 그것을 '음란함'으로 규정하고 '범죄'로서 처벌했다. 그러나 모든 낙태에 대해 비난과 범죄화만 했던 것은 아니다. 성폭력에 의한 낙태는 법적으로도 인정을 받았으며, 빈곤한 가정이 양육을 할 수 없어 낙태를 한 경우에는 법적으로는 처벌받더라도 여론상으로는 동정을 받았다. 이 대목에서 전 세계적으로 대두된 '산아제한'론이 개입된다.

1920-1930년대 산아제한론의 유입으로 일본과 조선에서도 경제적인 빈곤 완화, 우생학적 필요, 모성의 보호 등을 위해서는 출산을 조절하는 것이 필요하다는 주장이 제기되면서 논쟁이 시작됐다.[29] 이러한 논의

의 불씨가 된 것은 1922년 산아제한론자로 유명한 마가렛 생어[Margaret Sanger]의 중국 및 일본 방문이었다.[30] 그녀의 방문 이후 일본에서는 1922년경부터 관동[關東]에 중산계급을 대상으로 한 '중앙산아조절상담소'가 설치되었고 대판[大阪]에는 노동자, 농민에게 피임법을 실제로 선전하는 '산아제한연구회'가 생겨났다.[31]

1920-1930년대 전 세계적 의제가 된 '산아제한'론은 우생학과 만나면서 성, 생식, 출산 문제에 대해서 보다 구체적인 고민을 하기 시작했다. 식량 생산의 속도를 초과하는 인구증가의 속도가 인류의 멸망을 초래할 수 있다는 공포에서 비롯된 양적 차원에서의 인구 조절의 필요성이, 우등한 인구의 증식과 열등한 인구의 감소를 지향하는 질적 인구조절의 필요성과 결합하여 산아제한의 대상과 방법에 대한 논의를 심화시켰다.[32] 여기에 여성들의 임신과 출산에 관한 성적 자기결정권 문제도 개입되면서 산아제한론은 1920년대 여성주의자들에게도 중요한 의제가 되었다. 그런 점에서 산아제한론은 맬서스주의, 우생학, 성과학, 모성주의, 사회주의 등과 복잡한 관계를 맺고 있었다.[33]

식민지 조선에서는 법률상으로는 산아제한(낙태, 피임)이 허용된 적이 없지만[34] 그럼에도 피임에 대한 요구는 나날이 커져 갔고, '법률' 개정

— **29** 소현숙, 「일제 식민지기 조선의 출산통제 담론의 연구」, 한양대 석사학위논문, 1999.

**30** 유연실, 「근대 동아시아 마거릿 생어의 산아제한 담론 수용-1922년 마거릿 생어의 중·일 방문을 중심으로」, 『중국사연구』 109, 2017, 119쪽; 이면규, 「조선인구의 자연증가문제 (5)」, 『동아일보』, 1930. 12. 3; 「산아조절의 의의와 현세, 동광대학 제7강」, 『동광』, 1931. 9.

**31** 「산아조절의 의의와 현세, 동광대학 제7강」, 『동광』, 1931. 9.

**32** 이영아, 「식민지기 여성의 몸에 대한 우생학적 시선의 중층성」, 『사회와 역사』, 2022. 9.

**33** 藤目 ゆき, 『성의 역사학』, 김경자, 윤경원 역, 삼인, 2004.

**34** 의사 박창훈, 정석태, 장문경 대담, 「심야에 병원문을 두다리는 〈산아제한〉의 신여성군」, 『삼천리』, 1937. 5.

은 이루어지지 않은 상태에서 '담론'과 '실제'로서 산아제한이 확산되기 시작했다. '산아제한'에 관한 토론회가 청년들 사이에서 종종 열렸고,[35] '산아제한'이 금지되어 있음에도 하고자 하는 이는 '부지기수'라는 점이 언급된다.[36] 그리고 '법률이 허락지 않기 때문에' 산아제한의 방법을 직접 서술하는 대신 '인용'으로 대체하여 소개하기도 했다.

> "조선에서는-조선에는 아무것도 없다. 그러나 하고 싶어 애쓰는 사람은 부지기수다. 「어서 피임법이나 말해라」 미안하지마는 그 것은 여기에 발표할 자유가 없다. 개인적으로 말하는 것은 상관없 지마는 피임법을 공표하는 것은 일본 법률이 아직 허락치 않는다. 다만 잇는 정도로 말하려고 한다. 탈선하지 않기 위하야 전부 다 른 책에서 인용하기로 한다"(「산아조절의 의의와 현세, 동광대학 제7강」, 『동광』, 1931. 9.).

산아제한 방법을 '인용', '정보전달'의 방식으로만 제시하는 것은 산아제한을 금지하는 법망을 피해가기 위한 하나의 방편이었다. 산아제한에 관한 담론에서 의학자가 자주 동원된 이유도 '산아제한의 권장'이 아니라 '지식의 전달'이라는 명분을 세우기 위함도 있었을 것으로 보인다.

이 산아제한의 방법으로 권장되었던 것은 '피임'이었다.[37] 마가렛 생

---

**35** 「산아제한 가부토론회」, 『동아일보』, 1924. 9. 11; 「횡설수설」, 『동아일보』, 1929. 2. 4; 「이론상전개된 산아제한의 가부」, 『동아일보』, 1929. 2. 4; 「산아제한가부」, 『동아일보』, 1930. 3. 12.

**36** 「산아조절의 의의와 현세, 동광대학 제7강」, 『동광』, 1931. 9.

**37** 당시 서적이나 잡지, 신문 등을 통해 피임법이 일반 대중들에게 전달되기 시작했는데, 질외사정법, 약품사용법, '루데 삭구' '곤도-무' 또는 '펫사리움' 사용법, 세척법, 월경주기

어의 산아제한론도 낙태는 반대하되 피임을 권장하는 쪽이었다. '산아제한'을 옹호하는 지식인들은 "타태와 산아제한은 전연히 딴 문제이니 결코 결코 혼동치 말기를" 당부했다. "참말 의미의 산아제한"은 "임신 전에 있어서 잉태를 회피"하는 것이고, 임신중절은 "도덕상으로나 법률상 용인치 못할 것"임을 강조했다.[38] 그러나 "피임실행은 최소한도로 인체 성기관의 해부생리와 대강한 준비지식을 필요"로 하기 때문에 "돈 잇고 글 잇는 사람이나 할 수 잇"는 방법이라는 의식이 강했다.[39] 피임지식이나 피임도구의 보급률이 낮았고 실패율도 높아 실제 산아제한을 위해서는 낙태가 불가피했다. 또한 대부분의 일반인들에게는 낙태와 피임의 구별이 불분명했으며 오히려 '산아제한=낙태'라고 오해하는 경우가 더 많았다.

그런데 이 산아제한이 가장 필요한 대상으로 꼽히는 것이 하층민들이었다. "흔히 「산아제한」이라면 유한, 유산계급 가정에서 부부생활의 향락을 위하여 자녀 두기를 꺼려하는 수단으로 그리하는가 생각하지만 조물주의 작난이랄지요. 그런 행복한 가정에서는 자식을 구하려 애써도 임의로 잘 어더지지 안어요. 산아제한이라기보다 자식이 업서 울"고, 가난한 사람들이 "절실한 생활문제" 때문에 산아제한을 하고 싶어 한다.[40] 그래서 가난한 민중들은 빈곤, 생활고 때문에 낙태를 선택하는 경우도

---

법, 나팔관수술법 등이 소개되었다; 정석태, 「산아제한의 절규!!, 의학상 사대방법」, 『삼천리』, 1930. 4; 의학박사 M. B, 「산아조절소」, 『삼천리』, 1931. 3-5; 「부인과 의사 좌담회」, 『신여성』, 1933. 5. 등

**38** 정석태, 「산아제한의 절규!!, 의학상 사대방법」, 『삼천리』, 1930. 4; 서춘, 「자녀본위의 산아제한」, 『삼천리』, 1930. 4; 정석태, 「산아조절소(3)」, 『삼천리』, 1931. 5.

**39** 「산아조절의 의의와 현세, 동광대학 제7강」, 『동광』, 1931. 9.

**40** 의사 박창훈, 정석태, 장문경 대담, 「심야에 병원문을 두다리는 〈산아제한〉의 신여성군」, 『삼천리』, 1937. 5.

274                                          3부 가부장 국가와 여성의 몸

꽤 있었다.[41] 이러한 경우에 대한 기사도 드물지만 간혹 찾아볼 수 있는 데, 기사화 될 경우에는 그 논조가 다른 낙태 기사와는 사뭇 다르다.[42]

> 부산부 수정정 일번지 박수권의 처 김달막(30) 어린아이는 많고 남자의 노동품파리로서는 도저히 생활할수없어 극도에 빈곤을 느끼어 배속에 잇는 임신 사개월의 태아를 없애버리어 생활상곤난을 적게받겟다는 생각으로 수일전에 타태약을 먹엇는데 그것이 잘못되어 지난 일일오후 십일반에 사망하고 말엇다 빈곤으로 인하야 그같은 수단으로 산아제한을 하려다가 무참한 희생이되게된 그일가족의 생활은 참담하기 짝이 없다고한다. 그리고 남편되는 박수권은 타태방조 혐의로 취조를 받고잇다한다(「생활난에 못이겨 음약(飮藥)낙태코 참사」, 『동아일보』, 1934. 7. 4.).

'노동품팔이'로 '극도의 빈곤'에 처한 부부가 낙태를 선택한 사실에 대해서는 위의 경우와 같이 '무참한 희생', '참담한 일가족의 생활'로 표현되며 사망한 여성과 가족에 대해 온정적 시선을 보내고 있다. 비록 불법이라 하더라도 생활고에 의해 낙태를 한 빈민 가정에 대해서는 비난을 하기보단 그 딱한 처지를 동정하고 있는 것이다. 바로 이 대목에서 낙태허용론이 산아제한론의 경제적 근거들과 접점을 찾게 된다. 1920-1930년

---

41 「생활난을 두려워 만삭에 복약 낙태」, 『동아일보』, 1928. 8. 6; 「양육할 길이 없어 기자(己子)를 교살암장」, 『동아일보』, 1929. 1. 27; 「생활난 기아」, 『동아일보』, 1930. 3. 6.
42 식민지 조선 사회에서 빈농층의 경우 아이를 양육할 여력이 없을 시 낙태보다는 영아살해의 방법이 더 많이 사용되었을 것으로 추정된다; 문소정, 『일제하 한국농민가족에 관한 연구—1920-30년대 빈농층을 중심으로』, 서울대 박사학위논문, 1991, 73쪽.

대 사회의 빈곤과 실업이 지식인들에게 가난한 자들이 다산을 하는 것은 사회적 해악이라고 인식하게 만들었다.[43] 생계가 곤란한 이들이 자녀를 많이 낳는 것은 우생학적 차원에서 부적절한 행위였다. 우생학적 관점에 따르면 그들은 우월한 유전형질을 지닌 자녀를 낳을 가능성도 적고, 낳은 아이를 우수한 인재로 양육, 교육시킬 여력도 부족하기 때문이다. 당시는 아직 피임 방법이 보편화되기 전인 데다 하층계급일수록 피임에 관한 지식에 있어 무지할 수밖에 없는 만큼 피임에 실패할 확률은 매우 높다. 그렇게 하여 임신을 한 빈민계층 가정에게는 낙태 허용의 필요성이 제기되는 것이다.

## 4. 주변국의 낙태 담론과 식민지 조선의 현실

이처럼 빈민 계층의 낙태는 불가피한 일이라는 동정론뿐 아니라, 주변 국가들의 낙태 허용의 분위기에 힘입어 낙태 허용 논의[44]가 대두되었다. 해외의 동정에 민감한 지식인들은 특히 이러한 세계적 흐름을 참조하면서 조선에서도 낙태가 허용될 것을 주장했다. 특히 1920년부터 러시아는 전격적으로 낙태를 허용했다. "노농정부에서는 새로운 계획으로 아기 밴 여자가 생활난으로 고생할 경우에 신청만 하면 정부에서 타태약을 주어 타태를 공연히 허락한다더라"[45]는 사실이 조선에도 알려지게 된

---

**43** 「산아문제와 빈곤」, 『동아일보』, 1925. 1. 14.
**44** 정종명, 「산아제한의 절규─법률상 고려가 선결」, 『삼천리』, 1930. 4; 「부인과 의사 좌담회」, 『신여성』, 1933. 5; 문동표, 「타태와 법률」, 『여성』, 1936. 5.
**45** 「곤난한 임부는 로농(勞農)정부에서 타태」, 『동아일보』, 1926. 6. 18.

것이다.[46]

　그래서 소련에서 다시 낙태금지법안이 발의된 1936년 이전까지 낙태 합법화의 필요성을 주장하고자 하는 글에서는 러시아가 낙태를 합법화하고 있다는 점을 소개하는 경우가 가장 많다.[47] 러시아의 소비에트연방병원에서는 임신중절을 무상으로 시술해 주고, 모성의 건강 보호를 위해 의사 이외의 무자격자의 낙태수술은 금지라는 조건으로 낙태를 허용했다. 단 임부의 동의 없는 낙태나 영리를 목적으로 하는 낙태, 의사가 아닌 자의 시술이나 소독 및 의료기구가 갖춰지지 않는 시술, 임신부를 사망하게 한 경우에는 사법처리를 할 수 있도록 해 놓았다. 러시아가 낙태를 허용한 근거는 ① 낙태를 금지해 봐야 실효성이 없다는 점, ② 오히려 음성화된 무면허 낙태수술로 인해 여성이 건강을 해치거나 사망한다는 점, ③ 모성 및 소년 보호의 원칙 적용이 필요하다는 점, ④ 과거의 성도덕과 달라졌다는 점, ⑤ 경제적 빈곤이라는 조건으로 수술을 결행하게 한다는 점 등이다.[48] 여러 가지 이유, 상황, 조건에 의해 낙태를 필요로 하는 여성들은 언제나 존재하므로, 금지법을 통해 무면허 낙태수술로 여성의 건강에 해가 되게 하느니 국가에서 이를 허용, 의료적·제도적으로 지원하여 모성 보건을 도모하자는 것이다. 또한 러시아의 낙태 합법화론자들의 논거 가운데 하나는 낙태가 계급을 반영한다는 점이었다. 낙태 허용론자들은 부유한 여성들은 안전한 조건으로 의사의 도움을 얻어 낙

---

46　그러나 한정숙에 따르면 '타태약'을 준 것이 아니라 의사를 통한 낙태수술을 허용해 준 것이라 한다; 한정숙, 「소비에트 정권 초기의 가족·출산정책: 현실과 논의들—특히 1920년대 낙태 문제를 중심으로」, 『서양사연구』 43, 2010. 11, 41쪽.

47　"타태를 묵인하는 나라야 만치만은 타태하여도 조타고 법률로 공인한 나라는 아마 로서아뿐"이었기 때문이다(「세계의 동향」, 『삼천리』, 1930. 7.).

48　운암산인, 「타태가 죄냐」, 『동광』, 1932. 9.

태수술을 받는 데 반해 가난한 여성들은 지하에서 은밀히 낙태수술을 받다가 체포되어 재판을 받고 있던 현실을 비판하였다.[49]

　러시아의 정책은 "공공연하게 타태술이 발달되야 모체에 조곰도 영향이 업서 그 위험률은 분만하는 모체의 그것과 비교하야 별 차이가 업다"[50]는 점에서도 조선의 지식인들이 낙태 허용론을 주장하는 데 동원되었다. 또한 낙태의 허용으로 "세상에는 흔이 싸베-트의 여성들이 방종하다"는 선입견을 갖는 이가 많지만, 사실 "그들에게는 암흑면闇黑面이 적다. 자본주의국가에서와 가치 불의의 관계로 난 아희를 압살하는 잔인한 행동은 하지 안는다. 즉 인공타태라는 것을 허許하여서 나어서 불필요하다는 것은 법률상으로 허하여 타태케 하고 또 성교육을 보급식혀서 결혼하는 남녀에게 예비지식을 갓게 한다"는 점에서 오히려 건전한 성생활과 계획된 결혼 및 출산을 할 수 있다는 긍정적인 가치가 있음을 역설한 글도 있다.[51] 또한 "자본주의제국에서는 수태 금지되여 잇슴에도 불구하고 출산류가 저하한데 러시아의 국내에 임신중절이 건즘 완전히 해방되여 잇슴에도 불구하고 1억 6천만 명의 사람들이 연년히 3백만 명씩 증가하여 가는 것은 엇지된 셈인가?"라는 반문을 통해 인구증가정책상으로도 결코 낙태 허용이 악영향을 끼치지 않음을 주장하기도 했다.[52]

　조선의 낙태 담론에서는 이와 같은 러시아의 낙태 허용론에 대한 심층적, 반복적인 소개뿐 아니라 그 외의 세계 각국이 가진 낙태나 피임,

**49** 한정숙, 「소비에트 정권 초기의 가족·출산정책: 현실과 논의들―특히 1920년대 낙태 문제를 중심으로」, 『서양사연구』 43, 2010. 11, 51-52쪽.
**50** 김동진, 「노농로국의 남녀관계―로서아 특집」, 『삼천리』, 1931. 9.
**51** 함대훈, 「싸베-트 동맹의 부인은 엇더케 지내는가」, 『삼천리』, 1932. 1.
**52** 북풍학인, 「쏘비엣트의 보건시설관」, 『삼천리』, 1933. 4.

산아제한 문제에 대한 소개를 통해서 조선의 인구 정책에 대해 문제제기를 했다. 프랑스는 국법으로 산아제한을 제정해 자녀가 셋 이상이면 여성이 불임수술을 받을 수 있다는 사실,[53] 영국에서는 산아조절 운동가들의 활동에 힘입어 피임이나 산아조절에 대해 적극적인 문화를 가지고 있고, 네덜란드에서도 피임법을 국가에서 허용하며 산아제한 상담소, 강습호 등으로 피임법 훈련을 시킨다는 사실,[54] 독일에서는 "범죄를 박멸할 도리로 불임과 거세의 법을 채용하라는 부르지짐이 대전란 전부터 놉핫스며 대전폭발족음전 의회에서는 불임과 타태의 법률안이 뎨출되엇든 것"[55]이라는 점 등이 여러 글을 통해 조선 사회에도 알려져 있었다.

한편 일본에서는 1926년부터 타태 사건이 속출하던 사회적 상황[56]과 더불어 기아와 타태를 범죄로서 인정할 수 없는 것이 아니냐는 문제제기가 있었다.[57] 그리하여 1927년에는 일본에서도 타태죄가 태형答刑에서 벌금형으로 그 처벌이 경감되었다.[58] 그럼에도 일제는 조선에서는 낙태를 1년 이상의 징역형을 유지하고 있었다.[59] 이에 조선 지식인들은 일본과 동일한 형법개정을 요구하기도 하였다.[60] 또한 이처럼 세계 각국이 점차 피임, 낙태를 허용하는 추세라는 점을 알리는 데서 더 나아가 "지금으로부터 사십육세기전에 중국의 어떤 황제는 벌서 인공타태에 관한 의

— 53 이면규, 「조선인구의 자연증가문제(5)」, 『동아일보』, 1930. 12. 3.
54 「산아조절의 의의와 현세, 동광대학 제7강」, 『동광』, 1931. 9.
55 「결혼의학의 지식」, 『동아일보』, 1928. 11. 8.
56 「타태사건 속출(대판)」, 『동아일보』, 1926. 6. 6; 「일본각디에 타태사건 속출」, 『동아일보』, 1926. 6. 13.
57 「기아와 타태, 범죄불구성, 형법개정고려」, 『동아일보』, 1926. 7. 9.
58 「타태죄는 벌금형」, 『동아일보』 1927. 4. 9.
59 「답답한 사정, 낙태시켜도 죄가 안될까」, 『조선중앙일보』, 1935. 8. 28.
60 이면규, 「조선인구의 자연증가문제(오)」, 『동아일보』, 1930. 12. 3; 「산아조절의 의의와 현세, 동광대학 제7강 사회문제편」, 『동광』, 1931. 9.

학의견서의 편찬을 명하엿고, 그뒤 천년쯤뒤에는 애급에서 타태에 유효한 외과수술용구를 열기한 책이 나왓다. 그만치 우리 인류의 타태에 관한 관심은 태고로부터 잇엇다"는 역사적 설명으로써 낙태 허용의 당위성을 암시적으로 논설한 글도 있었다.[61]

그러나 조선의 낙태 허용론은 1936년을 기점으로 급속도로 위축되기 시작한다. 그중 하나의 계기는 소련이 낙태 금지 쪽으로 전환됐기 때문이다. 레닌과는 달리 1930년대에 여성 가족 문제에서 보수적이었던 스탈린의 지배하에 들어가면서 1920년대까지의 법과 정책들은 비판받기 시작했다. 그리하여 1934년 러시아 연방의 형법전에서는 낙태를 범죄로 규정했고 1936년 6월 27일 소련 정부는 결국 낙태를 금지하는 포고령을 내렸다. 이 포고령은 임신이 지속되면 산모의 생명이 위험한 경우, 건강에 치명적 손상이 발생하는 경우 및 부모의 심각한 유전병이 태아에게 전해지는 경우를 제외하고는 어떠한 조건, 어떠한 형태의 낙태도 금지하였다. 러시아 연방 형법전 역시 "가족관념의 변화와 애국주의의 발흥"[62]을 명분으로 1934년의 내용을 수정하여 낙태수술자, 강요자, 낙태여성에 대한 처벌을 강화하였다.[63] 물론 낙태 금지법으로의 개정에 대한 여성 노동자의 반대 시위가 있었지만,[64] 결국 이 법안은 시행되었다. 이러한 변화 속에 소련은 1년 만에 출산율이 전년 동기의 약 2배로 증가[65]하는 결과를 얻었다.

---

61  「사천년전부터잇엇든 인공타태, 현재미국엔 연평균 칠십만건」, 『동아일보』, 1936. 5. 27.
62  「소연방과 일본(5)」, 『동아일보』, 1936. 6. 24.
63  한정숙, 「소비에트 정권 초기의 가족·출산정책: 현실과 논의들—특히 1920년대 낙태 문제를 중심으로」, 『서양사연구』 43, 2010. 11, 71-72쪽.
64  「소련정부의 타태금지법안 부인로동자 반대[내외단신]」, 『동아일보』, 1936. 7. 21.
65  「타태금지령후 소련의 다산성, 인구이배 증가(모스크바)」, 『동아일보』, 1937. 10. 13.

또한 조선 내부에서도 산아제한이나 낙태 허용과 같은 주장은 일제 말기의 정책 변화로 그 설 자리를 잃어 가고 있었다. 일본은 전시 체제기로 진입하면서 다자가구多子家口에게 표창을 하는 등 다산을 장려하고, 열성 인자를 가진 자로 간주된 사람들의 임신 출산을 방지하는 대신 우월한 유전자를 가진 자녀 생산을 권장하는 우생운동[66]으로 조선에 대한 인구 정책을 강화하였다.[67] 이에 조선에서의 낙태 및 산아제한론 역시 그 힘을 잃어 가게 되었다. 광포한 일제의 군국주의와 총동원 체제의 압제적 분위기하에 1930년대 후반부터 피임이든 낙태든 식민지 조선 사회에서 산아제한을 언급하는 것은 금기시될 수밖에 없었기 때문이다.

\* \* \*

"많이 낳아 고생 말고, 적게 낳아 잘 키우자"라는 구호, 3명 자녀를 3년 터울로 낳고, 35세까지 단산하자는 "3·3·35운동"의 확산 등으로 대표되는 1960년대의 대한민국 인구 정책은 산아제한에 매우 적극적인 편이었다.[68] 정부는 인구증가 문제를 해결하기 위해 국민들에게 '가족계획'을 권유하며 낙태를 허용하는 법적 조치들을 취했으며, 경제개발 5개년 계획에서 인공 임신중절과 가족계획 요원의 피임약 기재 취급 등을 양성

---

66 일본은 1940년 5월 '국민위생법'을 제정하여 악질적인 유전성 질환을 가진 자에 대한 단종(斷種)수술을 규정하고 건전한 자의 산아제한을 금지했다. 낙태죄는 인공 임신중절에 대한 처벌임을 명시했고 불임수술에 대한 규정은 없었다. 그러나 건전한 자의 산아제한에 의한 출산감소는 '국가목적에 부합하지 않는다'하여 불임수술은 자연스레 위법이 되었다. 장미화, 「일본의 아시아 태평양전쟁기 여성동원정책에 관한 연구」, 한양대 박사학위논문, 2007, 79쪽.
67 소현숙, 「일제 식민지기 조선의 출산통제 담론의 연구」, 한양대 석사학위논문, 1999.

화 내지 합법화하고 법적 근거를 부여할 것을 추진하기도 했다.[69] 이를 기점으로 낙태 합법화를 위한 법안의 마련 노력은 여러 차례 시도되었고 1973년에 마침내 '모자보건법'의 제정으로 '임신의 지속이 보건의학적 이유로 모체의 건강을 심히 해하고 있거나 해할 우려가 있는 경우'라는 조항을 통해 인공 임신중절수술을 허용하는 법률이 제정, 공포되기에 이르렀다.[70]

그러나 2000년대 이후 대한민국의 출생율은 세계에서도 최하위권에 속하게 되어 정부와 정치인들은 '저출산' 문제를 해결하지 않으면 한국의 미래는 없다는 위기감에 다양한 출산 장려정책을 쏟아 내고 있다. 이러한 분위기 속에 '프로라이프 의사회'와 같은 단체는 낙태죄에 대한 처벌이 보다 엄격해져야 함을 주장하기도 했고, 2012년까지도 낙태죄는 형법상 합헌이라는 헌법재판소의 판결이 있었다.[71] 그런데 2019년에는 헌재에서 '낙태죄는 헌법정신에 위배'된다고 보고, 유예기간인 2020년까지만 낙태죄가 유효하다고 판결했다.[72]

이처럼 해방 이후에도 낙태에 대한 국가의 대응 방식은 경제적·사회적 상황에 따라 변해 왔다. 국가는 여성의 몸, 성, 임신, 출산 등과 관련한 법과 제도를 일관되게 적용하지 못하고 있는 것이다. 최근에는 형법상 낙태죄 규정이 폐지된 데에서 더 나아가 모자보건법 14조의 임신중절이 가능한 조건이 나열된 부분을 삭제하고, 임신중지 시술에 건강보험을

— 68 홍승아, 「시대별 표어로 살펴 본 우리나라 출산정책」, 『KDI 클릭경제교육』, 2014. 12. 1.
  69 김수자, 「'가족계획' 담론과 여성 '몸'에 대한 인식 변화」, 『이화사학연구』 59, 2019.
  70 신유나, 「한국 모자보건법의 역사: 제14조 인공 임신중절수술의 허용한계를 중심으로」, 인하대학교 석사학위논문, 2020.
  71 「낙태죄 합헌 7년 만에 '헌법불합치' … 낙태죄 66년의 역사」, 『뉴스핌』, 2019. 4. 11.
  72 「헌재의 번복, 낙태죄 시대에 따라 달라져?!」, 『국제뉴스』, 2019. 4. 12.

적용해 보다 안전한 낙태가 가능한 환경을 만들어 줄 것을 요구하기도 한
다.[73] 그러나 대한산부인과의사회는 "인공임신 중단의 약물이나 수술 등
의 처치는 건강보험법에 정한 범위인 국민의 질병·부상에 해당하지 않는
다"며 인공임신중단 처치의 보험급여 적용을 반대하고 있다고 한다.[74]

　　다시 이 글의 처음 질문으로 돌아간 셈이다. 낙태를 해야 하는 원치
않는 임신은 질병인가, 아닌가? 국가는 여전히 답을 유보하고 있다.

---

**73** 「지금 한국에서 낙태는 불법인가 합법인가」, 『시사IN』, 2022. 6. 2.
**74** 「산부인과의사회 "낙태 건보 적용 반대 … 질병·부상에 해당하지 않아"」, 『세계일보』,
　　2021. 1. 26.

10장

# '불임'에서 '난임'으로: 한국의 인구 정치와 보조생식기술의 일상화

김선혜

보조생식기술<sup>Assisted Reproductive Technology</sup>이란 "인간의 난자 또는 정자를 체외로 채취하여 임신을 도와주기 위해 행하는 여러 종류의 시술"을 뜻한다.[1] 가장 대표적인 보조생식기술은 시험관아기 기술로도 불리는 체외수정<sup>in-vitro fertilization</sup>기술이며, 체외수정은 몸 밖으로 채취된 정자와 난자를 시험관에서 수정시킨 후, 수정된 배아를 다시 여성의 몸에 착상시키는 과정을 통해 임신과 출산이 이루어지도록 하는 기술이다. 체외수정을 통해 태어난 아이는 1978년 영국에서 처음 성공한 이후 40년간 전 세계에서 800만 명 이상인 것으로 추정되며, 매년 2백 50만 건의 체외수정 시술이 시행되고 있는 것으로 보고된다.[2] 45년 전 체외수정 아기의 탄생은 '기

---

1 대한산부인과학회, 『보조생식술 윤리지침』, 대한산부인과학회 보조생식술위원회, 2021.
2 Bart C. Fauser, "Towards the global coverage of a unified registry of IVF outcomes", *Reproductive Biomedicine Online* 38(2), 2019, pp. 133-137.

적의 아이(miracle baby)'로 호명되었지만, 이제 전 세계 많은 나라에서 체외수정을 통한 출산은 큰 놀라움을 가져오지 않는 평범한 사건이 되었다. 한국에서는 1985년 첫 체외수정을 통한 아이가 출생하였으며 이후 보조생식기술의 사용은 꾸준히 증가하여 건강보험심사평가원 자료에 의하면 2020년 한 해 총 출생아 27만 명 중 10.6%가 보조생식기술을 통해 태어난 것으로 나타난다.[3]

보조생식기술은 현재 한국 사회에서 일상화된 의료적 개입으로 대중화되었다. 하지만 일반적인 다른 의료기술과는 다르게 인간 출생에 관여하는 기술이라는 점에서 보조생식기술은 해외 여러 국가에서도 초기 실험단계에서부터 많은 윤리적 우려와 논쟁이 있었다는 점을 상기한다면, 한국 사회에서 보조생식기술이 어떠한 과정을 통해서 사회적 수용성과 도덕적 정당성을 획득할 수 있었는지는 주의 깊게 살펴볼 필요가 있다. 또한 전 세계적으로 보조생식기술은 불임치료기술과 동의어로 사용되며 확장되어 왔지만 여전히 불임(infertility)의 문제를 어떻게 여성학적으로 접근하고 정의할 것인지의 문제(질병, 장애, 혹은 증상)는 단순하지 않으며 불임의 정의를 둘러싼 다양한 의학적·철학적·정치적 논쟁은 지속되고 있다.[4] 현재 가장 널리 통용되는 불임의 임상적 정의는 "12개월 이상(여성의 나이가 35세 이상인 경우에는 6개월 이상) 규칙적인 피임을 하지 않은 성관계 후에도 임신이 되지 않는 남성 또는 여성 생식 기관의 질환"[5]이며, 이

3  「"부모 될 기회에 5회 제한이라뇨" … 난임부부 호소 多」, 『경향신문』, 2021. 8. 26.
4  Arthur L. Greil and Julia McQuillan. "'rying' times: Medicalization, intent, and ambiguity in the definition of infertility," *Medical Anthropology Quarterly* 24(2), 2010, p. 137.
5  World Health Organization[https://www.who.int/news-room/fact-sheets/detail/infertility#:-:text=Infertility%20is%20a%20disease%20of,of%20regular%20unprotected%20sexual%20intercourse(검색일:2023. 4. 30.)].

와 같은 정의는 의료현장 및 관련 정책 분야에서 일반적으로 많이 사용되고 있다. 하지만 이러한 기존의 정의는 파트너가 없거나 성적 지향sexual orientation과 같은 사회적 요인으로 인해 성관계를 통한 출산이 가능하지 않은 경우, 생식능력 제거수술을 받은 트랜스젠더, 그리고 간성intersex 여성과 같이 조기에 불임을 진단받게 되는 경우 등 다양한 형태의 임신이 되지 않는 상태를 포함하기 어렵다. 이 모든 경우를 불임으로 통칭할 수 있을지의 문제를 차치하더라도 보조생식기술의 새로운 사용자로서 싱글 여성을 포함하여 동성커플 등이 부상하고 있는 상황에서 불임과 난임의 사회적 의미는 어떻게 구성되어 왔는지 살펴볼 필요가 있다.

이 글은 한국 사회에서 1985년 첫 체외수정의 성공 이후 보조생식기술이 어떻게 사회문화적 정당성을 획득하면서 표준화된 재생산 의료기술로서 현재 널리 사용되고 있는지, 그리고 이 과정에서 '불임'에서 '난임'으로의 용어 변화는 어떤 의미를 가지고 있는지를 탐색한다. 의료기술에서의 일상화routinization는 기술이 첨단에서 일상으로 전환되는 과정을 의미하는데, 의료인류학자 코에니그Koenig6는 새로운 의료기술은 순수한 실험의 단계에서 표준적 치료로의 전환을 반드시 거쳐야 하며 이러한 기술의 의미 변화 과정은 본질적으로 사회적 과정이라고 주장한다. 이러한 일상화 개념을 통해 중국의 보조생식기술의 일상화 과정을 탐색한 월버그Wahlberg7는 일상화를 특정 의료기술이 일상적인 의료 서비스 제공의 일부로 확립되어 가는 사회-역사적 과정으로 접근하며, 관행적인 방식으로

6    Barbara A. Koenig, *The Technological Imperative in Medical Practice: The Social Creation of a "Routine" Treatment*, Springer, 1988.

7    Ayo Wahlberg, *Good Quality: The Routinization of Sperm Banking in China*, University of California Press, 2018.

사용되어 감에 따라 일상생활의 일부가 되어 가는 과정으로 정의한다. 특히 이 글은 보조생식기술의 사용이 국가의 인구 정책과 어떠한 영향을 주고받으며 일상화되어 왔는지에 주목한다. 한국 사회에서 재생산은 단지 개인 여성의 문제가 아니라, 역사적으로 인구 억제에서부터 출산 장려까지 변화하는 국가의 인구 통제에 의해 많은 영향을 받아 왔으며, 각시기마다 특정 재생산 의료기술은 국가에 의해 정책적으로 지원되었기 때문이다. 이를 통해 임신과 출산 등 재생산 영역이 국가에 의해 질병이 아닌 것으로 혹은 질병으로 정의되고 구성되어 온 과정을 살펴본다.

## 1. 인구 억제 시기 불임의 의미와 보조생식기술의 도입

한국 사회에서 보조생식기술의 일상화 과정을 분석하기 위해서 먼저 아직 불임의 의료화medicalization가 본격적으로 진행되기 이전 시기로서 체외수정 기술이 한국 사회에 처음 소개되며 본격적인 체외수정 실험이 시작되어 첫 체외수정을 통한 아이가 태어난 1980년대를 중심으로 살펴볼 필요가 있다.

1980년대의 사회적·제도적 맥락을 간단히 살펴보자면, 1980년대는 출산율 감소를 위해 1960년대부터 시행된 가족계획 사업이 지속적으로 실시되었던 인구 억제 시기이다.[8] 가족계획 사업은 1962년부터 경제

---

8  1960년대부터 현재까지 인구 정책 패러다임은 인구증가 억제 정책기(1962-1995), 인구 자질향상 정책기(1996-2004), 그리고 저출산·고령사회 정책기(2005-현재)로 크게 구분된다. 이삼식 외, 『한국 인구 정책 50년: 출산 억제에서 출산 장려로』, 보건복지부, 한국보건사회연구원, 2015, 24쪽.

개발 5개년 계획의 일환으로 시작되었으며 이 시기에 중요한 국가적 관심사는 임신을 하기 위한 기술이 아닌 임신을 막기 위한 기술이었다. 그렇기 때문에 각종 피임도구와 시술들의 사용이 공식적으로 장려되었으며 임신중지 역시 월경조절법이라는 명칭에 의해 가족계획의 일환으로 여겨졌다. 1964년 자궁 내 장치 도입 이후 자궁 내 장치 시술은 정관수술과 함께 1차 경제개발 5개년 계획 기간 가장 주요한 피임법으로 제공되었으며 이후 1975년 비가역적 불임수술인 난관수술이 가족계획 사업에 추가되어 정관수술과 함께 핵심 피임법으로 사용되었다. 한국의 경우 피임약과 같은 개인의 자율성이 보다 개입될 수 있는 피임방법보다는 자궁 내 장치나 불임수술이 효율적인 방식으로 간주되었다.[9] 특히 난관수술의 경우 정부 프로그램으로 들어오면서 빠른 속도로 증가하여 가장 많이 쓰이는 피임법으로 사용된 것으로 조사된다.[10] 이러한 가족계획 사업의 결과 1962년에는 6.3을 기록하였던 합계 출산율은 1970년 4.53, 그리고 1980년 2.82로 감소하게 되었다.

합계 출산율은 이미 1980년대에 들어서면서 2.83을 기록하였으며, 1983년에는 이미 인구 대체 수준인 2.1 아래인 2.06으로 떨어졌다. 하지만 정부는 1988년까지 합계 출산율을 2.1로 낮추어 인구증가율을 2000년까지 1% 수준으로 억제하겠다는 목표를 설정하여 인구 억제 정책을 더욱 강화해 나갔다. 이러한 계획의 일환으로 1987년 실시되었던

---

9 정연보, 「생명경제와 재생산: 가족계획사업의 실험적 성격과 연구자원으로서의 몸」, 『과학기술학연구』, 20(3), 2020, 31-64쪽.
10 서문희·조대희, 「피임실천 및 방법별 사용에 관한 요인분석: 1968-1991」, 『보건사회논집』, 13(1), 1993, 36-50쪽.

3부 가부장 국가와 여성의 몸

제6차 5개년 계획 기간의 목표는 1자녀 갖기 단산 운동으로 정해졌다.[11] 1982년부터 인구증가 억제 정책이 강화된 결과 제5차 경제사회 발전 5개년 계획(1982-1986) 기간이 우리나라 인구 정책 사상 피임보급 실적이 가장 높았으며, 난관수술 수용자 부인의 연령과 현존 자녀 수도 크게 감소한 것으로 보고된다. 구체적으로 "1977년부터 1981년까지 난관수술은 대략 109만 건이었으나 1982년부터 1986년까지는 173만 건으로 무려 58.7%가 증가하였으며 난관수술 수용 부인의 수용 시 연령도 1981년 31.3세에서 1986년 28.2세로 낮아진 것으로 나타났으며 그 결과 기혼여성들의 평균 자녀 수도 1981년 2.8명에서 1986년 1.8명으로 감소"한 것으로 나타난다.[12] 난관수술이 전체 가족계획에서 차지하는 비율이 높아짐에 따라 피임약이나 콘돔의 경우 감소하는 경향을 보이게 되는데, 이를 당시 가족계획 연구위원은 기혼 여성들의 피임 수용 이유가 단산에 있기 때문이라고 추정한다.[13]

이처럼 1980년대는 난관수술이 가족계획의 한 방법으로 널리 사용되고 있었으며, 이러한 상황에서 불임수술이란 현재와 같은 아이를 낳기 위한 '불임극복' 혹은 '불임치료' 시술을 뜻하는 것이 아니라 아이를 낳지 않기 위한 불가역적인 피임시술로서 불임시술sterilization을 의미하는 것으로 널리 통용되었다. 앞에서 언급한 바와 같이 현재 모자보건법의 제2조 정의 조항에는 "난임"을 정의하고 있지만, 1973년 모자보건법이 제정되었을 당시에는 가족계획 사업의 법적 근거로서 당시 제2조 정의 조항에는 "불임시술"이 포함되어 있었다는 점을 상기해 본다면 1980년대는 아이

---

11 「인구시계 멈춰야 복지시계 간다」, 『경향신문』, 1986. 3. 27.
12 이삼식 외, 『한국 인구 정책 50년: 출산 억제에서 출산 장려로』, 110-111쪽.
13 전병훈, 「우리나라 가족계획사업의 현황소고」, 『대한불임학회잡지』, 7(1), 1980, 35-38쪽.

를 낳게 하는 기술보다는 아이를 낳지 않기 위한 기술에 훨씬 사회적으로 중요한 가치가 부여되었음을 알 수 있다.

## 1) 인구 억제 정책에 역행하는 기술

이처럼 아이를 낳지 않기 위한 불임시술이 널리 행해지던 1980년대는 동시에 전 세계적으로 보조생식기술이 발전해 온 시기와 일치한다. 한국에서는 1984년 2월부터 서울대학교 의과대학 산부인과학교실에서 시험관아기 프로그램이 시작되었으며, 쥐를 이용한 체외수정 실험이 학회지에 보고되기 시작했다.[14] 앞에서 논의한 바와 같이 1981년은 정부의 가족계획 사업이 강화되던 시기로, '두 자녀 사회'를 지향하며 정부는 공격적인 인구 억제 종합대책을 수립하였는데, 이를 뒷받침하기 위해 각종 세제 혜택을 자녀가 두 명 이하인 경우에만 제공하고, 출산 및 육아 휴직도 자녀 2명 출산까지만 허용하는 등 다양한 인구 억제 대책이 등장했다.[15] 이러한 배경에서 보조생식기술은 출산을 억제하는 것이 아니라 증가시킬 수 있는 기술이라는 점에서 공적인 지원을 받기도 어려웠을 뿐 아니라 필요성을 인정받기가 어려운 분위기였던 것으로 나타난다.

예를 들면 1982년 체외수정 실험과 관련된 한 기사는 "20세기 의학의 최대 기적으로 꼽히면서 미국, 영국, 호주 등 선진외국에서 성공을 거둔 시험관아기가 우리나라의 일부 대학병원에서 극비리에 시도되고 있어 그 성공 여부가 주목되고 있다. 시험관아기에 대한 연구가 이처럼 상

---

14  임용택 외, 「마우스 난자의 체외수정에 관한 연구」, 『대한불임학회잡지』, 11(2), 1984, 51-57쪽.

15  동아일보, 「두 자녀사회의 출발 정부의 인구 억제책 배경과 내용」, 1981. 12. 18.

당 수준까지 진척되고 있는데도 각 대학병원 연구팀은 인구 억제 정책과 도덕성 문제 등 물의가 일어날지 모르는 여론을 의식, 이 같은 사실을 극비에 붙이고 있다"고 보도하였다.[16] 이는 체외수정 시도가 국가적으로 환영 혹은 기대를 받는 상태가 아니었음을 보여 주며, 인구 억제 정책에 반하는 기술 혹은 도덕적으로 문제가 될 수 있는 기술이기 때문에 논란이 될 수 있음을 보여 준다. 이와 비슷한 논지의 신문 기사들이 1980년대 초반에 반복적으로 등장하게 되는데 1983년 임상대 서울대 자연대 교수는 해외에서 체외수정을 통해 태어난 아이가 이미 학교 갈 나이가 되고 있다는 소식에 대해 신문 칼럼을 통해 다음과 같이 밝혔다.

> 체외수정 방법은 칠거지악의 불임환자에겐 복음과 같은 반갑고 놀라운 소식이 아닐 수 없다. 그러나 인구 억제 정책에 역행하는 방법임에 틀림없다. … 얼마 전에 우리나라 인구가 4천만을 넘어섰다 한다. … 그래서 인구 정책이 당면한 국가시책이 되고 있는 듯하다. 늘어나는 인구를 줄이는 길은 낳지를 말아야겠고, 낳지 않기 위해서는 생기지도 말아야 한다. 때문에 난자와 정자의 유출 통로를 꿰매어 서로 만나는 길을 영구히 차단함으로써 임신이 되지 않게 하는 소위 결찰불임 수술이 권장되고 있다. 헌데 잘사는 다른 나라에서는 우리와 사정이 다른 모양이다.[17]

이 칼럼을 통해 저자는 체외수정과 같은 보조생식기술은 인구 억

---

**16** 「시험관아기 국내서도 시도」, 『경향신문』, 1982. 9. 14.

**17** 「林相大(임상대) 인공 受精(수정)」, 『경향신문』, 1983. 8. 17.

제 정책에 반하기 때문에 현재 보다 중요한 것은 보조생식기술이 아니라 오히려 영구불임시술임을 주장하며, 체외수정의 수요가 높은 다른 나라의 경우 생존을 위해 인구 숫자를 줄여야만 하는 한국과는 다른 상황임을 강조한다. 또한 '칠거지악의 불임환자'와 '결찰불임'을 함께 언급하면서 임신이 되지 않는 상태인 불임<sup>infertility</sup>과 임신을 되지 않게 하기 위해 인위적으로 행하는 불임<sup>sterilization</sup>을 별다른 구분 없이 사용하고 있음을 알 수 있다. 이는 두 가지 다른 의료적 상황과 처치를 다르게 지칭하지 않아도 큰 혼동이 발생하거나 문제가 되지 않는 것으로 추측할 수 있는데, 불임의 사전적 의미인 '임신 불가능성'이라는 공통점 속에서 불임치료시술과 영구불임시술을 모두 불임으로 구분 없이 통칭되었음을 알 수 있다. 또한 이는 당시 임신이 되지 않는 일로서의 불임에 대한 구체적인 과학적 혹은 의료적 담론이 존재하지 않는 상황에서 불임을 치료를 통해서 해결해야만 하는 문제로 여기지 않았음을 보여 준다.

이후 체외수정 성공이 임박한 1984년에도 신문기사들은 한국의 체외수정 기술의 발전 정도를 보도하며, 세계 몇 번째 혹은 아시아 몇 번째로 한국에서 처음 체외수정이 성공할 것인가에 대해서 기대를 내보이기도 하였지만, "인구 억제책으로 산아제한을 국가시책으로 권장하다 보니 불임부부의 원망은 무시되기 쉬운 형편"이라는 서술이 나타난다.[18] 체외수정에 대한 여러 사회적 우려는 자연적 모성에 대한 도전, 인간성의 상실, 인간복제 가능성, 가족질서의 해체 등 도덕적, 윤리적, 종교적 주장들로 많이 등장하였지만 이와 더불어 한국 사회에서는 "인구 억제 정책"에 반하는 기술로서도 제기되었음을 알 수 있다. 또한 1985년 한 칼럼의

---

**18** 「원발성불임」, 『매일경제』, 1984. 11. 30.

저자는 해외의 체외수정기술을 소개하며 "근간에 네이처지는 사설에서 인구과잉으로 시달린 세계에서 불임은 불행한 개인 문제일 뿐 사회 문제가 아니라고 이 실험의 중단을 호소하고 있다"고 주장하면서 사회적 문제로서의 출산 조절과 개인적 문제로서의 불임을 대비시킨다.[19] 이처럼 인구 억제 시기에 보조생식기술은 국가 시책에 역행하는 기술로서 주변화되었으며 불임 역시 의료적 개입을 통해 해결해야 하는 문제가 아닌 개인의 불행으로 여겨져 왔음을 알 수 있다.

### 2) 가족계획 사업을 보조하는 기술

이처럼 가족계획 사업이 국가시책으로 중요하게 시행되고 있는 상황에서 보조생식기술이 사회적 정당성을 획득하기 위해 의료 전문가들은 '아이를 낳게 하는 기술'이 국가의 인구 억제 정책에 반하는 것이 아니라, 오히려 가족계획 사업에 도움이 될 수 있는 기술이라는 것을 적극적으로 옹호하고자 하였다. 1985년 한국의 첫 체외수정 출생을 성공시킨 서울대학교 장윤석 교수는 '시험관아기 시술의 선구자'로 불리기도 하는데, 2016년 〈TV 회고록 울림〉에 출연하여 자신이 체외수정에 성공하기까지의 과정에 대해 회고하였다. 해당 방송 내용을 보면 장윤석 교수는 체외수정 시술 이전에는 난관수술과 같은 불임시술의 복원수술을 통해 임신을 다시 할 수 있게 하는 시술에 관심을 가지고 있었던 것으로 나타난다. 당시 이러한 불임수술의 복원수술에 대해서도 "국내외 피임학자들은 이 같은 복원수술의 성공률 향상과 관계없이 복원수술은 수술비가

---

19 「씨받이 인간시대」, 『조선일보』, 1985. 3. 29.

많이 드는 데다 가족계획적인 측면에서도 바람직한 것은 못 된다고 입을 모았다"[20]와 같은 부정적인 의견들이 다수 제시되었다. 이러한 반발에 대해 장윤석 교수는 "불임시술 복원에 대한 보장이 없어 30세 이전에 불임수술을 꺼리는 여성들이 많았는데 불임시술 복원센터의 개설로 많은 여성이 불임시술을 큰 부담 없이 받게 될 것"[21]이라고 주장했다. 이는 '아이를 낳기 위한 기술'인 보조생식기술 역시 가족계획 사업의 한 부분으로 정당화되고 도입될 수 있었음을 보여 주며 이는 "가족계획은 넓은 범주에서 원치 않은 가임을 피하는 능력뿐만 아니라 원할 때 가임하는 능력도 포함"한다는 의료계의 언설을 대표적으로 보여 준다.[22]

이처럼 한 편에서는 '두 자녀 갖기' 캠페인에서 나아가 '한 자녀만 낳고 단산'하기라는 국가의 공격적 인구 억제 정책 속에서 국가는 영구불임시술을 적극적으로 장려하였으며, 또 다른 한 편에서는 보조생식기술의 발전이 국내 여러 연구팀에 의해서 경쟁적으로 이루어지고 있었다(경향신문, 1986. 3. 27.). 이러한 상황에서 실제 보조생식기술의 사용이 가족계획 사업을 보완하고 보조하는 역할을 얼마나 수행했는지를 평가하기는 어렵다. 다만 당시 보조생식기술이 가족계획 사업의 영향 속에서 영구불임시술을 받은 이후 재혼이나 불의의 사고에 의한 자식의 사망 등으로 다시 출산을 원하는 경우 등이 발생했을 때 복원수술과 흡사하게 "비가역적" 불임 상태를 다시 "가임" 상태로 전환시킬 수 있는 기술로써 사

---

**20** 「국제불임대회참가자 공동회견 피임수술자 복원성공율 높다」, 『동아일보』, 1979. 5. 11.

**21** 「서울대병원 여성불임 시술 복원센터 개설 영구피임 복원 가능하다」, 『경향신문』, 1980. 6. 6.

**22** 이삼식, 「자녀의 성구성에 따른 인공 임신중절행태 분석」, 『보건사회연구』 18(2), 1998, 83-105쪽.

용되었다는 사실이 발견된다. 특히 주목해 볼 수 있는 사례는 1983년 체외수정 시술 착상 성공 사례인데, 체외수정을 시도한 여성이 불임이었던 이유는 임상적 정의에 의한 불임이 아닌 난관수술을 한 상태였기 때문이다. 35세의 이 여성은 한 자녀를 출산한 이후 난관수술을 받았는데, 이후 외아들을 교통사고로 잃고 다시 아이를 낳고자 체외수정을 시도한 것으로 알려졌다.[23] 이처럼 인구 억제 시기에 아이를 낳지 않기 위한 불임시술은 장려되었고, 이를 보조하기 위한 수단으로 불임시술 복원기술과 더불어 체외수정 역시 사용되었음을 추정해 볼 수 있다. 또한 다른 기사에서 보면 한 산부인과 의사는 "정부의 가족계획 사업으로 80년대 불임시술을 받은 여성들이 시술 후 사고, 심경의 변화, 또는 재혼 등으로 다시 아이를 갖고자 할 때는 복원수술을 하게 되는데 복원수술에 실패했더라도 포기할 필요는 없으며, 나팔관의 기능을 인공적으로 대신해 주는 시험관아기의 가능성이 남아 있다"고 소개하고 있다.[24] 이는 보조생식기술의 적용 대상으로 상상되거나 기대되는 집단 중에 난관수술을 받은 여성들이 포함되어 있음을 보여 준다.

또한 1984년 고려대 의대 혜화병원에서 처음 정자은행이 운영되기 시작하였는데, 정자은행은 인공수정Artificial insemination이나 비배우자 정자공여 등 보조생식기술의 사용과 긴밀한 관련이 있지만, 정자은행의 정당성은 "처음 정자은행이 설치됐을 때는 희소정자증이나 무정자증 등 남자의 불임을 해결하기 위해 이용됐으나 이제는 수정란의 냉동보관과 남자의 피임수술(정관절제술) 시 정자를 보관해 두는 가족계획 사업에까지 이용범

━━ 23 「우리나라 시험관아기 멀지 않다」, 『동아일보』, 1983. 9. 13.
   24 「4천만의 건강 나팔관 복원수술」, 『조선일보』, 1990. 6. 17.

위가 확대"된 것으로 설명된다.[25] 1993년 개설된 대전의 정자은행은 대전가족계획협회부속병원에서 운영하였는데, 정관수술을 한 사람을 대상자로 신청을 받아 이들이 자신이 보관한 정자에 대해 권리를 포기하고 기증을 허락할 경우 인공수정용으로 불임부부에게 무료로 제공하도록 하였다. 일반적으로 정자은행이라고 했을 때 이는 보조생식기술을 주목적으로 운영되는 것으로 상상하게 된다. 하지만 당시 정자은행 설립의 주된 목적은 "정관수술을 하고 있는 사람들의 15% 이상이 복원수술을 받고 있는 불합리성을 해소하기 위한 것"으로 강조된다.[26]

이처럼 인구 억제 시기에 보조생식기술은 가족계획 사업에 역행하는 기술로서 환영받지 못한 사회적 분위기 속에서 출현하였으며, 의료 전문가들에 의해 가족계획 사업을 보조할 수 있는 기술로서 방어되거나 정당화되기도 하였다. 하지만 보조생식기술에 대한 부정적인 인식과 윤리적 우려는 크게 바뀌지 않았다. 마침내 1985년 한국의 첫 시험관아기 쌍둥이 남매가 서울대 장윤석 교수 연구팀에 의해서 태어났다는 소식이 알려졌을 때 한 편으로는 과학기술 발전에 대한 기대, 한국이 세계 몇 번째로 성공을 거둔 것인가에 성취감으로서 '우리나라 의학사에 새로운 장을 열어놓은 쾌거'로 보도되었다.[27] 하지만 동시에 어머니가 낳은 아이가 아니라 과학이 낳은 아이이기 때문에 "인공적인 방식의 임신이 사회적 혼란을 야기할 것이며 헉슬리의 〈멋진 신세계〉와 같은 일이 현실에서 일어나 인간 생산공장이 생겨나게 될지도 모른다"는 우려들이 제기되었다.[28]

---

25 「다양해진 정자은행 이용」, 『동아일보』, 1987. 6. 17.
26 「대전 가족계획협회 '정자은행'을 찾아서」, 『한겨레』, 1993. 1. 29.
27 「시험관아기 출산 성공률 8% 국내 첫 탄생을 계기로 알아본다」, 『동아일보』, 1985. 10. 14.

## 2. 출산 장려 시기 보조생식기술의 제도화와 난임의 탄생

1996년 35년간 지속되어 왔던 인구 억제 정책이 사실상 공식적으로 종료되었다.[29] 인구 억제 정책이 폐지된 이후 1996년에서 2004년은 인구 자질향상이 정책적 목표로 제시되었지만 뚜렷한 방향성을 가지고 인구 정책이 시도된 시기는 아니었던 것으로 평가된다.[30] 이미 2002년 합계 출산율은 1.3으로 낮은 수준을 기록하였지만, 당시에는 저출산 시대에 맞는 새로운 인구 정책의 필요성을 주장하는 의견과 여전히 이를 일시적인 현상으로 보며 출산 억제 기조를 유지해야 한다는 의견이 공존했다.[31] 또한 대한가족보건복지협회장(현 인구보건복지협회)은 국제가족계획연맹 총재의 기자회견을 인용하며, 고학력 여성 인력의 활용도를 높이고, 외국인 노동 인력을 활용한다면 현재의 저출산은 문제가 아니며 "인구감소가 시작될 2030년쯤이면 산업 전반도 고도화되는 데다 통일을 대비한다면 출산 장려정책은 성급한 발상"이라는 의견을 밝혔다.[32] 이처럼 오랫동안 유지되어 왔던 인구 억제 정책의 관성으로 인하여 인구 정책의 방향이 출산 장려로 급선회하는 것에 대한 주저함이 있었던 것으로 나타난다. 하지만 2003년 본격적인 저출산 인구 정책 기조가 확정되자 출산 장려를 위한 여러 정책이 제안되었다. 출산 장려 정책은 인구 억제 정

**28** 「시험관아기 85년 이래 5백여 명 출생 인공 임신 심층취재」, 『조선일보』, 1989. 11. 10;
「과학이 낳는 아기 우리도 해냈다」, 『조선일보』, 1989. 11. 10.

**29** 이삼식 외, 『한국 인구 정책 50년: 출산 억제에서 출산 장려로』

**30** 김인춘, 최정원, 「한국의 저출산 현상과 성평등—인구 정책과 여성정책의 연계를 중심으로」, 『사회과학연구』 16(1), 2008, 312-344쪽.

**31** 장영식 외, 『한국의 인구 정책 동향과 전망』, 한국보건사회연구원, 2010.

**32** 「한국 저출산율 걱정할 것 없다」, 『문화일보』, 2002. 11. 21.

책과 목표로 하는 방향은 정반대로 바뀌었지만 여전히 인구학이 중심에 놓이게 되면서, 여성의 몸과 건강, 재생산 능력이 가족계획 사업이 시기와 마찬가지로 국가발전을 위한 도구로 여겨지고 있다는 점에서 비판받는다.[33] 저출산 정책의 목표가 태어나는 출생아 숫자의 증가에 집중됨에 따라 임신·출산에 직접적 영향을 끼치는 기존의 모자보건 정책들이 변화하게 되는데, 정관·난관수술 등 영구불임시술은 2004년부터 건강보험 적용에서 배제되었고,[34] 반대로 정관·난관수술을 복원하는 시술에 대한 건강보험 적용은 확대되었다.[35] 이러한 정책적 기조 속에서 피임, 영구불임시술, 임신중지와 같은 가족계획 사업 당시에는 권장되었던 아이를 낳지 않기 위한 기술의 사용은 출산 장려 정책의 기조 속에서는 사용이 억제되거나 규제되었으며, 반대로 아이를 낳기 위한 기술로서 보조생식기술은 국가의 지원에 의해 빠르게 일상화되었다.

### 1) 저출산 대책으로서 보조생식기술

앞에서 살펴본 바와 같이 1980년대 보조생식기술은 인구 억제 정책에 역행할 수 있는 기술이자 윤리적 문제가 있는 기술로 여겨졌으며, 불임은 개인의 불행 혹은 고통으로 여겨져 국가가 나서서 지원을 해야 하는 문제로 다뤄지지 않았다. 하지만 2000년대 중반 이후 출산 장려 정책

---

**33** 김영미, 「저출산·고령사회 기본계획에 대한 젠더 분석—저출산 담론의 재구성을 위하여」, 『비판사회정책』 59, 2018, 103-152쪽; 신경아, 「저출산대책의 쟁점과 딜레마—여성 없는 여성정책」, 『페미니즘연구』 10(1), 2010, 89-122쪽; 배은경, 「현재의 저출산이 여성들 때문일까?—저출산 담론의 여성주의적 전유를 위하여」, 『젠더와 문화』 3(2), 2010, 37-75쪽.
**34** 「피임시술 건보적용 다음달부터 배제」, 『병원신문』, 2004. 11.
**35** 「저출산 비상 정난관 복원시 보험확대」, 『의학신문』, 2004. 5. 3.

시기에 보조생식기술은 불임부부에게 희망을 주는 기술이자 동시에 저출산을 해결할 수 있는 효과적인 대책으로 조망되기 시작하면서 공공의료 시스템 안으로 제도화되었다.

보조생식기술의 사용이 공적 지원의 대상이 되기 시작한 것은 2006년 '불임부부 시술비 지원사업(현 난임부부 시술비 지원사업)'이 시작되면서부터이다. 불임부부 지원사업 시행을 위해 실시된 〈불임부부 지원체계 구축방안 연구〉에 의하면 "불임부부의 급격한 증가 역시 저출산의 주요 원인으로 대두되고 있는데 우리 사회에서 불임에 대한 대처가 사회의 건전한 발전을 뒷받침한다는 점에서 소홀히 다루어서는 안 되는 사회 문제임에도 불구하고 불임 그 자체가 직접적으로 생명을 위협하는 질병이 아니므로 보건학적·정책적으로 무시되고 있어 불임부부 지원에 대한 법적, 제도적 사회안전망 체계 구축이 필요"함이 강조되고 있다.[36] 이는 과거 인구 억제 시기 불임은 '개인의 불행'일지언정 사회 문제는 아니라고 규정했던 것과는 대조적으로 이제 불임은 개인의 문제가 아닌 국가가 나서서 시급히 해결해야 하는 사회 문제가 되었음을 분명히 보여 준다. 2006년 처음 시술비 지원사업이 시행되었을 때에는 도시근로자 월평균 소득 130% 이하의 대상자에게 1회당 150만 원씩 총 2회를 지원하는 것으로 시작되었으나 이후 2009년부터는 지원 횟수가 3회로 증가하고, 2010년부터는 월평균 소득 150% 이하로 대상자가 확대되었으며, 2011년부터는 지원 횟수가 4회로 증가하고 금액도 180만 원으로 증가하다가 2016년부터는 소득 기준 제한이 폐지되어 보편적 시술비 지원으로 확대되었다.[37]

---

36 윤태영 외, 『불임부부 지원체계 구축방안 연구』, 경희대학교 예방의학 건강증진 사업지원단, 2006.

37 이수형 외, 『2019년 난임시술 지원사업 평가 및 개선사항 도출 연구』, 보건복지부 한국보

그 결과 사업 첫해인 2006년에는 지원 사업에 의한 시술 건수가 1만 9천 건에서 2017년 6만 건으로 3배 이상 확대되었다.[38] 이러한 '불임부부 지원 사업'은 보조생식기술이 일상화되는 데 가장 큰 기여를 한 것으로 평가되는데, 시술비 지원 사업 이후 체외수정의 실시 횟수가 가시적으로 증가하였을 뿐만 아니라 불임치료를 위한 보조생식기술의 사용이 공익에 부합한다는 정당성을 획득하고 국가에 의해 공적으로 승인되는 계기가 되었기 때문이다.

하지만 처음부터 정부가 처음부터 보조생식기술을 지원하고자 계획했던 것은 아니었으며, 보조생식기술의 일상화는 정부에 의해 일방향적으로 이루어진 것이 아니라 보조생식기술의 주된 이용자인 불임 당사자들의 지속적인 요구가 출산 장려 정책 기조와 부응하며 만들어진 결과이다. 2000년대 초반의 경우 보조생식기술의 건강보험 적용의 필요성을 주장하는 의견에 "그것은 개인 사정인데 거기까지 보험 적용을 하면 성형수술도 보험 적용을 해 줘야 하지 않냐"는 정부 관계자의 발언이 언급될 만큼 보조생식기술의 공적 지원에 대한 정부의 입장은 긍정적이지 않았던 것으로 보인다.[39] 또한 2005년 처음 불임부부 지원 사업을 위해 시작되던 해에도 보건복지부가 214억을 배정한 것에 대해 기획예산처는 "시험관시술의 성공 확률이 낮아 우선적인 저출산 대응사업으로 간주하기 어려우며, 전 국민을 대상으로 하는 질병관리본부의 예산이 245억인 점을 감안하면 이 사업은 예산 낭비가 우려된다"고 지적하였다.[40] 하

━━
　　건사회연구원, 2020, 4-6쪽.

**38**　황나미 외, 『난임치료 확대 등 난임 지원을 위한 실태 및 제도 개선 방안』, 보건복지부 한국보건사회연구원, 2021.

**39**　「불임클리닉 보험적용 마땅」, 『세계일보』, 2003. 10. 29.

3부 가부장 국가와 여성의 몸

지만 2003년부터 활동을 시작한 '아가야(현 사단법인 한국난임가족연합회)'를 중심으로 2005년 '불임시술의 의료보험 적용 촉구를 위한 서명 캠페인'(8,504명)을 조직하였으며, '불임시술 의료비 지원에 관한 국회 청원'을 제출함으로써 체외수정 시술비 지원 정책의 필요성이 당사자들의 요구에 의해 가시화되었다. 당시 이 단체의 대표는 신문사 인터뷰를 통해 다음과 같이 밝혔다.

> 우리나라 저출산 시대의 해법은 불임부부에게서 찾아야 합니다. 키울 형편이 안 되는 가정에 셋째까지 낳으라고 유도하면서, 정작 아이를 갖고 싶어도 가질 수 없는 불임부부들에 대한 지원이나 사회적 관심은 거의 없는 실정이죠. … 출산수당 몇 만원과 출산비 보조를 바라보고 아이를 낳을 부부가 얼마나 되겠습니까. 대신 정말 아이를 갖고 싶어 하는 불임부부들이 저렴한 비용으로 시험관 시술을 받을 수 있게 된다면 출산 장려 효과가 훨씬 클 것입니다. 우스갯소리가 아니라 매년 발생하는 불임부부 4만 쌍 중 절반만 임신에 성공해도 2만 명의 아이들이 태어날 것입니다.[41]

이와 같이 시술비 지원에 대한 요구는 마침내 사회적인 정당성을 인정받게 되었으며, 보조생식기술에 대한 인식 역시 전환되는 데 기여하게 되었다. 과거 체외수정이 고비용에 낮은 성공률을 가진 불안정한 기술로 여겨진 것과는 다르게 이제 의료 전문가들에 의해 "불임은 다른 질병과

---

**40** 「예산처 "불임부부지원사업예산낭비"」, 『의협신문』, 2005. 11. 24.
**41** 「출산 늘리려면 불임부부 지원해야」, 『경향신문』, 2005. 7. 14.

달리 치료 확률이 50% 이상으로 전체 가임 연령의 10-15%를 차지하는 불임부부 중 반 수만 성공한다고 해도 몇 만 명씩 신생아가 늘어날 것이며 또한 불임환자의 경우에는 임신과 출산에 대한 욕구가 일반인들에 비해 높으므로 지원에 대한 반응도 무척 빠를 것으로 예상"되는 등 긍정적인 기대와 평가를 받게 되었다.[42] 이처럼 보조생식기술에 대한 공적 지원의 근거가 전체 가임 연령의 몇 프로를 차지하고 있는 불임인구 중에서 몇 프로가 성공하는 경우 몇 명의 출생아가 증가할 수 있다는 계산으로 제시되었다는 것은 이 지원이 불임을 겪고 있는 개인들의 재생산 건강과 권리를 보장하기 위한 방안이 아닌 인구의 숫자를 증가시킬 수 있는 직접적인 방법으로 여겨졌음을 보여 준다.

출산 장려 기조 속에서 보조생식기술 지원은 "저출산 문제 해결의 가장 확실한 대책"으로서 그 인식이 빠르게 변화하여 지속적으로 확대되어 왔다.[43] '시술 건수 대비 임신 성공 건수'라는 양적인 성과 중심으로 보조생식기술 지원이 이루어짐에 따라, 시술의 당사자인 여성이 자신의 몸에 대한 자율성을 가지고 충분한 정보를 제공받고 의료 서비스에 접근할 수 있는 권리는 보장되지 못한 것으로 평가된다.[44] 하지만 역설적으로 민간 영역에서 아무런 규제 없이 이루어지던 보조생식기술이 공공보건 의료 시스템 속으로 들어올 수 있게 된 계기는 보조생식기술이 저출산 대책으로 지원이 시작되면서부터이다. 국가 예산의 효율적 집행을 위

**42** 윤태기 외, 『불임시술 성공률 증가를 위한 시술기관 질관리 및 평가시스템 구축』, 포천중문의과대학교 건강증진사업지원단, 2007, 13쪽.

**43** 이혜훈, 『초저출산시대, 난임정책 전환을 위한 국민대토론회 자료집』, 2019, 4쪽.

**44** 김동식 외, 『난임부부 지원정책에 대한 성인지적 분석과 개선 과제』, 한국여성정책연구원, 2021.

해 각 클리닉마다 다른 시술 체계로 운영 중이던 보조생식기술을 체계적
으로 분류하고, 수가를 표준화하고, 시술기관의 질을 관리해야 하는 직
접적인 필요성이 제기되었기 때문이다.[45] 이러한 일련의 과정 속에서 보
조생식기술 의료기관에 대한 평가지표가 개발되고, 보조생식기술 후 결
과 및 부작용 등을 평가하고 모니터링할 수 있는 데이터 구축에 대한 정
책 방안들이 제시되기 시작하였다.[46] 이후 2017년 10월부터 보조생식기
술과 관련된 의료 서비스에 대한 건강보험 급여화가 시작되어 완전히 제
도권 내로 편입되었다.[47]

이러한 보조생식기술의 제도화 과정 속에서 2005년 체외수정 시술
건수는 21,154건이었는데 이는 2010년 42,395건으로 약 두 배 이상 증
가하였으며, 2020년 총 시술 건수는 122,633건에 이르게 되었다.[48] 반면
합계 출산율은 2005년부터 2015년 사이에는 약간의 증감이 이어지다가
2015년 이후에는 지속적으로 급속히 감소하고 있는 것을 보여 주고 있
다. 이처럼 합계 출산율이 감소하고 매년 태어나는 출생아의 숫자가 감
소하고 있는 상황에서 체외수정 시술 건수는 증가해 왔으며, 그 결과 전
체 출생아 중에서 체외수정을 통해 태어나는 아이의 비율은 점점 더 높
아지고 있는 상황이다.

**45** 황정혜, 『보조생식술 관련시술 체계적분류 및 표준화수가에 관한 연구―불임부부 적정
지원 체계구축』, 보건복지부, 2007.

**46** 임지혜 외, 『난임시술 의료기관 평가지표 개발 및 난임 관련 데이터 구축 방안』, 건강보
험심사평가원 심사평가정책연구소, 2016.

**47** 황나미 외, 『난임치료 확대 등 난임 지원을 위한 실태 및 제도 개선 방안』, 한국보건사회
연구원, 2021.

**48** 보건복지부, 『2005년도 배아보관 및 제공 현황 조사 결과』, 2006; 보건복지부, 『2010년도
배아보관 및 제공 현황 조사 결과』, 2011; 보건복지부, 『2020년도 배아보관 및 제공 현황
조사 결과』, 2021.

## 2) 불임<sup>不妊</sup>에서 난임<sup>難妊</sup>으로

앞에서 살펴본 바와 같이 정부의 출산 장려 정책과 난임 당사자들의 적극적 요구가 만나 보조생식기술의 사용은 공공보건 의료 시스템 안으로 포함되어 보편적 의료 서비스로 제공되기 시작하였는데, 이러한 제도적 변화와 함께 불임에 대한 사회문화적 인식 변화 역시 보조생식기술의 일상화와 맞물려 같은 시기에 진행되었다. 불임에 대한 대중적 인식 변화를 가장 잘 보여 주는 예시 중에 하나는 오랫동안 통용되어 오던 '불임<sup>不妊</sup>'이라는 용어가 '난임<sup>難妊</sup>'으로 빠르게 전환되고 있는 용어 전환의 과정이다.

저출산이 사회적 문제로 부상함에 따라 이제까지 잘 드러나지 않았던 불임부부의 고통과 어려움이 미디어의 주목받기 시작하면서부터 체외수정 시술비 지원과 같은 의료적 지원 외에도 불임에 대한 사회적 인식개선 역시 중요한 문제로 부각되기 시작하였으며, '불임'에서 '난임'으로 용어의 변경은 불임에 대한 대중적 인식 전환에 중요한 역할을 하였다. 난임이라는 용어는 앞에서도 언급된 한국난임가족연합회에서 처음 고안한 용어이다. 이 단체는 2005년부터 불임을 난임으로 바꾸는 캠페인을 시작하였으며 '불임'이라는 용어에 부착된 부정적인 인식을 변화시켜 나가는 것은 가장 대표적인 단체 활동 중에 하나로 소개하고 있으며, 용어 변경 캠페인을 시작하게 된 계기를 다음과 같이 밝히고 있다.

2005년 어느 날, 아이를 간절히 기다리는 남편분이 필자에게 전화 하소연을 해 왔다. 사연인즉, 3년을 기다려도 아이가 안 생겨 병원을 방문했고 의사는 이것저것 문진하더니 권위적이고 상투적인 '불임' 용어를 써서 진단을 내려 심적 충격이 컸다고 한다. 의사로부터 들은 '불임'이 마치 애 못 낳는 사람으로 취급당해 주홍 글씨를 새긴 기분이었다며 괴로움을 호소해 왔다. 본인도 '불임' 용어 때문에 정신적 감당이 어려웠는데 아내는 더 큰 충격을 받았을 거라 생각하니, 그날 하루 종일 머릿속에서 '불임' 용어가 떠나질 않았고 지울 수만 있다면 지우개로 지워 버리고 싶었다고 했다. 그 이후 아가야는 '불임'을 대체할 만한 용어를 공모하였고, 당시 가장 많은 득표를 했었던 어려운 임신이지만 치료를 통해 임신이 가능한 '난임'(05. 11.)으로 확정하여 지금까지 계속 '난임' 용어 사용 권장 운동을 이어가고 있다.[49]

불임이 '칠거지악'의 하나로 오랫동안 인식되어 오면서 무자녀 여성에 대한 낙인과 편견으로 작동해 왔다는 점에서 '난임'은 임신에 어려움을 겪고 있는 많은 개인과 커플들에게 지금의 고통이 '일시적'인 것이며 '극복 가능'함을 의미하는 희망적이고 긍정적인 용어로서 주장되었다. 또한 단지 불임에 대한 인식이 부정적인 것에서 긍정적인 것으로 변화한 것이 아니라, 이는 치료를 통해 극복할 수 있다는 의미가 명확하게 포함되게 되었다. 이처럼 불임이 질병이 되는 의료화 과정은 단순히 일방향적으로 의료 전문가 집단이 영향력과 통제를 강화하기 위해 건강한 개인을 환자로 만들어 내는 것이 아니라 의료화를 통해 불임에 대한 낙인에서 벗어나고자 하는 개인들의 욕구 및 치료를 통해 정상성에 도달하고자 하는 욕망 등 복잡한 상호작용에 의해서 발생함을 알 수 있다.[50]

---

**49** 「절망용어인 '불임' 대신 희망 있는 '난임'으로 용어 바꿔요」, 『한국NGO신문』, 2011. 9. 23.

'난임' 용어 사용은 난임 당사자들의 조직적인 캠페인뿐만이 아니라 의료 전문가들의 적극적인 참여와 발화에 의해 더욱 확산될 수 있었다. 예를 들어 '불임센터'라는 이름으로 체외수정 시술을 하던 체외수정 클리닉은 상호명 변경을 통해 불임이라는 명칭을 없애면서 그 이유로 불임은 더이상 임신이 불가능한 질환이 아니기 때문에 불임이 아니라 난임이 올바른 명칭이라고 강조하였으며, 의료 전문가들은 잡지 및 신문기사 칼럼 등에서 보조생식기술과 관련된 의학 정보들을 제공하면서 불임이라는 말은 임신이 불가능한 경우를 지칭하는 말로서 불임부부에게 또 한 번의 상처가 될 수 있기 때문에 난임이라는 말을 사용하는 게 바람직하다는 의견을 활발히 제시해 왔다. 여전히 의료계에서는 학술적 혹은 임상적 용어로서 불임을 보다 빈번하게 사용하고 있으며 한국표준질병사인분류상으로도 여전히 불임이라고 남아 있지만,[51] 의료 전문가들이 대중매체를 통해서는 난임이라는 용어를 선택적으로 보다 빈번하게 사용하고 있는 것을 볼 수 있다. 이는 실제 보조생식기술을 통해서 '영원히 임신하지 못하는 상태'에서 '임신이 어렵더라도 불가능은 아닌 상태'로 변화한 것을 반영하기도 하며, 불임이 빠른 의료적 진단과 개입을 통해 치료해야만 하는 대상이라는 것을 가장 잘 설득할 수 있는 용어가 난임이기 때문이다. 이러한 점에서 임신하지 못하는 일을 지칭하던 용어가 불임에서

---

**50** Gay Becker and Robert D. Nachtigall, "Eager for medicalisation: the social production of infertility as a disease," *Sociology of Health & Illness* 14(4), 1992, pp. 456-471.

**51** N97 여성불임, N97.0 무배란과 관련된 여성불임, N97.1 난관에서 기원한 여성불임, N97.2 자궁에서 기원한 여성불임, N97.3 자궁경부에서 기원한 여성불임, N97.4 남성 요인과 관련된 여성 불임, N97.8 기타 요인에서 기원한 여성 불임, N97.9 상세불명의 여성 불임[https://kcdcode.kr/mobile/contents/N97(검색일 2023. 4. 30.)] 대한산부인과학회나 대한생식의학회에서 발간하는 학회지의 논문에서도 관련 논문들은 '불임'을 사용하고 있음을 알 수 있다.

난임으로 대체되는 과정은 불임의 의료화 과정과도 일치한다. 불임에서 난임으로 용어가 대체됨에 따라 실질적으로 불임에 대한 낙인이 얼마나 해소되고 사회문화적 인식이 얼마나 긍정적으로 변화하였는지를 측정하기는 어렵지만, 이제 난임은 치료 가능한 질병으로서의 의미를 획득하게 되고, 보조생식기술은 난임을 치료하기 위한 시술로서 필수적인 의료기술이 되었음을 보여 준다.

정부 역시 이러한 용어 변경 캠페인에 적극적으로 대응하였는데 2012년 모자보건법 개정을 통해 불임에서 난임으로 법률 용어를 변경하였으며, 개정 이유로서 "법률상 '불임'이라는 용어를 '쉽게 임신이 되지 아니하지만 치료를 통해 임신이 가능한 상태'를 뜻하는 난임'으로 변경하여 난임가정에 희망을 주고 난임에 대한 사회적 인식을 전환하여 최근 심각한 국가적 과제로 인식되고 있는 저출산 문제의 해결에 기여"한다고 밝혔다. 이후 〈생명윤리 및 안전에 관한 법률〉, 〈남녀고용평등과 일·가정 양립 지원에 관한 법률〉, 〈교육공무원법〉, 〈군인사법〉, 〈지방세특례제한법〉 등 '난임치료' 혹은 '난임휴가'를 포함하고 있는 다양한 법률에서도 불임이 아닌 난임 용어로 대체되었으며, 저출산 고령 사회 기본 계획을 포함하여 모자보건 사업 등 관련 정책들에서도 난임이 공식 용어로 사용되기 시작했으며, 현재 대중매체 및 뉴스 보도 등에서도 난임이 널리 사용되고 있다.

이처럼 보조생식기술은 2000년대 중반 이후 저출산 해결을 위한 기술로써 사회적 정당성을 획득하고 공공보건 의료 시스템 속에 포함되었다. 이 과정에서 불임에 대한 인식 역시 의료적 개입을 통해 치료 가능한 질병으로서 의미가 변화하였으며, 만혼이 증가하고 있는 현 상황에서 늦은 임신을 시도하는 부부들에게 보조생식기술의 사용은 특별한 문제가 있는 예외적인 사건이 아닌 '정상임신'의 한 부분으로 인식되기도 한다. 이는 보조생식기술이 한국 사회에서 사회문화적으로 일상화된 기술로서 수용되어 온 과정을 보여 준다. 이러한 보조생식기술의 일상화에 큰 역할을 해 온 보조생식기술의 제도화는 동시에 국가의 공적 지원을 받을 수 있는 자격을 갖춘 '난임 환자'는 누가 될 수 있는지를 정의하며, 실질적인 규제와 관리가 만들어지는 과정으로 나타나고 있다.

\* \* \*

이 글은 한국 사회에서 보조생식기술이 1980년대 인구 억제 시기부터 2000년대 중반 이후 출산 장려 시기를 거치면서 국가의 인구 정책의 영향 안에서 어떻게 일상화된 의료적 개입으로 널리 사용되게 되었는지를 분석하였다. 산아제한이 중요한 정책적 목표였던 인구 억제 시기에는 피임기술과 영구불임시술, 임신중지 등 아이를 낳지 않는 기술이 보다 중요한 재생산 기술로서 주목받았으며, 보조생식기술은 인구 억제 정책을 역행하는 기술로서 사회적 정당성을 쉽게 획득하기 어려웠으며 빠르게 일상화되기 어려운 조건에 놓여 있었다. 하지만 2000년대 중반 합계출산율의 감소로 인하여 국가의 인구 정책이 출산 장려로 전환됨에 따라 보조생식기술의 의미는 '가족 질서를 위협하는 기술'에서 '가족에게 희망을 주는 기술'로 변화하였고, 불임의 의미 역시 '개인적 불행'에서 '국가적 당면과제'로 급격히 변화하였다. 이러한 인구 정책의 변화 과정 속에서 불임은 이제 조기 발견과 진단 그리고 적절한 치료를 통해 해결할 수 있는 질병으로서 의미화되어 '난임'으로 재명명되었고, 다양한 국가 및 지자체

3부 가부장 국가와 여성의 몸

보조생식기술 시술비 지원 사업들과 함께 보조생식기술 지원을 위한 법적·제도적 기반이 구축되고 있다. 이처럼 출산율 제고라는 국가의 인구 정책의 수단으로서 보조생식기술의 사용이 지원됨에 따라 여성의 건강과 자율성이 오히려 침해받고 있는 상황들이 문제로서 제기되고 있다.

국가의 저출산 인구 정책에 의해 보조생식기술은 더 이상 주변화된 혹은 비가시화된 기술이 아니라 국가의 존속과 미래를 위해 보다 더 관심을 가져야 하는 영역이 되었으며 향후 이러한 추세는 쉽게 바뀌지 않을 것으로 예상된다. 그리고 의도치 않게 이러한 보조생식기술의 일상화 과정 속에서 보조생식기술을 사용하고자 하는 새로운 재생산 주체들도 함께 등장하고 있다. 불임이 난임으로 의미가 변화하면서 바뀐 것은 불임이 적절한 의료적 개입만 있으면 치료될 수 있는 질병이 되었다는 것만이 아니라, 이제까지 아이를 낳을 수 있을 것이라고 기대되지 않았기 때문에 불임으로도 여겨져 오지 않았던 새로운 집단도 보조생식기술의 새로운 사용자 혹은 소비자가 될 수 있음을 의미한다. 전 세계적으로 성장하고 있는 보조생식기술 산업은 정자공여, 난자공여와 같은 제3자 생식을 비롯하여 '가임력 보존기술'로 지칭되는 생식세포 냉동보관과 배아 선별, 착상 전 유전자 진단 및 다양한 선택지들을 제공하고 있으며, 이 속에서 성소수자 커플을 비롯한 싱글 여성과 남성 모두 이 기술 안에서 부모가 될 수 있는 가능성을 새롭게 탐색하게 된다. 이 과정에서 불임은 '생물학적 운명'과 '질병'을 넘어 정체성과 의도에 의해서 정의될 수 있는 복잡한 문제가 되고 있으며, 누구에게 어떻게 부모가 될 수 있는 자격이 주어지는가의 문제는 앞으로 더욱 중요한 과제로 제기되고 있다.

# 더 읽을거리

## 1장 온전한 정신, 정상적 신체: 2차 세계대전과 인적 자원의 조건

Edgar, Jones & Simon Wessely, *Shell Shock to PTSD: Military Psychiatry from 1900 to the Gulf War,* Psychology Press, 2006.

Moskowitz, Eva *In Therapy We Trust: America's Obsession with Self-Fulfillment*, Johns Hopkins University Press, 2008.

Mosse, George L., "Shell-Shock as a Social Disease," *Journal of Contemporary History* 35(1).

Shepherd, Ben, A War of Nerves, Harvard University Press, 2001.

## 2장 근대의 시선으로 보호감치의 대상이 되어 버린 정신병자

박윤재, 『한말, 일제 초 근대적 의료체계의 형성과 식민 지배』, 연세대학교 대학원 박사학위논문, 2002.

박인순, 「일정기의 한국보건의료행정기구 및 시설」, 『복지행정총론』, 2000.

이방현, 「일제시대 신문에 나타난 정신질환자 사회 표상」, 이화여자대학교 사회복지전문대학원 박사학위논문, 2010.

_____, 「일제의 정신질환자에 대한 인식과 태도」, 『이화사학연구』 45, 2012.

_____, 「식민지 조선에서의 정신병자에 대한 근대적 접근」, 『의사학』 22(2), 2013.

이부영, 「일제하 정신과 진료와 그 변천―조선총독부의원의 정신과 진료(1913-1928)를 중심으로」, 『의사학』 3(2), 1994.

_____, 「전통의학의 정신질환 개념에 관한 연구」, 『신경정신의학』 40(6), 2001.

건강한 국가 만들기

近現代資料刊行會企劃編輯,「社會事業政策(救貧事業と方面事業): 救療事業(1)」『植民地社會事業關係資料集』朝鮮編12, 近現代資料刊行會, 1999.

_____,「社會事業政策(救貧事業と方面事業): 救療事業(2)」, 『植民地社會事業關係資料集』朝鮮編13, 近現代資料刊行會, 1999.

_____,「社會事業政策(救貧事業と方面事業): 朝鮮總督府 濟生院(1)」,『植民地社會事業關係資料集』朝鮮編6, 近現代資料刊行會, 1999.

吉川武彦,「精神病者監護法かち精神病院法での變遷」,『精神保健福祉行政のあゆみ』, 中央法規出版. 2000.

## 3장 "삶의 복잡다단한 면": 미국의 정신이상 외국인과 이주장치

Barde, Robert Eric, *Immigration at the Golden Gate: Passenger Ships, Exclusion, and Angel Island*, Praeger, 2008.

Bayor, Ronald H., *Encountering Ellis Island: How European Immigrants Entered America*, Johns Hopkins University Press, 2014.

Blue, Ethan, "Finding Margins on Borders: Shipping Firms and Immigration Control Across Settler Space," *Occasion: Interdisciplinary Studies in the Humanities* 5, 2013.

Clark, Jane Perry, *Deportation of Aliens from the United States to Europe*, Columbia University Press, 1931.

Feys, Torsten, "Shipping Companies as Carriers and Barriers to Human Mobility: The Atlantic and Pacific Border Regimes of the United States," *World History Connected* 11(3), 2014.

Goodman, Adam, *The Deportation Machine: America's Long History of Expelling Immigrants*, Princeton University Press, 2020.

Kraut, Alan, *The Silent Travelers: Germs, Genes, and the Immigrant Menace,* Johns Hopkins University Press, 1994.

Mancina, Peter Anthony, "Crisis-Management: Tzeltal-Maya Transnational Migration and the Foucauldian Apparatus," *Dialect Anthropol* 35, 2011.

Menzies, Robert, "Governing Mentalities: The Deportation of 'Insane' and 'Feebleminded' Immigrants out of British Columbia from Confederation to World War II," *Canadian Journal of Law and Society* 13(2), 1998.

Moloney, Deirdre M., *National Insecurities: Immigrants and U.S. Deportation Policy Since 1882,* University of North Carolina Press, 2012.

Pascoe, Peggy, *Relations of Rescue: The Search for Female Moral Authorities in the American West, 1874-1939*, Oxford University Press, 1990.

Takai, Yukari, "Navigating Transpacific Passages: Steamship Companies, State Regulators, and Transshipment of Japanese in the Early-Twentieth-Century Pacific Northwest," *Journal of American Ethnic History* 30(3), 2011.

Wulf, Stefan & Heinz-Peter Schmiedebach, "'Die sprachliche Verständigung ist selbstverständlich recht schwierig': Die 'geisteskranken Rückwanderer' aus Amerika in der Hamburger Irrenanstalt Friedrichsberg 1909," *Medizinhistorisches Journal* 43, 2008.

## 4장 환경, 계급, 젠더의 삼중주: 교외 신경증의 발명과 수용

Clapson, Mark. *Invincible Green Suburbs, Brave New Towns: Social Change and Urban Dispersal in Post-War England*, Manchester University Press, 1998.

Friedan, Betty, *The Feminine Mystique*, Penguin, 2010.

Haggett, Ali, *Desperate Housewives, Neuroses and the Domestic Environment, 1945-1970*, Pickering & Chatto, 2012.

Showalter, Elaine, *The Female Malady: Women, Madness, and English Culture, 1830-1980*, Virago, 1985.

Thomson, Mathew, *Psychological Subjects: Identity, Culture, and Health in*

*Twentieth-Century Britain*, Oxford University Press, 2006.

## 5장 근대 중국의 아편중독 관리

Wong, K. Chimin & Wu Lien-Teh, *History of Chinese medicine: being a chronicle of medical happenings in China from ancient times to the present period*, National Quarantine service, 1936.

김동원, 「19세기 영국의 아편문제와 '1868 제약법」, 『한국과학사학회지』 13(1), 1991.

李传斌, 「醫學傳敎士與近代中国禁」, 『中國社會經濟史研究』, 2期, 2010.

林滿紅, 「中國産アヘンの販賣市場(1870年代~1906年)」, 『東方学報』, 2006.

馬摸貞主編, 『中國禁毒史資料』, 天津人民出版社, 1998.

마백영 외, 『中外醫學文化交流史』, 정우열 역, 전파출판사, 1997.

牧嶋秀之, 「アヘンの社會學」, *Seijo English monographs* 43, 2012.

박강, 「아편흡연의 만연과 근대중국」, 『아시아지역연구』 3, 2000.

____, 「근대 중국의 아편·마약과 사회문제」, 『한중인문학연구』 14, 2005.

____, 『아편과 20세기 중국』, 선인, 2010.

蘇良智·劉效紅著, 『全球禁毒的開端: 1909年上海萬國禁煙會』, 上海三聯書店, 2009.

蘇智良, 『中國毒品史』, 上海人民出版社, 1997.

王亞楷, 「近代中國社會對"癮"的認知及其變化」, 『近代史研究』 6期, 2020.

劉悦, 「淸代鴉片煙毒與中醫戒煙研究的歷史考察」, 中國中醫科學院中國醫史文献研究所碩士論文, 2008.

정양원, 『중국을 뒤흔든 아편의 역사』, 공원국 역, 에코리브르, 2009.

정혜중, 「아편전쟁 이전 罌粟과 鴉片의 이해─약재에서 금지품으로」, 『이화사학연구』 64, 2022.

趙長靑·蘇智良 主編, 『禁毒全書』, 中國民主法制出版社, 1998.

朱慶葆 外, 『鴉片與近代中國』, 江蘇敎育出版社, 1995.

陳恭敏輯·賀德, 芳加標點, 『戒烟全法』, 中國書店出版, 1998.

토마스 드 퀸시, 『어느 영국인 아편쟁이의 고백』, 김석희 역, 시공사, 2011.

合信, 「戒鴉片煙癮論」, 『西醫略論』, 1858.

## 6장 '적색 마약'과의 전쟁: 한국의 마약 정책과 반공주의, 1945-1960

김동춘, 「한국전쟁과 지배이데올로기의 변화—반공주의를 중심으로」, 『한국전쟁과
　　한국사회변동』, 풀빛, 1992.

김영희, 「제1공화국 초기 이승만정부 공보선전활동의 성격」, 『한국언론학보』 54(3),
　　2010.

박강, 「조선에서의 일본 아편 정책」, 『한국민족운동사연구』 20, 1998.

신규환, 「해방 이후 약무행정의 제도적 정착과정: 1953년 〈약사법〉 제정을 중심으
　　로」, 『의사학』 22(3), 2013.

신의기, 「마약류 규제에 관한 국제협력」, 『형사정책연구』 5(2), 1994.

신좌섭, 「군정기의 보건의료정책」, 『의사학』 9(2), 2000.

이하나, 「1950~60년대 반공주의 담론과 감성 정치」, 『한국언론학보』 95, 2012.

이현진, 『미국의 대한경제원조정책 1948~1960』, 혜안, 2009.

조석연, 『마약의 사회사』, 현실문화연구, 2021.

## 7장 "노동하는 신체"를 과학하기: 제국 일본의 노동과학과 데루오카 기토

高岡裕之, 『総力戦体制と「福祉国家」—戦時期日本の「社会改革」構想』, 岩波書店, 2011.

藤野豊, 『厚生省の誕生—医療はファシズムをいかに推進したか』, もがわ出版, 2003

三浦豊彦, 『労働と健康の歴史』 第3~5巻, 労働科学研究所, 1980, 1981, 1992.

신영전, 『일제 강점기 조선, '사회의학 위생학'을 만나다』, 민속원, 2020.

야마모토 요시타카, 『일본 과학기술 총력전: 근대 150년 체제의 파탄』, 서의동 역, 에
　　이케이커뮤니케이션즈, 2019.

건강한 국가 만들기

## 8장  조선 백성의 절반, 여성 건강에 대한 국가의 대응

김영희 외, 『한국의 과학기술과 여성』, 들녘, 2020.

신동원, 『조선의약생활사』, 들녘, 2014.

## 9장  식민지 조선의 '낙태' 담론과 국가

김영태, 「생명권과 국가의 생명보호의무—낙태와 낙태죄를 중심으로」, 고려대학교 석사학위 논문, 2012.

맥래런, 엥거스, 『피임의 역사』, 정기도 역, 책세상, 1998.

문소정, 『일제하 한국농민가족에 관한 연구—1920~30년대 빈농층을 중심으로』, 서울대학교 박사학위논문, 1991.

소현숙, 「일제 식민지기 조선의 출산통제 담론의 연구」, 한양대학교 석사학위논문, 1999.

신동운, 『형법개정과 관련하여 본 낙태죄 및 간통죄에 관한 연구』, 한국형사정책연구원 엮음, 1991.

신동원, 『호환 마마 천연두—병의 일상 개념사』, 돌베개, 2013.

이미숙, 「고소설에 나타난 음모소재 연구」, 건국대학교 석사학위논문, 1992.

이영아, 『육체의 탄생』, 민음사, 2008.

_____, 「식민지기 여성의 몸에 대한 우생학적 시선의 중층성」, 『사회와 역사』, 2022. 9.

장미화, 「일본의 아시아 태평양전쟁기 여성동원정책에 관한 연구」, 한양대학교 박사학위논문, 2007.

전효숙·서홍관, 「해방이후 우리나라 낙태의 실태와 과제」, 『의사학』 12(2), 2003.

한정숙, 「소비에트 정권 초기의 가족·출산정책: 현실과 논의들—특히 1920년대 낙태 문제를 중심으로」, 『서양사연구』 43, 2010.

뒤비, 조르주·미셸, 페로 엮음, 「여성 범죄자들」, 『여성의 역사3』, 조형준 역, 새물결, 1999.

푸코, 미셸, 『성의 역사*La Volonté de Sovoir: Histore de la Sexualité*』, 이규현 역, 나남, 1990.

## 10장 '불임'에서 '난임'으로: 한국의 인구 정치와 보조생식기술의 일상화

Becker, Gay & Robert D. Nachtigall, "Eager for medicalisation: the social production of infertility as a disease," *Sociology of Health & Illness* 14(4), 1992.

Briggs, Laura, "Discourses of "Forced Sterilization" in Puerto Rico: the Problem with the Speaking Subaltern," *A Journal of Feminist Cultural Studies* 10(2), 1998.

Clarke, Adele E. et al., "Biomedicalization: Technoscientific Transformations of Health, Illness, and U.S. Biomedicine," *American Sociological Review* 68(2), 2003.

Colen, Shellee, "With Respect and Feelings: Voices of West Indian Child Care and Domestic Workers in New York City," *All American Women: Lines that Divide, Ties that Bind*, Johnnetta B. Cole (ed.), Free Press, 1986.

Ginsburg, Faye D., & Rayna Rapp, *Conceiving the New World Order: The Global Politics of Reproduction*, University of California Press, 1995.

Kligman, Gail, *The Politics of Duplicity: Controlling Reproduction in Ceausescu's Romania*, University of California Press, 1998.

Koenig, Barbara A., *The Technological Imperative in Medical Practice: The Social Creation of a "Routine" Treatment,* Springer, 1988.

Lie, Merete, & Nina Lykke, *Assisted Reproduction Across Borders: Feminist Pespectoves on Normalizations, Disruptions and Transmissions,* Routledge, 2017.

Roberts, Dorothy, *Killing the Black Body: Race, Reproduction, and the Meaning of liberty*, Vintage, 2014.

Wahlberg, Ayo, *Good Quality: The Routinization of Sperm Banking in China*, University of California Press, 2018.

# 찾아보기

〈표지 그림 설명〉

 1974년 세계 인구의 해 포스터[©인구보건복지협회] (관련 장: 9장)

 앨리스섬(Ellis Island) 이민자 입국[©Library of Congress](관련 장: 3장)

 여성의 자궁 모형 (관련 장: 10장)

 양귀비(앵속) (관련 장: 5장, 6장)

 백동자도(百童子圖)[©서울역사박물관] (관련 장: 8장)